JN411080

제자백가,
인문시대를 열다

孔子
孟子
老子
莊子
墨子
楊子

제자 백가, 인문 시대를 열다

列子
名家
荀子
管子
商鞅
韓非子

저자 **문승용**

HUEBOOKs

들어가는 글

인류가 어떠한 도구를 사용하였는지를 기준으로 인류의 문명사는 석기시대와 철기시대로 나눌 수 있다. 인류가 돌을 깨뜨리고 갈아서 도구로 사용하며 살았던 석기시대까지는 인류에게 문명이라고 내세울 만한 것이 없었다고 해도 지나치지 않다.

지금으로부터 약 5,000년 전 메소포타미아 지역에서 인류가 청동기를 사용하기 시작하면서부터 인류의 문명이라고 할 만한 발전을 이루기 시작했고, 이어서 이집트, 인더스, 중국의 황하에서도 청동기시대가 열리면서 인류가 세련된 문명의 시대를 열어 나아갔다고 할 수 있다. 이들 지역을 인류 4대 문명의 탄생지라고 한다.

다 같이 일하고 먹고 마시던 원시공산사회로부터 이제는 누가 다른 누구를 지배하는 계급이 형성되기 시작하였다. 이때 인류는 청동기 도구와 함께 문자(文字)를 고안해 쓰기 시작하면서 인류 문명은 한층 발전의 속도를 더하였다.

중국에서는 기원전 1,600년 즈음에 최초의 왕조라고 알려진 상(商)나라가 들어섰다. 이 시기는 청동기와 더불어서 오늘날 중국 한자(漢字)의 원형인 갑골문자(甲骨文字)를 사용하면서 어느 정도 규모를 갖춘 사회를 갖추고 지배계급과 그 밖의 피지배계급으로 나뉘는 부족국가가 출현하게 되었다. 그렇지만 이때까지는 하늘을 신성시하여 늘 제사를 올리며 하늘로부터 절대 권력을 부여받았다고 하는 왕이 신의 뜻을 받들어서 정치를 하던 시대였다. 이른바 인간이 주도하여 세상을 다스리던 인간의 시대라고 할 수는 없던 때였다.

드디어 기원전 11세기 즈음, 주(周)나라가 들어서자 이전까지의 신정(神政)정치를 떨쳐버리고 예법을 제정하는 등 인간 중심의 문화를 비로소 열어 나아가기 시작했다. 그리고 또 500여 년이 지나자 주나라를 유지하던 봉건제(封建制)와 종법제(宗法制)가 무너지고 전쟁이 난무하던 춘추(春秋)와 전국(戰國)시대를 맞으면서 커다란 사회 변혁의 시대에 접어들었다. 공교롭게도 세상이 혼란스러워지자 오히려 인간다운 삶이 무엇인지에 대한 논의가 나타나기 시작하였다.

이때를 여러 선생님이라는 뜻의 제자(諸子)들이 온갖 학파라는 뜻의 백가(百家)를 열었다고 해서 제자백가의 시대라고 한다. 유가(儒家)로서 공자, 맹자, 순자, 도가(道家)로서 노자, 장자, 양자, 열자, 묵가(墨家)의 묵자(墨子), 법가로서 한비자(韓非子) 등이 제각각 자신들의 사상주장을 펴며 치열한 논쟁을 폈다.

그렇다면 21세기를 사는 우리가 2,500년 전 시대를 살았던 그들 제자백가의 말을 오늘날 되새겨야 하는 이유는 무엇일까? 이들이 주로 논쟁하던 것은 인간으로서 어떻게 살아야 인간다운 것인지 인간의 행복은 무엇인지와 같은 인간 삶과 관련된 이야기였다. 그렇기 때문에 이 시기를 인간문화 중심의 시대였다고 해서 고대 중국의 인문시대라고 일컫는다. 이 시기 제자백가들에 의해서 논의되었던 사상들은 이후 오늘날까지도 중국과 중국인들을 이해하는 실마리가 된다고 해도 지나치지 않다.

물론 이천 수백 년의 시대적인 차이에서 오는 역사적 문화적 배경은 다를지라도 역시 사람들이 살아가는 바탕의 문제는 달라지지 않았기 때문에 그 해결책들이 지금까지도 빛을 바래지 않은 채로 여전히 쓸모가 있는 것이다.

게다가 우리나라와 가장 가까운 이웃인 중국은 지정학적으로 국경을 맞대고 있으면서 우리나라의 역사와 문화에도 커다란 영향을 끼쳐왔던 것이 사실이다. 중국에 대한 이해는 그들뿐만 아니라 우리 자신을 알게 하는 거울과도 같다고 할 수 있다. 오늘날 정치경제 방면에서도 우리 삶에 너무나도 큰 영향을 끼치고 있는 나라 역시 중국이라고 할 것이다. 그렇기 때문에 중국에 대한 이해는 중국 인문시대의 개막을 연 제자백가들로부터 첫걸음을 내디뎌야 하는 것이다.

한편으로는 제자백가들의 말씀이 한자(漢字)로 기록되어 있기 때문에 그들을 이해하는 것이 수월하지만은 않을 것이겠지만, 한자는 우리말의 대부분을 차지하는 만큼 오늘날 우리말을 이해하기 위해서는 역시 외면할 수 없는 영역이라고 할 수 있다. 아무쪼록 2,500년 전 고대 중국에서 벌어졌던 제자백가의 말씀들을 통해서 오늘의 우리를 되새기는 계기가 되었으면 하는 마음에서 머리말을 가름한다.

2018년 7월 지은이 씀

목차

고대 중국
인문학이
탄생하기까지

1. 고대 중국 인문학이 탄생하기까지

지구에 인류가 탄생하여 생각을 하고, 말을 하고 글을 쓰면서부터 인류 문명이 탄생하였고, 이로부터 중국에도 춘추전국 시기에 제자백가(諸子百家)가 나타나 인간 문화 중심의 인문학이 탄생하였다. 중국이란 어떤 나라이며 중국의 인문학이 탄생하기까지의 과정을 살펴보고자 한다.

1. 동양과 중국

(1) 해가 뜨는 곳, 중국

흔히 중국을 동양(東洋)의 대표 나라로 인식하는 경우가 많다. 그렇지만 동양, 즉 오리엔트(Orient)는 '해가 뜨는 곳'이라는 뜻으로, 서구 유럽에서 문명의 발상지인 고대 메소포타미아나 이집트를 일컫는 말이었다. 고대 중국에서 동양은 '동쪽의 바다'라는 의미로서 중국에서 볼 때 동쪽 바다 끝에 위치한 일본을 가리켜 부르던 말이었다.

중국의 전설에는 해가 뜨는 동쪽 바닷속에 상상의 나무가 있다고 여겼다. 그래서 동(東)이라는 글자가 '날 일(日)'자와 '나무 목(木)자'를 조합하여 만들어진 것이다. 이때 동쪽에 있는 나무는 부상(扶桑)나무, 즉 뽕나무였으며, 일본을 '부상'이라고도 불렀다.

뽕나무는 중국의 대표적인 상품인 비단을 짜는 재료가 되는 것으로 예로부터 중국인들의 삶에 큰 비중을 차지하던 나무이다. 기원전부터 이미 실크로드를 통해서 중국의 비단이 서역으로 전해졌다고 알려져 있다. 그래서 페르시아나 인도에서는 중국이 비단을 생산하는 나라라는 의미에서 진(Cin)이나 지나(Cina)라고 불렀다는 설도 있다.

오늘날에는 유라시아 대륙의 동부 지역으로서 우리나라나 중국, 일본, 인도, 인도네시아 등 아시아 지역 가운데 흔히 동쪽 지역을 일컫는다. 그러므로 중국을 그저 동양의 대표라고 하거나 동양 자체로 보는 것은 옳지 않다.

해가 뜨는 곳이라는 뜻에서 동양이라고 하는 것도 적당한 표현은 아니다. 왜냐하면 지구가 둥글기 때문에 해가 뜨는 쪽이라고 하면, 우리 아시아에서는 미국이나 유럽이 오히려 동쪽이라고 할 수 있을 것이기 때문이다. 그런 점에서 특히 역사나 문화는 어느 측면에서 어떤 의식을 가지고 보느냐에 따라서 그것이 옳고 그르다는 의식이 확연히 달리 여겨질 수 있다.

과거에 서구 사람들이 동양, 즉 오리엔트 사람들에 대하여 가지고 있는 인식을 오리엔탈리즘(Orientalism)이라고 하였다. 당시에는 일종의 동양적인 취향의 문화나 동양의 언어나 문학, 종교 등을 연구하는 학문이라는 뜻을 가지고 있었는데, 근대 제국주의 시기에 들어서 서구 유럽과 아랍세계가 크게 갈등을 빚으면서 이 말은 서구세력의 동양 침략을 정당화하거나 서양이 동양에 비하여 우월하다는 왜곡된 인식과 태도 등을 가리키는 말로 쓰이기 시작했다.

반면에 동양에서도 서양(Occident)에 대하여 부정적인 왜곡된 인식이나 태도를 가지고 있었다. 이것을 옥시덴탈리즘(Occidentalism)이라고 한다. 이처럼 전통적으로 동양과 서양은 각각 상대방을 부정적으로 보는 태도를 가지고 있었던 것이 사실이다. 그런 점에서 동양과 서양은 각기 자신들뿐만 아니라 상대방을 올바르게 인정하기 위해서 각자의 역사와 문화를 올바르게 인식하는 노력을 기울여야 할 것이다.

(2) 중국 사상과 철학의 탄생

철학(哲學)이란 역사, 문학과 더불어서 인문학의 하나이며, 인간과 세계에 대한 근본 원리와 삶의 본질 따위를 연구하는 학문으로서 고대 그리스에서 일컫던 필라소피(philosophy)는 '애지(愛知)의 학문'이라는 뜻이다.

고대 중국에는 철학이라는 용어가 없었다. 19세기 일본의 계몽가이자 교육자였던 니시 아마네(西周, 1829~1897)가 네덜란드에 유학하면서 철학(哲學), 과학(科學), 민주주의(民主主義) 등 근대 이전 중국에는 없었던 개념들을 뜻글자인 한자(漢字)를 조합하여 고안해 쓰기 시작한 것이다.

이러한 사정만 보더라도 고대 중국에는 서구에서 새롭게 쓰던 근대적인 개념이나 용어들이 없었다는 것을 알 수 있다. 그렇기 때문에 고대 중국 춘추전국시기에 나타났던 공자, 노자, 맹자, 장자와 같은 제자백가(諸子百家)들은 철학가라고 할 수 없으며 그들이 궁리하였던 사상체계를 철학이라고 할 수 없다.

춘추전국시기 제자백가들은 철학가라고 하기보다는 사상가라고 보아야 한다. 철학이 인생과 세계 등의 원리를 연구하는 학문이라고 한다면, 사상(思想, thought)이란 인간의 사고를 통해 얻어진 의식의 내용으로서 사회나 정치에 대하여 일정하게 체계화한 견해나 주장을 말한다. 철학이 학문의 영역이므로 논리적인 설명을 통해서 증명해 보이는 것이라면 사상 역시 어떤 사정이나 이념 등에 대하여 논리적으로 설명할 필요는 있지만, 그것이 반드시 학문적으로 논증할 수 있는 것은 아니다.

공자 유가사상의 핵심 주장인 인(仁)이 사람이란 착하게 살아야 한다고 한 것인데, 이것을 논리적으로 설명하거나 증명할 수는 없을 것이다. 다만 사회적인 경험을 통해서 사람이란 착하게 살아야 한다는 것을 깨닫고 그렇게 행동해야 한다고 했을 뿐이다. 즉, 공자가 인간이 착한 존재라도 전제하고 어째서 인간이 착한 존재인지를 논리적으로 밝히려고 했다면 공자를 바로 철학가로 인정할 수 있다는 것이다.

이와 같은 정황은 도가의 노자를 제외한 다른 제자백가의 경우에도 크게 다르지 않다. 대개의 제자백가들은 현실 생활에서 살아가는 인간들이 어떻게 하면 인간답게 살아갈 수 있느냐에 대한 논의와 주장을 했던 것이지 인간과 세계의 원리를 논리적으로 밝히려고 한 것은 아니다.

그렇다면 어째서 공자를 비롯한 제자백가들의 사유를 일컬어서 흔히 '중국 철학'이라고 일컫는 것일까? 그것은 철학이 발흥한 서구 유럽에 플라톤의 아카데미가 있었던 것처럼 고대 중국에도 직하학궁(稷下學宮)과 같은 학술연구 기구가 있었으며, 고대 그리스에 철학자들이 있었던 것처럼 중국에도 제자백가와 같은 전문적인 학자들이 있었듯이, 중국에서도 서구의 철학과 같은 학문적인 영역이 존재했었다는 점을 말하고 싶어서라고 할 수 있다.

2. 중국과 중국인의 탄생

(1) 중국(中國), 세상의 중심인가?

중국(中國)에서 '가운데 중(中)'자는 본디 과녁의 가운데에 화살이 꽂혀 있는 모습이라고도 하고, 큰 울타리의 가운데에 긴 막대를 세운 것을 그린 것이라고 하는데, 둘 다 '중심'이라는 뜻으로 풀이할 수 있다.

'나라 국(國)'자는 '囗(영토)+戈(무력)+口(사람)'을 조합하여 만든 글자이다. 오늘날 국가를 정의할 때 국민·주권·영토라는 3조건을 갖추고 있는 것이라고 좀 장황하게 설명하지만, 중국의 한자(漢字)로는 간편하게 '나라 국(國)' 한 글자로 표기한다. 이것이 글자마다 뜻을 담고 있는 상형문자(象形文字)로서 한자의 묘한 매력이라고 할 수 있다.

중국인들은 예나 지금이나 그들 자신을 문화 민족이라고 자부하고 있다. 이러한 의식을 이른바 중화사상(中華思想)이라고 하고 중원(中原) 안에 살고 있는 자신들은 우월하고 중국 밖에 살던 민족들을 모두 오랑캐[夷狄]라고 여겼다.

또 예로부터 지리적으로 중국은 스스로 '천원지방(天圓地方)'이라고 하여서 '하늘은 둥글고[天圓]' '땅은 네모나다[地方]'라는 세계관을 가지고 있었다. 네모난 세상의 가운데에 중국이 있고 주변에는 미개한 다른 민족들이 자리하고 있다고 여겼던 것이다.

중국(中國)이라는 명칭은 본디 우리가 흔히 중국이라고 일컫는 이웃나라 중국의 고유한 나라이름이 아니다. 중국이란 '세상의 중심 국가'라는 일반명사일 뿐이다. 오늘날 우리는 중국의 전체 이름인 '중화인민공화국'을 줄여서 '중국'이라고 부른다고 여기기 쉽지만, 중국은 아주 먼 옛날 한(漢)나라 때도, 당(唐)나라 때도, 송(宋)나라 때도, 원(元)나라 때도, 명(明)나라 때도, 청(淸)나라 때도 자신들을 언제나 중국이라고 불러 왔다. 다시 말해서 중국이라는 말은 특정한 나라 이름을 가리키는 고유명사가 아니라 과거로부터 오늘날에 이르기까지 중원(中原) 지역에 있었던 나라를 일컫는 일반명사이다.

중국을 영어로는 차이나(China)라고 부르는데, 이것이 '비단의 나라'라는 뜻에서 왔다는 설 이외에도 중국 최초의 통일 왕조국가였던 진(秦)나라에서 비롯된 것이라고도 한다. 진(秦)을 현재 중국에서 사용하고 있는 중국어 발음부호인 한어병음(漢語拼音)의 방식이 아닌 19세기 영국의 외교관으로 북경 주재 영국공사를 역임하였던 토머스 웨이드(Thomas Francis Wade, 1818~1895)가 창안한 중국어의 웨이드식 로마자 표기법으로 표기하면 'Chin(친)'에다가 고대 라틴어에서 어느 지역을 일컫던 방식으로 '영토'라는 의미에서 'a'를 붙여서 차이나(China)라고 일컬었다는 것이다.

그렇다면 차이나는 '진(秦)의 나라'라는 뜻으로 진(秦)왕조가 최초로 통일 왕조국가의 면모를 갖추었다는 것을 인정한 것으로 볼 수 있다. 진나라 이전에 있었다고 하는 하(夏)나라는 실제로 존재하였는지 그 자체가 확실하지 않고 그 다음에 존재했다고 하는 상(商)나라는 제정일치(祭政一致)의 신정(神政)시대로서 여러 도시국가로 나뉘어서 왕에 의한 체계적인 통치가 이루어지지도 않았던 나라였다.

이후의 주(周)나라도 중앙의 왕이 전국을 효율적으로 통치할 수 없어서 지방을 제후(諸侯)에게 봉해 주어서 간접 통치하는 형식의 봉건제(封建制)를 실시할 수밖에 없었다. 곧 이어 주나라 전체가 큰 혼란에 빠졌던 만큼 본격적인 통일왕조라고 하기에는 적합하지 않았던 나라였다. 그렇듯 혼란한 시대상을 단번에 종식시켰던 진나라는 통일왕조로서 면모를 비로소 갖추었던 왕조라고 인정할 만하다. 진나라 때 비로소 제정한 황제(皇帝)라는 칭호는 물론 온갖 문물제도는 이후 청나라 때까지 이어가면서 중국 왕조시대의 기틀을 진나라 때 거의 세웠다고 해도 지나치지 않다.

그밖에 중국을 일컫는 명칭으로 캐세이(Cathay)가 있다. 이것은 10세기 즈음 북방의 유목민족인 거란(契丹)이 처음으로 만리장성을 넘어 중국 북방 지역을 차지하였던 것이 계기로 생겨난 명칭으로서 키타이(Qitay, Kitai), 키탄(Kitan) 등으로도 불린다.

그리고 일본사람들은 '중국'이라고 부르는 것이 중국을 세상의 중심이라고 인정하는 꼴이며 상대적으로 자신의 나라를 변두리 나라라고 인정하는 셈이 된다고 여긴다. 그 때문에 중국을 일컬어서 '지나(支那)'라고 부르기도 한다. 이것은 China를 chi와 na로 나누어서 억지로 지어낸 것이며, 제국주의 시절 일본이 중국을 얕잡아 보고자 하는 의도가 담겨 있다.

또 지나의 '지(支)'는 뿌리나 줄기가 아닌 가지[枝]라는 뜻이고, 나(那)는 '이것'이 아닌 '저것'이라는 뜻이다. 전통적으로 중국에서는 '이것'은 옳으며 정통성이 있는 것이고 '저것'에는 정통성이 없거나 곁가지라는 뜻을 가지고 있다. 그러므로 일본이 중국을 가리켜서 지나라고 부르는 것에는 중국을 깔보기 위한 의도와 함께 이참에 일본 스스로는 자신들이야말로 하늘의 정통 후손이라는 천황(天皇) 의식을 한껏 드높이고자 했던 의도가 깔려 있다.

1949년 사회주의국가를 선언한 중국은 '중화인민공화국(中華人民共和國)'이라 하여 무려 7개 글자로 된 국호를 정하였다. 여기에는 특별한 의미가 있다. 중국이 지난 수천 년 동안 한 글자 왕조로서 세상의 중심이라는 정통성을 내려놓았다는 것을 의미하는 것이기도 하다.

중화인민공화국에서 중화(中華)는 이전 시대와 마찬가지로 세상의 중심 국가이며 가장 빛나는 문화전통을 가지고 있다는 의미의 중화사상을 여전히 계승한다는 것을 내세운 것이다. 다음으로 인민(人民)은 본디 고대 중국에서는 없었던 개념이다. 왕조시대에서의 인민은 '사람의 백성'이라는 의미로 '왕 혹은 나라의 백성'이라는 뜻으로 쓰던 말로서 왕조시대에 세상의 모든 백성이 왕의 소유라는 계급의식을 나타낸 것이었다.

사회주의국가에서 계급을 타파하고 평등사회를 실현했다는 의미를 강조하기 위해서 차별이 없는 나라의 구성원으로서 근대적인 의미에서 모든 계급을 다 아우르는 용어가 필요했던 것이다. 그래서 전통적으로 지배계층이라는 의미로 써왔던 '인(人)'과 피지배계층의 의미인 '민(民)'을 한데 아울러서 인민(人民)이라는 용어를 새로이 지어내서 계급 간에 생기는 차별과 소외가 없는 나라의 구성원이라는 의미에서 인민이라고 했던 것이다.

공화국(共和國)의 공화(共和)는 본디 '정치행위를 함께 한다'는 뜻으로 오늘날 민주사회의 정치체제를 말한다. 근대 이전 왕조 군주제만 경험했던 중국에서는 리퍼블릭(republic)을 대신할 만한 용어가 없었다. 그런데 주(周)나라에서 잠시 일종의 집단지도체제의 시기를 공화(共和)라고 일컬었던 적이 있었다.

주(周)나라 제10대 임금인 여왕(厲王)이 간신배들과 함께 폭정을 펴자 백성들이 들고 일어나서 왕을 쫓아냈던 기간인 B.C. 841년부터 B.C. 828년까지 왕이 없이 당시 신하였던 주정공(周定公)과 소목공(召穆公) 등이 집단지도체제로 국정을 맡았었던 시기를 공화(共和)라고 한다. 쫓겨난 여왕(厲王)이 죽은 후 그의 아들인 선왕(宣王)이 즉위하면서 공화정치도 막을 내렸다. 이렇듯 중국에서 잠시나마 집단지도 체제가 있었던 것을 빌어 와서 고대 중국에 공화정치가 있었다고 해서 공화정치를 중국에서 처음 실시했었다고 자처하기도 하지만 이것이 진정한 의미의 근대 민주주의 정치의 싹이라고 할 수는 없다.

왕조시대에는 당연히 세상 모두가 황제 개인의 소유물과 마찬가지였으니, 그 황제가 죽으면 그의 자손들에게 소유권이 넘어가는 것이 반복되는 전제(專制)정치의 시대였다. 이처럼 나라를 줄곧 이어서 소유하다가 어느 때인가 나라의 운명이 다하고 나면 어떤 새로운 세력에 의해서 다시 새로운 왕조국가가 탄생하는 것을 지난 수천 년 동안 반복해 왔다. 그러나 근대 서구에서 산업화와 함께 시민혁명이 일어난 이래 오늘날에는 자본주의 사회이건 사회주의 사회이건 같은 민주적인 공화정치 체제가 자리 잡게 되었다.

중국의 헌법 총강 제1장 제1조에 "중화인민공화국은 노동자 계급이 영도하고 노동자와 농민의 연맹을 기초로 하는 인민의 민주전제정치(民主專制政治)를 하는 사회주의 국가이다.(中华人民共和国是工人阶级领导的, 以工农联盟为基础的人民民主专政的社会主义国家.)"라고 천명하였고, 제2조에서는 "중화인민공화국의 모든 권력은 인민에게 속해 있다.(中华人民共和国的一切权力属于人民.)"라고 하였다.

이처럼 오늘날 세계 어느 나라에서도 '민주공화정치' 그 자체를 거부하는 나라는 없다. 우리나라 헌법의 제1조에도 "대한민국은 민주공화국이다." "대한민국의 주권은 국민에게 있고, 모든 권력은 국민으로부터 나온다."라고 명시하고 있는 것처럼, 2차 세계대전 이래 새로이 독립한 대개의 나라 이름에는 어김없이 '공화국'을 표방하고 있다. 북한의 국호에도 '조선민주주의인민공화국'이라고 하는 것을 보면 그러한 사정을 알 수 있다.

민주공화정치의 핵심은 누구나 정치에 참여할 수 있게끔 보장해주는 선거를 통해서 정권의 주체세력이 교체될 수 있어야 하는데 중국이나 북한은 건국 이래 여태껏 한번도 공산당 이외의 다른 정당에게 정권이 이양된 적이 없다. 그것은 인민으로부터 권력을 인정받은 공산당이 이상적(理想的)인 공산주의를 완성할 때까지는 과도기적인 단계로서 일종의 전제(專制)정치가 필요하다는 논리를 내세우고 있다.

중국에서는 형식적이나마 다당제(多黨制)를 취하고 있어서 중국국민당혁명위원회(中國國民黨革命委員會), 중국민주동맹(中國民主同盟), 중국민주건국회(中國民主建國會) 등 민주당파(民主黨派)가 모든 정치적인 결정에 참여하고 있고, 공산당에서도 집단적인 지도체제를 통해서 국정을 운영하고 있기 때문에 이것 역시 중국식 민주주의의 한 형태라고 자부하고 있다.

(2) 중국인은 어디에서 온 것일까?

중국인은 어디에서 왔으며 나라는 처음에 어떻게 세워진 것일까? 아주 먼 옛날 20만 년에서 70만 년 전 사이에 중국에서는 북경 부근의 주구점(周口店)에 인류가 처음 나타났다. 이곳에 모여 살았던 이들을 북경원인(北京猿人)이라고 불렀고, 이들이 오늘날 중국인을 비롯한 아시아인의 조상이라고 여겼었지만, 실제로 이들이 지금 중국인들의 직접 조상은 아니다. 왜냐하면 현생인류의 조상인 호모 사피엔스는 약 20만 년 전에 아프리카에서 탄생하여 10만 전쯤부터 각 대륙으로 이동해 가서 지금까지 살고 있는 것이고, 그 이전부터 지구에 함께 살고 있었던 다른 인류들은 모두 멸종해서 현재 사라진 상태이기 때문이다.

중국은 우리나라와는 지리적으로 유일하게 맞닿아 있으면서 역사와 문화적으로도 매우 밀접한 관계를 유지하고 있는 나라이다. 그렇기 때문에 누가 보더라도 중국과 한국 민족은 하나의 뿌리에서 나왔을 것이라고 짐작하기 쉽다. 그렇지만 오늘날 중국인과 한국인이 살아가는 모습을 들여다 보면 중국인과 한국인이 민족적으로는 본디 다른 뿌리에서 나와 오늘에 이르렀다는 것을 알 수 있다.

중국과 우리 민족의 근원이 다르다는 것은 오늘날 각각 사용하고 있는 언어를 보면 쉽게 알 수 있다. 우리 한국어는 중앙아시아의 우랄어 혹은 알타이어계로서 중국어는 우리말보다는 영어 쪽 언어인 인도유럽어족과 더 닮아있다.

어떤 특정한 민족의 언어라는 것이 예로부터 원시인류가 같은 지역에 오랫동안 함께 살아가면서 사회적인 약속을 통해서 형성되는 것이라고 볼 때, 중국 민족은 유럽계와 가깝고 우리는 중앙아시아 유목민계로부터 나온 것이라고 볼 수 있다. 한국인의 조상이 되는 원시인류들이 아시아 대륙 북쪽 초원길을 거쳐서 한반도에 정착하였던 것에 비하여 중국인의 조상은 10만 년 전 아프리카를 나와 아라비아 반도 쪽을 지나 한 무리는 인도로 내려가고 다른 한 무리가 지금의 중국에 정착하여 살아간 것으로 추정할 수 있다.

(3) 신화와 전설의 시대, 삼황오제(三皇五帝)

흔히 인류가 사용하던 도구를 기준으로 인류의 역사발전 단계를 나누어 설명한다. 간단하게 각 시마다의 특징을 요약하면 다음과 같다. 구석기시대(약 200만 년 전 ~ 약 1만 년 전)는 돌을 깨뜨려 만든 깬석기와 불을 사용하고 사냥이나 채집을 하던 시기이고, 신석기시대(약 1만 년 전 ~ 약 5000년 전)는 돌을 갈아서 만든 간석기나 토기 그리고 불을 직접 만들어 사용하였으며 목축과 농경이 시작된 시기이고, 청동기시대(약 5000년 전 ~ 약 3000년 전)는 청동기를 사용하는 지배계급과 피지배계급으로 나뉘고 부족국가가 출현한 시기이고, 철기시대(약 3000년 전 ~ 현재)는 철기 농기구와 소를 이용하여 농업생산량이 크게 늘어나고 전쟁의 양상이 달라지면서 국가가 생기기 시작한 시기라고 할 수 있으며 오늘날도 크게 보아서는 철기시대가 계속되고 있다고 할 수 있다.

그런데 세상과 인류의 탄생에서부터 인류가 먹고 살게 된 과정을 다음과 같이 신화나 전설로도 전한다. 역사에서 역(歷)자는 '지나간다'라는 뜻이고 사(史)자는 '기록'이라는 뜻으로 역사란 지나온 기록이라는 뜻이다. 그러므로 역사라는 말은 문자를 가지고 당시의 기록을 적어둔 시기로서 유사(有史)시대라고도 일컫는다. 그런데 세계 여러 나라들이 대개 그러하듯이 중국에서도 기록 이전 즉, 역사 이전에는 신화(神話)시대가 있었다.

이 세상은 본디 어떻게 탄생한 것일까? 중국의 신화에서는 반고(盤古)라는 이가 천지를 열었다는 이야기가 전한다. 태초에 하늘과 땅은 달걀 혹은 바위처럼 생긴 혼돈(渾沌)의 상태였다. 반고는 그 속에 있었는데 도끼로 깨고 태어났고, 1만 8천 년 동안 매일 자라다가 결국 죽었다. 그의 시신에서 머리와 팔다리는 다섯 개의 큰 산으로 변했고, 피와 눈물은 강과 하천이 되었으며, 두 눈은 해와 달이 되었고, 몸의 털은 풀과 나무로 변했다. 그의 입김은 비바람으로 변했고, 음성은 천둥이 되었고, 눈빛은 번개와 벼락이 되었다고 한다.

그렇다면 세상에 사람은 어떻게 생겨났다고 여겼을까? 기독교에서는 우주 전체를 창조하셨다는 조물주께서 흙을 빚어서 숨을 불어 넣어 인간을 만드셨다고 하는데, 재미있게도 중국의 신화에서도 인간을 흙으로 빚었다고 되어 있다. 아주 먼 옛날 여와(女媧)라는 신이 지혜를 가진 인간을 만들기로 마음먹고 진흙으로 정성껏 사람의 모습을 빚어 생명을 불어넣었다고 한다.

여와는 이 작업을 계속 되풀이하다가 넓은 세상에 많은 인간을 살게 해야겠다고 생각하여 마당에 진흙과 물을 뿌려 놓은 다음에 채찍을 흔들어 댔다. 그러자 진흙덩이가 사방으로 흩어지며 많은 인간들이 태어나 세상에 인간들이 살게 되었다는 것이다. 애당초 여와가 공을 들여서 빚었던 인간은 훌륭한 사람이 된 반면에 진흙 속을 휘저어 튕겨져 나온 인간들은 보통 사람이 되었다고 한다.

이 신화에서 재미있는 것은 중국에서도 기독교에서처럼 인간이 흙으로 빚어져서 만들어졌다고 한 대목이다. 이것은 누가 누구의 것을 베꼈다기보다는 당시 과학적인 지식이 없이 신화 혹은 종교적인 방식으로 세상 생명의 기원을 따져 보았을 때 세상 식물들이 모두 땅에서 나고 동물들은 또 그것을 섭취함으로써 생명을 유지할 수 있기 때문에 생명의 근원은 땅에서 나왔을 것이라는 인식을 반영한 것이라고 해석할 수 있다.

여와(女媧)와 함께 복희씨(伏羲氏)가 본래 남매 사이였는데, 큰 홍수가 난 다음 둘만 살아남아서 부부가 되어 인류의 시조가 되었다고 한다. 복희씨는 음양변화의 이치에 근거하여 천지간의 사물을 개괄한 팔괘(八卦)를 만들었다. 그는 컴퍼스를 고안하여 일상생활에 유용한 물품을 체계적으로 만들 수 있게 하였고 봄과 생명을 관장하였다, 또 거미줄을 본떠 그물을 만들어서 백성에게 물고기 잡는 법과 목축을 가르쳤으며, '슬(瑟)'이라는 악기도 만들고 「가

변(駕辯)」이라는 악곡을 창작함으로써 당시 인류가 문화생활을 할 수 있게 하였다고 한다.

그리고 인류 문명 발전사에 중요한 것 가운데 하나가 불의 사용이라고 할 수 있는데, 중국에서는 수인씨(燧人氏)가 나무를 비벼 불을 얻은 다음 음식물을 익혀 먹을 수 있도록 하였다고 한다. '나무를 비벼 불을 얻었다'는 것은 인류가 음식을 익혀 먹는 것뿐만 아니라, 토기를 굽고 금속을 제련하고 정교한 도구와 무기를 만들 수 있게 되면서 인류의 문명이 크게 발전할 수 있는 계기가 되었다는 것이다.

유소씨(有巢氏)는 짐승의 공격을 막기 위해 나무로 둥지를 만드는 기술을 가르쳤다고 한다. 낮에는 도토리나 밤을 따고 밤에는 나무 위에 올라가 잠을 잤다. 그러나 뒷날 땅에 구덩이를 파고 사는 방법을 발명하게 되면서 인류가 나무 위에 둥지 같은 집을 짓고 사는 주거형태는 사라졌다.

신농씨(神農氏)는 의약(醫藥), 쟁기와 보습, 도기(陶器), 활 등을 발명했고, 처음으로 시장을 열었다고 한다. 전설에 따르면 사람들이 안전하게 먹고 살게 하기 위해서 수많은 약초들을 맛보았다고 한다. 독성분을 가진 풀을 여러 차례 먹고 기절하기를 반복하다가 결국 단장초라는 독초를 맛보다 중독되어 죽어서 다릉(茶陵)에 장사 지냈다는 설이 전한다.

(4) 중국 문명의 발원지, 황하(黃河)

세계 주요 고대 문명들이 메소포타미아, 나일 강, 인더스 강처럼 큰 강 주변에서 일구어졌던 것과 마찬가지로 중국 역시 황하라는 큰 강가에서 문명이 탄생하였다. 황하에서 황(黃)은 강물에 황토가 많이 섞여 있기 때문에 누런 강이라는 의미로 그렇게 부른 것이다.

황하는 이른바 천정천(天井川)이다. 천정천이란 강의 상류에서 황토 흙이 계속 흘러 내려와 쌓여서 바닥이 강 주변보다 오히려 높아진 강을 말한다. 흙이 강바닥에 쌓이면 흙을 걷어내는 준설(浚渫) 작업을 하면 되지만, 그 옛날에는 포클레인과 같은 중장비가 없었기 때문에 임시방편으로 강 주변에 둑을 쌓아 놓고 지내다가 여름철에 큰 비가 오면 둑이 견디지 못해 강 주변의 농토와 사람들까지 쓸려가게 되어 많은 피해를 입곤 하였다.

그렇다면 당시 중국 사람들은 좀 더 안전한 곳으로 피해가서 살면 그런 피해는 막을 수도 있었을 것인데, 어째서 황하 주변을 떠나지 않았던 것일까? 당연히 농사를 짓기 위한 물을 손쉽게 얻을 수 있었던 점 때문이었다. 더욱 중요한 것은 그들 강이 자주 범람하는 위험스러운 강이었기 때문에 오히려 인간들이 그런 지역에서 여러 위험들을 피하고 막기 위해서 천문학, 지리학, 수리학 등 과학을 발전시키면서 자연에 대한 도전과 응전의 문명사를 이루어낼 수 있었던 것이다.

다른 지역들도 마찬가지이지만 고대 중국문명은 기본적으로 농경 전통을 바탕으로 하고 있어서 다른 문명들보다도 흙과 좀 더 긴밀한 관계 속에서 발전하였다. 게다가 중국문명은 다른 문명에 비하여 고대로부터 현재까지 역시 흙을 바탕으로 하는 문화적인 연속성을 유지하고 있다는 점 역시 중국 문명의 독특한 특성이라고 할 수 있다.

오늘날 중국인들에게 좋아하는 색깔이 무엇이냐고 물으면 일반적으로 누런색과 붉은색을 꼽는다. 여기에서 붉은색은 마치 불길이 타오르는 것과 같은 색으로서 발전과 번영을 의미하며 누런색은 흔히 중국인들이 황금의 색깔이기 때문에 좋아하는 것이라고도 하지만, 그것이 아니라 누런색은 흙의 색으로서 생명의 근원이라는 인식이 반영된 것이라고 할 수 있다.

그렇기 때문에 우리나라에서 단군(檀君)을 시조를 여기고 있는 것처럼 중국에서는 염제(炎帝)와 더불어서 황제(黃帝)를 그들의 시조로 삼고 자신들을 '염황(炎黃)의 자손'이라고 부른다. 이때 황제(黃帝)는 엠퍼러(emperor) 즉 황제(皇帝)가 아니라 황토(黃土)를 관할하는 제왕(帝王)이라는 뜻이다. 이렇듯 중국인들이 누런색과 붉은색을 숭상하는 것이 오늘날 중국의 국기인 오성홍기(五星紅旗)에도 잘 반영되어 있다.

(5) 국가의 탄생

고대 중국의 첫 왕조는 우임금의 하(夏)라고 한다. 요순임금에 이어서 임금의 자리를 이어 받은 우임금도 본래는 아들 계(啓)에게 자리를 물려주려고 하지 않았지만, 신하들과 백성들 모두 우임금의 아들에게 임금 자리 잇게 하기를 원했기 때문에 어쩔 수 없이 아들에게 임금 자리가 이어진 것으로, B.C. 2070년에 하(夏)왕조가 건립되었다고 한다. 사마천(司馬遷)은 『사기(史記)』에서 이것을 요순시대 이후 우임금이 세운 중국 최초의 고대 왕조라고 하였다. 그렇지만 그와 같은 역사 사실이 있었는지 검증할 만한 유물이 아직 발굴되지는 않았다.

이어서 등장한 상(商)나라가 기록과 유물로 실재하였는지 증명할 수 있는 중국 고대의 최초 왕조(B.C. 1600~B.C. 1046)라고 할 수 있다. 수도였던 은허(殷墟)가 발굴되어서 당시 청동기와 갑골문자(甲骨文字)를 사용하였다는 것이 입증되었다. 이것들은 하늘의 상제(上帝)에게 제사를 올리던 것으로서 이 시대가 신(神) 중심의 제정일치(祭政一致) 사회였다는 것을 증명해 준다.

B.C. 1046년 즈음에 등장한 주(周)나라야말로 앞서 상제(上帝)를 숭배하던 제정일치 시대에서 탈피하여 하늘[天]을 표방하면서 고대 중국의 인문시대의 원형을 세운 왕조라고 할 수 있다.

주나라 후반기인 춘추 전국시기에 이른바 공자와 노자를 비롯한 제자백가들이 등장하였으니, 이 시기는 철기시대로서 인간 중심의 인문학이 탄생한 때이기도 하다. 인류가 탄생하여 생각을 하고 말을 하고 글을 쓰면서부터 인류의 문화와 문명이 탄생하였고, 이로부터 신 중심의 제정일치 시대를 벗어나 이때 비로소 인간 중심의 시대에 인문학으로서 중국 사상과 철학이 탄생하였다.

본래 주나라는 지금의 섬서성(陝西省) 위하(渭河)와 황하(黃河)가 만나는 지점인 서안 남서쪽 호경에 자리를 잡고 중원에 있던 은(殷)나라와 대치하면서 세력을 키워온 지방 세력이었다. 주는 은나라에 조공을 바치면서 신하의 예를 지켰었다. 은나라 마지막 왕인 주(紂)가 폭정을 펼치며 나라가 어지러워지자 주는 은과 대대적인 전쟁을 통해서 패권을 장악하기 시작하였고, 3년여 만에 황하를 중심으로 왕조의 기틀을 확립하였다.

흔히 주나라는 봉건제도를 실시하였던 나라이지만, 엄밀히 말하자면 '나라'라는 호칭을 쓰는 것은 적절하지 않다. 오늘날에는 한국, 미국, 중국, 일본이라고 하는 식으로 국호를 부르지만, 당시 중국의 주나라는 스스로 천하(天下) 자체였고 그 안에 작은 나라가 복속되어 있다고 생각하였다. 『대학(大學)』의 8조목에서 … 수신(修身), 제가(齊家), 치국(治國), 평천하(平天下)라고 하듯이, '치국'의 국은 제후(諸侯)가 다스리고, '평천하'의 천하는 왕(王)이 다스린다고 여겼다.

봉건(封建)이란 봉토(封土)와 건국(建國)의 뜻으로서 제후(諸侯)가 왕에게 땅을 분봉 받아 나라[國]를 세우는 제도이다. 마치 중세 유럽에서 왕이 제후에게 영지(領地)를 분봉하고, 제후는 영주(領主)가 되어 기사(騎士)를 고용하고 토지를 농노(農奴)에게 맡겨서 농사짓게 하고, 기사는 그 땅을 관리하고 농노는 농사지은 대가로 군역(軍役)과 세금을 바치게 하는 것이다.

영주 역시 왕에게 세금을 부담하고 전쟁이 나면 농노들을 동원하는 등 왕과 영주 사이에는 토지를 매개로 하여 주종관계를 맺는 통치제도가 봉건제도이다. 이처럼 서구 중세의 봉건제도에서는 영지(領地)를 매개로 하여 왕과 제후의 계약관계를 맺는 것이었다고 한다면, 주나라에서는 왕의 가족이나 개국공신들을 제후로 삼는 핏줄 중심의 분봉제도였다는 것이 각각 다르다.

당시 주나라의 제후는 왕실을 종가(宗家)로 받들며 세금의 공납과 부역을 부담하였는데, 제후국이 많았을 때에는 약 200여 국(國)이나 되었던 때도 있었다. 주나라의 봉건제도가 혈연중심의 정치체제를 세웠던 것은 중앙에 자리 잡은 왕의 권력이 지방에까지 원활하게 도달할 수 없었기 때문에 생겨난 제도였다.

주나라의 혈연중심 봉건제는 종법제(宗法制)에 입각하고 있었다. 종법의 종(宗)자는 '마루' 즉, 으뜸이라는 뜻으로서 종법이란 으뜸으로 삼는 법이라는 뜻이다. 주나라 때 적장자에게 왕위를 물려주는 상속제는 후대에 이것이 한 집안 제사의 계승과 종족의 결합을 위한 친족 제도의 기본이 되는 법이 되기도 한다.

그런데 주나라의 종법제를 바탕으로 한 봉건제도는 얼마간 세월이 지난 다음에는 중앙의 왕과 지방 제후 사이에 유대관계가 점점 약해지다 보니, 각 제후국들 사이에 분란이 점점 심해지기 시작했다. B.C. 771년 북방의 견융(犬戎)족이 쳐들어 와서 일시적으로 주나라가 망하였다가 수도를 동쪽 낙양(洛陽)으로 옮겨 나라를 다시 일으켜야만 했다.

낙양으로 옮기기 전 호경에 수도를 두고 있을 때를 서주(西周)라고 하고, 이후 B.C. 770년부터 B.C. 221년에 진(秦)나라가 들어설 때까지를 동주(東周)라고 한다. 다시 동주의 전반기를 춘추시대(春秋時代, B.C. 770 ~ B.C. 403)라고 하고 후반부를 전국시대(戰國時代, B.C. 403 ~ B.C. 221)라고 한다.

한 마디로 말하자면, 춘추와 전국시대는 신하가 임금을 죽이고 임금은 이웃 나라를 탐하는 등 전쟁이 난무하던 때였다. 이처럼 공자는 춘추와 전국의 혼란기가 본격적으로 시작될 무렵 살았던 인물이며, 당시의 혼란스러운 시대 양상으로 말미암아 인간 사회의 일원으로서 착하게 살아야 한다는 인(仁)이나 안간 사회질서 안에서 주어진 명분(名分)을 잘 지켜야 한다는 예(禮)와 같은 사상이념이 나왔다고 할 수 있다. 이것이 바로 고대 중국에서 인간 중심 문화를 비로소 열었다고 평가하는 것이다.

(6) 인문시대의 도래와 철기(鐵器)

기원전 8세기 춘추시대 말기 철기시대에 들어선 이래 농업이 발달하면서 중국에도 인문시대가 도래하였다고 할 수 있다. 지중해를 중심으로 한 서구에서는 자연 환경이 먹고 사는 문제에 크게 영향을 끼치지 않는 상업문화였다. 그로 인해 서구에서는 자연과 하늘에 대한 탐구 정신이 강하였다. 서구에서는 자연현상의 근원이 되는 형이상학적 원리를 탐구하는 자연철학과 과학이 발달하면서 세상이 무엇으로 이루어져 있는 것인지에 대한 탐구가 활발하였고 이로부터 자연과학과 종교가 발달하게 되었다.

자연철학이 발달하기 전에는 그리스인들도 저녁 하늘이 붉어지는 이유에 대하여 당시 시인들은 저녁의 여신 에스페리데스(Eeperides)의 피부가 장밋빛이기 때문이라고 여겼고, 먹구름이 몰려와 번개와 천둥이 치는 것은 번개를 상징하는 제우스신의 노여움 때문이라고 여겼고, 폭우가 쏟아져 홍수가 나면 바다의 신 포세이돈이 화가 난 것으로 여겼었다.

기원전 6세기경에 이르자 이오니아의 도시국가 밀레토스(Miletos) 지역에서는 하늘의 변화를 새롭게 설명하려는 무리가 나타났다. 자연 현상을 체계적이며 논리적인 방식으로 설명하려는 자연철학자들이 나타나기 시작했다.

이들은 세상 만물이 존재하는 근거와 원리는 무엇인지, 무엇이 사물의 존재를 결정하는지, 사물은 어떻게 변화하는지 등에 대한 답을 구하고자 했다. 자연 변화의 배후에는 보이지 않는 어떤 질서와 원리가 있기 때문에 비록 자연이 항상 변하더라도 이들에게 각

각 그렇게 작용하게 하는 무엇인가 있을 것인데, 그것을 만물의 근원 즉 아르케(arche)라고 하였다.

특히 탈레스(Thales, B.C. 634 ~ B.C. 546)는 세계를 구성하는 자연적 물질의 근원을 물(水)이라 하였고, 아낙시만드로스는 우주론 또는 체계적인 철학적 세계관을 전개한 최초의 사상가이자 천문학의 창시자로서 기하학과 수학적 비례를 도입하여 천체의 지도를 그리려고 했다.

피타고라스(Pythagoras, B.C. 560 ~ B.C. 480)는 음악 이론과 수의 이론 등을 밝혀서 많은 수학적 업적을 남겼으며, 수(數) 그 자체의 성질을 연구하는 수론(數論)의 창시자이다. 또 우주가 수 또는 수들의 관계(비율)에 의해 모두 설명할 수 있다고 믿어서 '만물은 수'라고 주장하였다.

헤라클레이토스(Herakleitos, B.C. 540 ~ B.C. 480)는 만물의 기원을 '불'이라 하여 불이 절도 있게 타올랐다가 꺼지는 것을 영원히 반복한다고 생각했다.

프로타고라스는 최초의 소피스트라 불리는 인물로 "인간은 만물의 척도이다(Man is the measure of all things.)"라는 말로 진리의 주관성과 상대성을 설파하였다. 특히 당시 문자는 신들의 소리를 듣고자 하는 의도에서 고안되었던 것이며, 이때부터 인류는 자연환경을 극복하면서 인류문명이 비로소 탄생하기 시작하였다고 할 수 있다.

소크라테스(Socrates, B.C. 470 ~ B.C. 399)는 그때까지 그리스의 유물론적인 자연철학에 대립하여 그는 "너 자신을 알라(Know yourself)"라는 말을 기초로 인간의 영혼에 대해 깊게 생각하면서 삶의 온당한 방법을 아는 것을 지식의 목적이라 하고 이로써 도덕적 행위를 고양시키는 것을 지향하였다.

소크라테스 이래로 자연으로부터 인간과 인간사회로 논점이 이행해 왔다고 할 수 있다. 그렇지만 소크라테스가 "너 자신을 알라"고 했던 것처럼 서구 철학자들의 관심은 '무엇'에 대한 탐구에 집중하였다. 반면에 중국의 공자는 '무엇'보다는 '어떻게'에 더욱 관심을 기울였다고 할 수 있다. 즉, 인간의 주요 이상인 인(仁)은 "인간은 착하게 살아야 한다."는 문제이지 인간이 과연 어떤 존재인지를 묻는 것이 아니었다.

그러므로 그리스에서는 지식을 아끼는 애지(愛知)의 철학자(philosopher)들이 나타났다고 할 수 있다면, 중국은 사상과 주의 주장을 폈던 사상가(思想家, man of thought)가 나타났다고 할 수 있다. 자연의 이치를 탐구하려고 하였던 서구와 달리 고대 중국에서는 어떤 이치나 개념을 설명하면서 산이나 물과 같은 자연을 빗대어서 설명하는 경우가 많다. 농경문화의 전통사회에서는 자연물이나 자연 현상을 닮으려고 하는 경향이 강하다. 특히 농사와 관련하여 중요한 요건이라고 할 수 있는 비가 언제 어떻게 얼마나 내릴까 혹은 바람은 또 언제 어떻게 얼마나 불까와 같은 것이 한 해 농사의 성패를 결정짓기 때문이다.

공자(孔子), 인문시대를 열다

人文時代

諸子百家

2. 공자(孔子), 인문시대를 열다

1. 공자와 그의 시대

2,500년 전 주(周)나라의 노(魯) 제후국에서 태어난 공자는 유가(儒家)를 처음으로 열었다고 할 수 있다. 공자가 『논어(論語)』「위령공(衛靈公)」편에서 "사람이 도를 주재할 수 있는 것이지, 도가 사람을 주재할 수 있는 것이 아니다.(人能弘道, 非道弘人.)"라고 말한 것처럼, 인간 중심의 사상을 세워 고대 중국의 인문시대를 비로소 열었다고 평가할 수 있다.

(1) 공자 탄생의 의미

공자(孔子, B.C. 551 ~ B.C. 479)가 태어나고 자란 노나라는 원래 주나라의 건국공신인 주공 단(周公旦)의 아들이 분봉을 받아 건국한 유서 깊은 지방이다. 전하기로 주공 단은 『주례(周禮)』를 지어 주나라 예법을 처음으로 세웠다고 한다. 그러므로 공자가 이곳에서 태어나 주 문화의 전통 의례에 영향을 크게 받으면서 자랐다고 할 수 있다.

공자는 중국의 신화전설 시대라고 알려진 삼황오제(三皇五帝)의 끄트머리에 있었던 요순(堯舜)시절을 이상사회로 자주 언급하였다. 공자는 『논어』「태백(泰伯)」편에서 "위대하구나, 요의 임금됨이여! 높고도 높도다! 오로지 하늘만이 위대한 것인데, 오로지 요임금이 하늘을 본받으셨다.(大哉堯之爲君也! 巍巍乎! 唯天爲大, 唯堯則之.)"라고 하였다.

공자가 이처럼 요와 순을 높였던 것은 그들이 일종의 평화적인 왕권교체라고 할 수 있는 선양(禪讓)을 실천했기 때문이다. 요는 자신이 자리에서 물러날 즈음 누가 자신의 후임으로 적당한지 신하들에게 물었다. 신하들은 당연히 요의 아들인 단주(丹朱)가 제격이라고 하였지만, 요는 자신의 아들도 흠결이 있는 것은 아니지만 보다 더 훌륭한 이에게 물려주어야겠다는 생각에서 여기저기 자신의 후임을 알아보았다.

결국 요는 당시 효자로 이름이 났던 순(舜)에게 자리를 물려주었다. 순의 아버지는 시각장애인으로서 새로이 장가들어서 아들 상(象)을 얻었다. 이복동생인 상과 그의 어머니는 순을 미워하여 죽이려는 음모를 여러 차례 꾸몄다. 순은 이를 지혜롭게 잘 대처하고 부모에 대한 효성을 끝내 저버리지 않았다.

이러한 사실이 세상에 알려져서 순이 요에게 발탁되어 임금의 자리에 올랐던 것이다. 오늘날 우리가 볼 때, 효성스러움이 나라를 이어받을 자질의 판단기준이 되는 것인지 좀 의아하지만, 어쨌거나 순은 이 일로 인해서 효자의 대명사가 되었다. 그리고 순 자신도 물러날 즈음에는 자신의 후계자를 물색하였고 결국 황하 치수에 성공하여 능력을 인정받은 우(禹)에게 선양하였다.

한(漢)나라 때 관리로 등용할 인재를 미리 뽑아두는 제도를 향거리선(鄕擧里選)이라고 하였는데, 이때 각 마을에서 인재를 뽑는 기준이 효성(孝誠)과 청렴(淸廉)이었다. 관리가 되는 기준이 얼마나 효성스럽고 청렴한지를 따졌던 것도 순임금의 사례를 통해서 만들어진 것이다.

유가의 이상을 수신제가치국평천하(修身齊家治國平天下)라고 하듯이, 전통적으로 자기수양을 잘하고 집안을 잘 다스릴 수 있다면, 그것을 미루어서 나라도 잘 다스릴 수 있다는 공자의 생각이 적용된 것이다.

그렇지만 요순 당시의 상황을 평화적인 왕권 교체라고만 보기에는 석연치 않은 점이 많다. 더구나 요나 순에게도 아들이 있었으면서 좀 더 훌륭한 인물에게 왕위가 물려져야 한다고 여겨서 새로운 인물을 찾아 그들의 왕권을 평화적으로 건네주었다고 보는 것은 적절하지 않다. 아마도 당시 사회가 부족을 단위로 하는 여러 집단이 모여 있는 가운데 지도자 자리를 서로 돌아가면서 했던 것으로 이해하는 것이 더 자연스러울 것이다.

요순의 시대는 아직 신석기시대의 말기라서 번듯한 규모의 사회단위나 국가를 갖춘 시기가 아니었으니, 누가 반드시 왕이 되려고 한 시대도 아니었을 것이다. 그런데 공자가 살았던 춘추시대(春秋時代)가 서로 죽고 죽이며 빼앗고 빼앗기는 매우 혼란한 시대였기 때문에 공자는 요와 순 같은 이들이 평화롭게 왕권을 주고받았다는 것을 매우 이상적인 것이라 여겨서 자주 언급하였던 것이라고 보아야 할 것이다.

공자가 실제로 가장 숭상한 인물은 주공 단이라고 할 수 있다. 『논어』「술이(述而)」편에서 "심하구나, 내가 노쇠해 버렸구나! 오래 되었구나, 내가 다시는 주공을 꿈에서 뵙지 못하였구나!(甚矣吾衰也! 久矣吾不復夢見周公!)"라고 말한 것을 보면, 공자는 언제나 주공을 꿈에서라도 뵙고 마음으로 믿고 의지하고자 했다는 것을 알 수 있다.

주공 단은 아버지 문왕(文王)이 혁명을 완수하지 못한 채 죽을 때까지는 아들로서 아버지 일을 도왔고, 아버지가 돌아가시고 형인 무왕(武王)이 나라를 건국할 때까지는 동생으로서 나라 건국을 도왔다. 주나라 건국 이후 2년 만에 무왕이 죽자 이제는 나이 어린 조카 성왕(成王)을 도와 나랏일을 잘 살폈다.

이처럼 주공 단은 주나라가 건국하는 과정에서부터 건국 이후까지도 아버지의 아들로서 형의 동생으로서 조카의 삼촌으로서 자신이 처한 자리에서 나라의 기반을 세우는 데에 최선을 다했다.

공자는 주공 단을 이처럼 자신의 직분을 잘 지킨 모범이라고 여겼고, 자신의 시대가 매우 혼란스러운 시대였기 때문에 본받을 만하다고 해서 대대적으로 내세울 필요가 있었기 때문에 주공 단을 자주 언급하였던 것이다. 그렇다 보니 공자가 태어나 자란 노나라가 일찍이 주공 단이 분봉받은 지역이라는 것이 공자에게 있어서 문화적인 자긍심을 안겨주기에 충분했던 곳이라고 할 것이다.

(2) 공자의 탄생

공자의 이름은 구(丘)이고, 자(字)는 중니(仲尼)이다. 공자(孔子)의 자(子)는 '선생님'이라는 뜻으로 존칭의 의미로 붙이는 것이다. 공자의 선조가 상(商) 왕조를 이은 송(宋)나라 사람의 후예로서 증조할아버지 방숙(防叔), 할아버지 백하(伯夏), 아버지 숙량흘(叔梁紇)이며, 니구(尼丘)산에서 기도를 올려 태어났는데, 이마 안이 푹 패이고 주변이 튀어나온 언덕처럼 생겼다고 해서 이름을 '언덕'이라는 뜻의 구(丘)라고 지었다고 한다.

공자의 전기를 실은 『사기』 「공자세가(孔子世家)」에는 공자의 탄생에 대하여 "공자의 아버지 흘은 안씨 집안 딸과 비정상적으로 결합하여 공자를 낳았다.(紇與顔氏女, 野合而生孔子.)"라고 하였다. 여기에서 공자가 부모님의 야합(野合) 즉, 정상적인 혼인을 통하지 않은 채 맺어진 부부관계를 통해서 출생하였다고 하였는데, 이것이 후대에 논란거리가 되었다.

공자의 아버지는 당시 60대 후반의 나이였다. 첫 번째 부인으로부터 이미 딸 아홉을 낳았고, 둘째 부인에게는 맹피(孟皮)라는 아들을 하나 얻기는 하였는데, 그 아들이 다리에 장애를 갖고 있었기 때문에 공자의 아버지는 평소에 번듯한 아들을 하나 얻기를 갈망했었다.

그리하여 안(顔)씨 집안 셋째 딸 안징재(顔徵在)를 맞아서 겨우 얻은 이가 공자였다. 안징재가 공자를 낳은 때가 10대 후반이었다고 한다. 그래서 사마천은 공자 부모의 관계가 비정상적이라서 "야합하여 낳았다.(野合而生)"라고 한 것이다.

안징재는 아들을 얻기 위해서 공자 고향인 곡부(曲阜: 지금의 산동성에 소재)의 근처에 있는 니산(尼山)에 가서 기도를 올렸고, 임신을 하고 나서도 안전한 출산을 기원하기 위해서 니산에 기도 올리러 갔다가 돌아오는 도중에 니산 부근의 동굴에서 공자를 낳았다고 한다. 지금도 그 동굴이 남아 있으며 부자동(夫子洞)이라고 부른다. 2017년에 공자의 탄생을 기념하기 위해서 부근에 70m짜리 황금색 공자상을 세워서 공자를 기리고 있다.

이밖에도 공자의 출생에 관하여 여러 설이 있는데, 하나는 어머니 성씨인 안(顔)자가 '화장을 한 얼굴'의 뜻인 것으로 보아서 당시 그의 집안이 무속인이었을 것이라고 보는 이가 있다. 그리고 '야합(野合)'이라고 것이 '들판에서 만났다'는 뜻인 것처럼, 당시 자연스럽게 어울려 노는 민속행사 때 공자의 부모가 만나 혼인 관계를 맺어서 공자를 낳은 것이라는 설도 있다.

공자가 어린 시절 어떻게 지냈는지와 관련한 기록이 많이 남아 있지 않다. 다만 아홉이나 되는 배다른 누나나 바로 위 형으로부터 공자가 축복을 받으며 태어나지는 못했을 것이라는 것은 쉽게 추측할 수 있다. 아버지는 공자가 태어난 지 3년 만에 돌아가시고 어머니도 공자가 17세 때 돌아가셨다. 공자에게는 10명이나 되는 이복형제들이 있었지만, 그들의 보살핌을 받지는 못한 것 같다.

『논어』「자한(子罕)」편에서 공자가 "나는 어려서 빈천하였기 때문에 비루한 일을 잘 할 수 있다.(吾少也賤, 故多能鄙事.)"라고 한 것처럼, 공자는 어려서부터 창고지기나 목동일 등을 하며 고되게 자랐다.

공자의 출생과 성장이 매우 정상적이지 못했다는 것은 분명한 듯하다. 그렇지만 이와 같은 사실들이 영원한 인류의 스승이라는 뜻의 '만세사표(萬世師表)'로서 공자의 면모를 깎아 내리는 것은 아닐 것이다. 어려운 환경에서 태어나 자라면서도 끝임없는 노력을 통해서 세상에 본보기를 보였다는 점을 되새겨야 할 것이다.

뿐만 아니라 특히 우리나라 조선의 유학자들이 혈통의 순수성을 중시한다고 하여서 적자와 서자를 차별하여 오로지 본부인의 자제만 관직에 버젓이 나아갈 수 있고 홍길동 같은 서자에게는 과거시험에 참가할 수도 없게 하였던 것이나 홀로 된 과부들의 재혼을 금지하였던 것을 저세상에서 공자가 알았다면 참으로 씁쓸하게 여겼을 것이다.

(3) 공자의 말씀, 『논어(論語)』

공자의 말씀을 수록한 책을 『논어』라고 한다. 그것과 관련하여 『한서(漢書)』에서 서적의 목록을 수집 기록해 놓은 편명인 「예문지(藝文志)」에는 공자의 어록을 어째서 '논어'라고 이름을 지었는지에 대하여 "선생님께서 세상을 떠나시자, 제자들이 모여서 서로 편집하고 논의하여서 편찬하였다. 그러므로 논어라고 일컫는다.(夫子旣卒, 門人相與輯而論撰, 故謂之論語.)"라고 하였다.

여기에서 『논어』는 공자가 직접 쓴 것이 아니라 공자 당시의 제자와 그 다음 제자들에 의해 구전되거나 문서로 전해져 오던 것을 모아서 편집하였다는 것을 알 수 있다. 그러므로 『논어』를 통해서 공자의 사상과 학문은 물론이거니와 그와 관련한 일상 주변의 이야기를 살펴 볼 수 있다.

다른 제자백가의 저작들이 대개 당사자들이 살아 있을 때부터 집필하기 시작하였기 때문에 책의 제목도 대체로 맹자(孟子)의 책을 『맹자』, 노자(老子)의 책을 『노자』 혹은 『도덕경(道德經)』, 장자(莊子)의 책을 『장자』, 순자의 책을 『순자(荀子)』, 한비자(韓非子)의 책을 『한비자』라고 하여 '~자(子)'의 형식을 취하고 있다. 그러므로 '자(子)'는 그들의 '저작'이라는 뜻으로도 쓰인 것이라고 이해할 수 있다. 이에 비하여 『논어』는 논의하여 편찬한 말씀이라는 의미에서 그렇게 불렀던 것이다.

공자는 어째서 자신의 저술을 직접 짓지 않은 것일까? 공자는 그와 관련하여서 스스로 옛 것을 믿고 좋아한다는 뜻에서 "신이호고(信而好古)"라고 말한 적이 있고, 옛 성현들의 말씀을 서술하기는 하지만 직접 짓지는 않는다는 의미에서 "술이부작(述而不作)"이라고도 말하였다. 공자는 생전에 『춘추(春秋)』나 『시경(詩經)』 등을 편집하거나 『주역(周易)』 같은 경전의 해설을 달기는 하였지만 스스로 자신의 저작을 내놓지 않았다.

이와 같은 사정은 석가모니, 소크라테스, 예수도 마찬가지이다. 이들 모두 말씀을 통해서 세상을 구원하고자 하였지만, 직접 저술을 남기지는 않았다. 모두 후대에 그들의 말씀을 모아서 지은 것이 오늘날 세상에 전해지고 있는 것이다.

2. 공부한다는 것과 안다는 것

공자 나이 3세 때 아버지를 일찍이 여의고 17세 때는 어머니마저 돌아가셨던 만큼 어려운 환경에서 태어나 자랐지만, 이후 인류의 성인(聖人)으로서 존중받게 된 것은 어떤 이유에서일까?

그것은 공자가 어려운 환경 속에서도 늘 공부하는 것을 놓지 않고 애썼기 때문이다. 누구든지 공자처럼 열심히 공부하면 훌륭한 사람이 될 수 있다는 모범을 보인 것이다. 그 때문에 오늘날까지 우리나라나 중국, 일본과 같은 유교 전통 사회에서 교육열이 이처럼 대단하게 된 빌미를 공자가 제공했다고 해도 지나치지 않다.

(1) 공부는 기쁜 것일까

『논어』의 첫 장인 「학이(學而)」의 첫 구절에서 공자는 "배우고 그것을 늘 익히면 참으로 기쁘지 않은가!(學而時習之, 不亦說乎!)"라고 하였다. 이 말에는 공자 사상의 상징성이 담겨있다고 할 수 있다.

공자 자신이 그랬던 것처럼, 공자는 제자들에게 항상 배우고 익히라고 하였다. 태어났을 당시 집안도 내세울 것이 없었고 재산도 넉넉하지 못했던 공자에게 있어서 공부는 그 자신이 살아가는 데에 힘이 되는 것으로 가장 절실하였을 것이다. 아무리 어려운 환경과 조건을 가지고 태어났다고 하더라도 인간은 누구나 후천적인 학습과 노력을 통해서 자신의 인생을 개척해 나아갈 수 있는 존재라는 뜻이기도 하다.

여기에서 우리가 흔히 배우고 익힌다는 의미로 이해하는 '학습

(學習)'이라는 말의 어원이 나온다. '배울 학(學)'자의 본래 뜻은 아이[子]가 책상[冖]에 앉아서 양 손[臼]으로 효(爻)를 잡고서 점을 치는 모습을 그린 것으로서 인류의 지식수준이 매우 낮아 묻고 알아볼 만한 대상이 오로지 하늘뿐이었을 때에 만들어진 글자라고 할 수 있다.

이처럼 학(學)자는 몰랐던 사실을 알게 되는 과정을 말하며, 습(習)자는 날개 달린 새[羽]가 하늘[日]에서 날기 위해서 열심히 날개 짓을 하는 모습을 그린 것이다. 그러므로 학습이란 몰랐던 것을 익히고, 알게 된 것을 잊지 않도록 열심히 복습한다는 뜻이다. 예나 지금이나 무엇을 한 번 보고서 다 알 수 있는 이는 많지 않을 것이기 때문이다.

게다가 공부하는 것을 기뻐할 줄 안다는 것이 의아할 수도 있을 것이다. 어느 날 제자가 혹시라도 공자가 태어나면서부터 모든 것을 아는 "생이지지(生而知之)"한 천재와도 같은 분인지 여쭈었다. 그렇지만 공자는 그 스스로 나면서부터 모든 이치를 깨달은 성인이기를 자처하지 않고 스스로 늘 힘쓸 뿐이라고 대답했다.

공자 역시 공부하는 자체가 즐겁기만 하지는 않았을 것이다. 다만 공부를 통해서 얻어지는 깨달음이 기쁜 것이며 그것이 사회적인 성공으로 이어져서 개인의 행복을 보장해 줄 수도 있다는 것을 부정할 수는 없을 것이다.

앞에서도 말했듯이 주(周)나라는 봉건 왕조사회로서 사람은 태어나면서 인생의 갈 길이 대부분 결정되어 있던 때였지만, 공자가 태어난 때는 그런 봉건질서가 무너지고 새로운 이념과 가치관이 나타나던 때였다. 그렇기 때문에 어느 때보다도 개인의 능력이 자신의 인생과 장래를 결정하는 중요한 요소가 되었던 때이기도 하다. 공자가 귀족집안의 자손이기는 했지만 이미 몰락한 상태였고, 70세가 다된 아버지의 아들로 태어나 3세 때 그나마 아버지를 여의고 게다가 후실의 아들로서 별다른 능력이나 후원이 없던 상황에서 오늘날까지 '인류의 스승'으로 추앙을 받는 성인의 자리에까지 올랐으니 말이다.

이것은 바로 공자가 학문을 열심히 닦아서 이루어낸 결과라고 말할 수 있으며, 마치 불교에서 석가모니가 깨달음을 통해서 성불(成佛)하였다는 것처럼 성인의 길로 간 것이 서로 비슷한 측면이 있다. 이것은 유가에서 누구나 학문을 열심히 닦으면 성인의 길을 완성할 수 있다고 우리 모두에게 희망을 주는 대목이기도 하다. 실제로 오늘날까지도 학문을 열심히 닦는 것이야말로 성인은 되지 못하더라도 개인적인 출세와 영광을 얻기 위한 가장 안정되고 확실한 방법이라고 할 수 있으니 말이다.

(2) 공부를 그저 좋아할 뿐

공부하는 것이 기쁘다고 하였던 공자는 『논어』「학이(學而)」편에서 그 이유를 다음과 같이 설명하였다.

> 군자는 먹는 데에 배부르기를 추구하지 않고, 거처함에 편안함을 추구하지 않고, 일을 함에 민첩하게 하고, 말을 함에 신중히 하며, 도리가 있는 곳에 나아가서 바르게 한다면, 배우기를 좋아한다고 일컬을 수 있을 뿐이다.(君子食無求飽, 居無求安, 敏於事而愼於言,

就有道而正焉. 可謂好學也已.)

오늘날 우리들은 책상 앞에 앉아서 열심히 새로운 지식을 습득하는 것이 바로 학문의 길이라고 여기는 경향이 있다. 공자에게 있어서도 성인의 길로 가는 가장 확실한 길이 학문을 통해서라고 하긴 하지만, 오로지 지식의 습득만을 통해서 가능하다고 하는 것은 아니다. 그렇다고 해서 매우 엄중하고도 그럴듯한 무언가 있으려니 짐작할 수도 있겠지만, 공자가 제시한 방법이란 것이 위와 같이 매우 평범함 그 자체이다.

삶에 배부름과 편안함을 추구하지 않고, 행동은 적극적으로 하되 말은 신중히 하는 것이다. 여기에다가 인간으로서 올바른 도리(道理)를 지키며 살아가는 것일 뿐이다. 이렇듯 평범한 것인데 어째 우리들은 성인이 못되는 것일까? 평범한 도리 속에 깊이 있는 진리가 담겨 있기 때문이겠다.

위의 덕목 가운데 "민어사이신어언(敏於事而愼於言)"이라 하였던 것은, 말보다는 행동이 앞서야 한다는 의미에서 공자가 이 말을 했던 것인데, 이후 이것이 왜곡되어서 모든 일에 적극적으로 나서기보다는 그냥 요령껏 눈치만 보다가 흠이 되지 않을 정도로만 하면 된다는 식으로 와전이 되어서 오늘날 유가가 자유롭지 못하고 소극적이어서 사람마다의 고유한 개성을 죽이는 나쁜 영향을 끼치게 되었다는 식으로 비난을 받기도 한다. 이것 역시 빈말 하기를 꺼려했던 공자의 현실적인 삶의 태도로 보아야 할 것이다.

(3) 안다는 것

공자는 『논어』「위정」편에서 그의 제자 자로(子路)에게 "유야, 너에게 안다는 것에 대하여 가르쳐 주겠다. 아는 것을 안다고 하고 모르는 것을 모른다고 하는 것, 이것이 아는 것이다.(由誨女知之乎. 知之爲知之, 不知爲不知, 是知也.)"라고 하였다.

소크라테스가 네 자신을 알라고 했던 것은 자신의 정체성을 깨닫기 위해서는 무엇을 알고 모르는지에 대한 이해가 중요하다고 한 것인데, 공자는 어떤 사실을 안다는 것 자체가 안다는 것의 완성 단계라고 한 것이 아니라 앎의 과정을 보다 중시한다. 누구든 모두를 다 알 수는 없는 것이기에 모르는 것을 모르는 것이라고 인정할 때 역시 아는 길로 나아갈 수 있다는 말이다.

이런 의미에서 공자는 『논어』「술이(述而)」편에서 스스로 "나는 나면서부터 아는 이가 아니라 옛것을 좋아하고 열심히 익히기를 힘쓰는 것이다.(我非生而知之者, 好古, 敏以求之者也.)"라고 하였다.

공자는 아는 문제에 관련하여 『논어』「계씨(季氏)」편에서 "나면서 배워 아는 이가 가장 위이고, 배워서 아는 이가 그 다음이고, 애써서 아는 이는 그 다음이고, 애쓰지만 배우지 못하는 이가 백성인데 이들이 가장 아래이다.(生而知之者, 上也. 學而知之者, 次也. 困而學之, 又其次也. 困而不學, 民斯爲下矣.)"라고 하였다.

이것 역시 공자가 지배와 피지배 혹은 군자와 소인을 가름하는 계급성을 드러내 말한 것이라고 하여 비난을 받는 대목이다. 주자(朱子)는 이것에 대해서 풀이하기를 "배움에 의지하지 않고 안다.(不待學而知也.)"라고 했듯이, 단순히 모든 이치를 깨달은 채로 태어났다는 뜻이 아니라 별다른 가르침이 없이 스스로 궁리하여 어떤 이치나 도리를 깨우친다는 뜻으로 봐야 한다.

(4) 옛 것을 잘 새겨야 올 것을 알 수 있어

공자는 『논어』「위정」편에서 "옛것을 잘 되새겨서 새것을 알면, 스승이 될 수 있다.(溫故而知新, 可以爲師矣.)"라고 하였다. 역사는 역사가의 해석이고, 인간의 역사는 끊임없이 변화하는데, 공자는 과거의 올바른 이해를 통해서 오늘의 가치와 역사 관점을 정확히 알 수 있다고 한 것이다.

공자가 말하는 온고(溫故)는 과거를 잘 되새겨서 그 깊은 뜻을 다시금 음미해 본다는 의미이다. 그렇게 함으로써 지신(知新) 즉 미래에 대한 새로운 이해와 지식을 얻을 수 있다는 것이다. 이렇듯 공자는 새로운 지식의 습득조차도 옛것의 습득을 통한다고 했던 것이다.

『논어』「술이」편에서도 "옛것을 믿고 좋아한다.(信而好古.)"라고 했는데, 오늘날 이러한 공자의 학문 태도를 부정적으로 보아서 유가가 지나치게 과거 지향적이라고 비난하는 이들이 있기도 하다. 이미 지나간 어제보다는 앞으로 있을 내일을 보려고 하지 않는다는 것이다.

이것은 공자의 유가사상이 현실적인 합리주의를 지향하기 때문인 것이지 단순히 과거에 대한 향수에 빠지려는 것이 아니다. 어제가 없는 오늘이 있을 수 없고, 오늘이 없는 내일이 있을 수 없기 때문이다. 그래서 유가에서는 역사의 진실이 거듭되는 것을 거울삼기 위하여 『춘추(春秋)』나 『서경(書經)』 같은 역사를 편찬하였고 이를 학습할 것을 강조하였다.

3. 공자 사상의 핵심, 인(仁)

공자 사상을 한 마디로 규정하자면, 인(仁)이라고 할 수 있을 것이다. 『논어』 「안연(顔淵)」편에서 제자 번지(樊遲)가 인(仁)이 무엇인지를 여쭙자 공자는 "사람을 사랑하는 것(愛人)."이라고 대답하였다. 여기에서 공자가 사람을 사랑하는 것이 인(仁)이라고 하였는데, 그렇다면 사람이라는 것은 어떤 존재라는 말일까?

(1) 사람을 사랑한다는 것

인(仁)의 글자풀이는 '사람(亻)이 둘(二)'이라는 뜻이다. 사람은 사회를 이루고 살면서 많은 사람들과 관계를 맺고 있다. 인간은 부모와 자식, 임금과 신하, 형제, 친구, 부부 등 수많은 관계 속에서 살아가기 마련인데, 인(仁)이란 다른 사람과 서로 어떤 관계를 맺어야 하는가를 규정하는 개념으로서 공자는 그것을 너그러이 남을 이해하고 용서하는 것이라고 하였다. 오늘날 흔히 인(仁)자를 착하고 순하다는 뜻에서 '어질 인'이라 새기지만, 본래의 의미보다는 매우 축소되어 있다고 할 수 있다.

『논어』 「옹야(雍也)」편에서 "무릇 인이라고 하는 것은 스스로 서고자 하려면 남을 세우고, 자신이 통달하고자 하면 남을 통달하게 한다. 가까이에서 비유를 취할 수 있는 것이, '인을 실천하는 방법이라고 할 수 있을 따름이다.'라고 하셨다.(夫仁者, 己欲立而立人, 己欲達而達人. 能近取譬, 可謂仁之方也已.)"라고 하였다.

공자가 『논어』에서 인(仁)의 뜻을 다양하게 설명하였는데 여기에서는 자신의 주장을 앞세우는 것이 아니라 남에게 양보하고 남을 위할 줄 알아야 한다는 것을 밝힌 것이다. 이처럼 유가사상의 핵심인 인(仁)의 출발점은 나와 너 그리고 이들이 모인 사회를 바탕으로 하며, 그 사회 속에서의 행복은 그들 간의 관계를 어떻게 하면 잘 이끌어 갈 수 있는가에 달려있다고 할 수 있다.

또 『논어』 「안연」편에서 안연이 인에 대해서 여쭙자 공자는 "자신을 이겨 예로 돌아가는 것이 인을 하는 것이다. … 인을 실천하는 것이 자기에게 달려 있지, 남으로부터 말미암는 것이겠느냐!(克己復禮爲仁, … 爲仁由己, 而由人乎哉!)"라고 하였다.

여기에서 인에 대한 공자의 정의는 일단 남으로부터가 아닌 자기로부터 인을 실천해야 한다는 것으로 집약할 수 있다. '극기복례'에 '자신을 이긴다'는 뜻의 극기(克己)라는 말이 들어 있다고 해서 혹독한 육체적인 훈련이나 정신적인 수양을 통해서 일정한 목표를 성취한다는 의미로 많이 쓴다.

그렇지만 공자가 말한 극기는 사람마다의 사사로운 욕심을 이겨낸다는 말로 이해해야 한다. 세상은 좁고 사람은 많은데, 모든 사람이 다 좋아하는 재화는 제한되어 있기 마련이니 차지하려고 서로 싸우게 될 가능성이 많다. 그러므로 자신의 사사로운 욕심을 버릴 수 있어야 한다고 한 것이다.

예(禮)란 본디 천지만물의 운행 원리가 유형 또는 무형으로 드러난 것으로 사회의 풍습이나 습관 등으로 형성된 행위 준칙이나 도덕규범과 같은 예절 등을 말한다. '예로 돌아간다'는 뜻의 복례(復禮)는 하늘의 온전한 이법 질서인 예(禮)를 회복한다는 뜻이다. 하늘의 온전한 이법 질서라는 것은 자연의 조화로움을 말하는 것이다.

결국 극기복례란 사회 구성원들이 각기 바라는 행복의 실현을 위해서는 자신만이 무엇인가 되고자 하거나 자기만이 하려고 하는 것을 제어할 줄 알아야 한다는 것이다. 이것은 유가의 기본이념이 나 자신보다는 사회라는 집단의 이익에 우선한다는 것을 말하는 것이기도 한다. 그러므로 세상이 잘되고 못되는 것 역시 그 과정이나 결과는 '자기[己]'로부터 비롯되는 것이지 남이 아니라는 말이다.

이처럼 인(仁)이란 사람을 사랑한다는 뜻으로 이웃에 대한 사랑이라고 바꿔 쓸 수 있다면 기독교에서 이웃을 사랑하라고 말하는 것과도 비슷한 것이 아닌가 싶다. 그렇지만 유가는 모든 일의 시작을 자기로부터 기준을 삼고 있으며 자기 부모나 형제에 대한 사랑을 특히 강조한다. 이러한 점이 사랑의 실천 방면에 있어서 유가와 기독교 사이에 차이점이 있다. 유가의 사랑 실천 방식이 이웃을 미워하라는 말을 하는 것은 아니지만 결과적으로 이웃보다는 자신의 가족을 우선하게 되어 자기 자신이나 가족에 대한 사랑만을 중시하는 경향이 생기기도 하였다.

(2) 어진이가 산을 좋아해

『논어』「옹야(雍也)」편에서 "지혜로운 이는 물을 좋아하고, 어진 자는 산을 좋아한다. 지혜로운 이는 동적이고, 어진 이는 정적이다. 지혜로운 이는 낙천적이고, 어진 이는 오래 산다.(知者樂水, 仁者樂山. 知者動, 仁者靜. 知者樂, 仁者壽.)"라고 하였다.

요산요수(樂山樂水)에서 '요(樂)'의 쓰임이 다양하다. 흔히 형용사로서 '즐거울 락'이라고 읽고, 명사로는 '음악(音樂) 악'이라고 읽고, 동사로는 '좋아할 요'라고 새긴다. 이것은 한자의 특성 가운데 하나로서 음악은 즐거운 것이니 좋아하는 것이라는 의미를 모두 포괄하고 있는 것이다. 혹시 요산요수를 '낙산낙수'라고 읽는다고 해서 반드시 틀린 것이라고 할 수도 없다. 왜냐하면 낙산낙수라고 하면 '즐거운 산 즐거운 물'이라는 뜻이 된다고 할 수 있다. 그렇지만 산을 좋아하고 물을 좋아한다는 의미로 공자가 이미 써서 공인됐다는 뜻에서 전고(典故)라고 하고 다른 용법으로는 쓰지 않는 것이 관례가 되었다.

어째서 지혜로운 이가 물을 좋아하고 어진 이는 산을 좋아한다고 한 것일까? 여기에서 물을 좋아한다는 의미는 자연물로서 물을 좋아한다기보다는 지혜로운 이가 물의 속성을 닮았다는 뜻이다. 흔히 지혜로운 이는 총명하다고 할 수 있는데, 총(聰)이란 귀가 밝다는 뜻이고 명(明)이란 눈이 밝다는 뜻이다. 사물의 이치에 두루 통달하여서 막힘이 없는 것이 마치 물이 깊은 속까지 샅샅이 흘러가지 않는 곳이 없는 동적인 성질을 갖고 있다는 의미이다.

한편 어질다는 속성은 마치 산처럼 한 자리에 고정되어 있어서 변하지 않는 것이 자연만물의 절대 변하지 않는 원리와도 같다는 뜻에서 산에 빗대어서 말한 것이라고 할 수 있다.

4. 하늘의 길, 천도(天道)

제정일치의 신정시대였던 상(商)나라 때까지만 해도 오늘날 종교적인 의미의 조물주로서 갓(God)과 유사한 개념의 상제(上帝)를 숭배했다. 그래서 왕실에서는 상제에게 날씨, 전쟁, 왕실의 온갖 업무를 문의하는 제례 행사를 매일같이 하늘에 올렸다. 그런데 주나라에 이르러 인문시대의 도래와 함께 왕실에서 해야 할 일을 묻는 제례행사를 더 이상 하지 않게 되었다.

주나라 때 상제를 대체한 것은 바로 천(天)이었다. 하늘 천(天)자는 본디 사람을 뜻하는 대(大)자 위에 획을 하나 더한 모양이다. 사람의 머리 위에 자리하는 존재라는 뜻이다. 그러니까 이전의 상제가 어느 정도 조물주와 같은 의지를 가지고 있다고 여기던 것에서 주나라 때에는 인간이 사는 세상의 위라고 언급하였다는 것은 그만큼 어떤 특별한 의지가 없는 자연으로서의 하늘을 일컫기 시작했다는 의미이다.

'길 도(道)'는 '갈 지(之)'자와 '머리 수(首)'가 합쳐진 글자로서 '사람이 간다'는 뜻의 글자인데, 명사로 쓰여서 사람이 가야할 길이라는 뜻에서 로드(road)로도 쓰이며 이것이 확대되어서 사람이 가야할 도리나 지켜야 할 방도라는 뜻에서 웨이(way)라고도 볼 수 있다.

천도(天道)란 하늘이 가는 길이라고 할 수 있으니, 이것은 곧 천지자연이 운행하는 이치를 말하는 것이다. 자연과학에 대한 별다른 학문지식이 없던 그 옛날에 인간에게서 하늘만큼 두려운 것은 없었을 것이다. 태양이 지구로부터 조금만 가깝거나 멀리 있었더라도 인류는 지구에서 살아남지 못했을 것이기 때문이다.

만약에 1년 가운데 겨울이 두어 달만 더 지속된다면 아마도 원시 인류는 대부분 얼어 죽거나 굶어 죽었을 것이다. 자연으로부터 물과 공기 그리고 태양의 따스한 햇볕은 인류가 지구에서 살아가기 위한 자연의 은혜라고 할 수 있다.

(1) 하늘의 명(命)에 대하여

공자는 『논어』 「위정」편에서 자신이 살아온 인생의 역정을 회고하면서 "나이 쉰 살이 되어 하늘의 명(命)을 알았다.(五十而知天命.)"라고 하였다. 여기에서 공자가 말한 명(命)은 흔히 '명령'이라는 뜻으로 새기는데, 본디 명은 사람이 하늘로부터 부여받는 귀하고 천함 또는 오래 살고 일찍 죽는 것이 이미 정해져 있다는 의미이다.

명에는 숙명적인 의미를 갖고 있지만 여기에는 운(運)의 작용도 있다고 믿었다. 만물이 숙명적으로 부여받는 명과 함께 후천적인 인간의 노력이나 환경의 변화로 인해 그 명이 얼마만큼은 바뀔 수 있다는 뜻에서 '흐른다'는 뜻으로 운(運)을 보탰던 것이다.

공자는 자신의 인생 역정을 대략 말하기를, 15세에 학문에 뜻을 두었다고 하여서 '지학(志學)'이라고 하였고, 30세에는 자립할 수 있었다고 해서 '이립(而立)'이라 하였고, 40세에는 세상 사람들이나 사물에 의혹됨이 없게 되었다고 해서 '불혹(不惑)'이라 하였고, 60세에는 사물의 이치를 듣기만 해도 깨닫게 되었다고 해서 '이순(耳順)'이라 하였고, 70세가 되어서는 하고자 하는 대로 하더라도 도리에 어긋나는 법이 없었다고 해서 '종심소욕불유구(從心所欲不踰矩)'라고 하였다. 이것을 줄여서 흔히 '마음이 하고자 하는 대로 따른다'는 의미에서 '종심(從心)'이라고도 했다.

그밖에도 옛날에는 여러모로 전쟁이나 질병 같은 자연재해가 많았기 때문에 오래 살기 힘들었는데, 당(唐)나라 때 안사(安史)의 난을 겪어야 했던 두보(杜甫)가 「곡강(曲江)」에서 "술 외상값은 가는 곳마다 늘 널려있고 사람은 태어나 칠십까지 사는 이가 드물구나.(酒債尋常行處有, 人生七十古來稀)"라고 한 말에서 따와 70세까지 사는 이가 옛날부터 드물었다는 뜻으로 고희(古稀)라고 부른다.

공자가 50세에 알게 되었다는 하늘의 명(命)이란 무엇일까? 오늘날에는 흔히 운과 명을 함께 합쳐서 '운명'이라고 하면 변화시킬 수 없는 숙명처럼 여기는 경향이 있다. 공자는 어디까지가 명이고 어디까지가 운이라고 규정하지 않아서 분명하지는 않다. 그렇지만, 불우하게 태어나 어렵게 자라야 했던 자신이 오늘날 인류의 스승으로 남을 수 있었던 이유는 어린 시절부터 열심히 노력하여 자신의 인생을 개척하였기 때문이라고 볼 때, 공자 자신이 모두들에게 희망의 상징으로도 비춰질 것이다.

(2) 하늘에 늘 비는 마음으로

공자는 딱히 하늘이 우리에게 무엇을 어찌 하라고 했다는 식으로 말하지는 않았다. 다만 하늘에 대하여 늘 경건한 태도를 가져야 한다고는 하였다. 『논어』 「팔일(八佾)」편에서 "하늘에 죄를 지으면 빌 곳도 없다.(獲罪於天, 無所禱也.)"라고 하였다.

유가(儒家)를 학문과 사상의 방면에서 말하는 것이라면 유교(儒敎)는 종교적인 측면에서 말하는 것이다. 마치 도가(道家)와 도교(道敎) 혹은 불가(佛家)와 불교(佛敎)로 구분하여 부르는 것과 유사하다. 그런 면에서 '기독가'라는 말을 쓰지 않는 것은 기독교가 처음부터 종교로 출발하였기 때문이다.

그렇다면 종교적인 측면으로 말해서 유교도 종교인지 의아해 할 수도 있을 것이다. 유교에서는 내세나 조물주의 존재를 인정하지 않기 때문에 종교일 수 없다고 한다. 종교(宗敎)의 종(宗)자는 '마루 종'의 뜻인데, 여기에서 마루는 곧 으뜸이라는 뜻이니, 종교란 으뜸이 되는 가르침이라고 할 수 있다. 인생에 있어서 사람들마다 스스로 믿고 따르는 으뜸이 되는 가르침으로 여긴다면 역시 넓은 의미에서 종교가 될 수도 있을 것이다.

게다가 유교에서도 조상신에 대한 제례를 중시하는 만큼 내세를 완전히 부정한 것이 아님을 알 수 있다. 그래서 '마루 종(宗)'자를 뜯어서 풀어 보면 집을 의미하는 '면(宀)'자와 제사에서 예를 올린다는 의미를 가진 '시(示)'가 합하여져 만들어졌듯이 종(宗)은 본디 제사를 올리는 집이라는 뜻이다.

자신을 낳아주고 그동안 먹고살게 해준 조상신에게 대한 보답과 감사를 보이기 위한다는 뜻을 지닌 '보일 시(示)'가 들어 있는 글자들은 대개 제사의식과 관련이 매우 깊다. 예를 들어보면, 조상의 '조(祖)'자가 조상무덤의 비석에 제사를 올린다는 의미이고, '제사 제(祭)'자가 손[又]으로 고기(月=肉)를 들고 바치는 모양이고, '복(福)'자가 제사를 올림으로써 받게 되는 재물이라는 의미이다.

축하한다는 뜻의 축(祝)자 역시 제사를 올리는 주체가 바로 형(兄)이라는 의미에서 본디 '기원한다'는 의미로 쓰였다. 형(兄)자도 뜯어서 풀어보면 '입 구(口)'와 '사람 인(儿=人)'자가 합쳐진 글자라는 것을 알 수 있다. 형(兄)자는 입이 큰 사람이라는 뜻이기도 한데, 그보다는 발언권이 센 사람이라는 뜻으로 보아야 한다. 바로 형이라는 존재가 집안에서 일을 주도한다는 뜻을 나타낸다. 또 바라는 대로 해달라고 주문(呪文)을 외우는 것도 '입 구(口)'와 '형(兄)'자를 합쳐서 '주(呪)'라고 한다.

제사(祭祀)를 지내는 집인 종가(宗家)에서 조상(祖上)에게 주문(呪文)을 외워 복(福)이 내려지도록 축원(祝願)하는 것이 당시 보편적인 삶이었는데, 이러한 가족질서는 맏형에 의해서 주도되는 것이므로 이러한 예법제도를 종법제도(宗法制度)라고 한다. 이렇듯 유가에서는 다만 자연만물의 창조주로서 조물주를 인정하는 것은 아니었지만, 자연만물을 낳고 생성하게 하는 원리로서의 천도(天道)는 있다고 여겼다.

다만 공자는 실증적이고 현실적이었던 만큼 죽음의 경우처럼 실제로 눈에 보이지 않거나 검증할 수 없기 때문에 죽어서 어떻게 된다는 식의 말은 하지 않았다. 다만 하늘에 만물의 운행을 주재하는 무엇인가 있을 것이라는 믿음에서 하늘에 도(道)가 있고 그 도가 실현되게끔 부여되는 명(命)에 의해 자연만물이 운행된다고 여겼던 것이다.

(3) 죽음과 귀신

종교적이라는 말에서 적(的)자는 '~스럽다'는 뜻이다. 그러므로 유교나 도교를 종교라고 딱 집어서 말하지 못하는 것이다. 기독교와 같이 종교라고 한다면 저세상과 창조주가 있어야 하기 때문이다.

유교는 종교가 아니라고도 할 때 흔히 『논어』「술이」편에서 "선생님께서는 괴이한 것, 힘으로 억지로 하려는 것, 세상을 어지럽히는 것, 신비스러운 일은 말씀하지 않으셨다.(子不語怪力亂神.)"라고 한 말을 인용한다. 여기에서 공자가 말하지 않았다는 신(神)이란 기독교에서 말하는 창조주가 아니라 형용사로서 신비하여 검증되지 않는 것이라는 의미로 봐야 한다. 한편 신을 조상신이라는 의미로 쓰기는 하는데, 조물주와 같은 의미로 쓰지는 않는다.

그렇지만 공자가 내세를 확정적으로 부정했다고 할 수도 없다. 『논어』「선진(先進)」편에서 공자는 삶과 죽음에 대하여 다음과 같이 말했다.

> 계로가 귀신 섬기는 것에 대해서 여쭈었다. 공자가 "사람도 섬길 수 없는데 어찌 귀신을 섬길 수 있겠느냐?"라고 하셨다. "죽음에 대해서 여쭙겠습니다."라고 하니까, "삶도 아직 모르는데, 어찌 죽음에 대해서 알겠느냐?"라고 하셨다.(季路問事鬼神. 子曰, 未能事人, 焉能事鬼? 敢問死. 曰, 未知生, 焉知死?)

이 대화를 들어서 공자의 유교가 내세를 부정했다고도 하는데,

실제로 여기에서 공자가 내세를 분명하게 부정했다고 할 수는 없다. 왜냐하면 죽은 다음의 세계를 알 수 없다고 했던 '불가지(不可知)'이지, 신은 없다고 부정한 무신론(無神論)은 아니기 때문이다. 공자는 "귀신을 공경하되 멀리한다.(敬鬼神而遠之.)"라고도 말한 것처럼, 귀신에 대해서는 늘 공경하는 마음으로 하늘에 빌어야 한다고 하였다.

공자 사상의 요체는 현실사회 속에서 완성된 인간이 되기 위한 도덕의 수양을 중시하면서 그것의 절대적인 보편성은 하늘의 도리 즉 천도(天道)를 따르는 데에 있다고 생각했던 것이다. 공자에게는 하늘이 창조주 혹은 조물주라는 식의 종교적인 입장에서 받아들인 것이 아니라 검증할 수 없는 존재일 뿐이며, 하늘에는 변하지 않는 천지만물의 운행 원리가 있어서 인간 역시 그러한 도리를 깨닫고 실천해야 한다고 여겼으니, 이 때문에 유가를 인간중심의 사상체계라고 할 수 있다.

(4) 인간 본성은 길러지는 것인가

공자는 하늘이든 귀신이든 현실에서 검증할 수 없는 것에 대해서는 쉽사리 말하려고 하지 않았다. 그의 제자인 자공(子貢) 역시 『논어』 「공야장(公冶長)」편에서 "선생님의 말씀이나 자취는 들을 수 있었으나, 선생님께서 성(性)이나 천도(天道)를 말씀하신 것은 들을 수가 없었다.(夫子之文章, 可得而聞也. 夫子之言性與天道, 不可得而聞也.)"라고 말한 적이 있다. 공자가 평소에 제자들에게 남긴 자취로서 말씀이나 행동들은 어떻게든 전해 듣거나 글로 알아 볼 수 있었는데, 성(性)이나 천도(天道)와 같은 말은 좀처럼 하지 않았기 때문에 뛰어난 제자 가운데 하나라고 할 수 있는 자공조차도 그것에 관해서는 들은 것이 없다고 한 것이다.

여기에서 문장(文章)은 오늘날에 주어와 술어를 갖춘 센텐스(sentenc)를 말하지만, 공자 시대의 문장에서 문(文)은 본디 '무늬'라는 뜻이고, 장(章) 역시 '색채'라는 뜻이다, 그러므로 문장이란 좁은 의미에서는 문자나 글월을 말하며 넓은 의미로는 그 밖의 예악제도(禮樂制度)와 같이 겉으로 드러나 보이는 모든 형상을 일컫는다.

실제로 공자는 타고난 마음이라는 뜻인 성(性)에 대하여 『논어』 「양화(陽貨)」편에서 "인간의 본성은 서로 비슷하게 타고나지만, 학습이 그것들을 서로 멀어지게 한다.(性相近也, 習相遠也.)"라고 하여서 타고난 본성보다는 후천적인 환경과 학습이 더 중요하다는 식으로 말하였다.

천도 역시 공자가 직접 그것이 어떠한 의미를 지닌다고 분명하게 정의를 내린 적이 없다. 다만 하늘에는 그것을 주재하는 도리나 원리로서의 도(道)가 있듯이 자연물의 한 존재인 인간 역시 마땅히 그와 같은 원리에 따라 살아가야만 옳은 것이라고 하는 정도일 따름이다.

이 말은 인간의 품성이 선하다는 의미의 성선설에는 위배되는 측면이 있다. 사람들이 타고날 때에는 다 비슷한데, 성장하면서 각기 성품이 바뀌기 마련이라고 한 것이니, 이것은 맹자가 인간의 본성을 선하다고 딱 집어서 말한 것에 비해서 공자는 선하거나 악하다고 딱 집어서 규정하지 않고 성장하면서 달라진다고 하였던 것이다. 이것은 공자가 인간이 타고나는 품성이 어떻다고 확실하게 검증하여 알 수 없기 때문에 그처럼 모호하게 말했던 것이다.

(5) 도를 깨달으면 죽어도 좋아

공자는 도(道)에 대해서도 확실하게 정의를 내리지 않았다. 『논어』 「이인(里仁)」편에서 공자는 "아침에 도를 들으면 저녁에 죽어도 좋다.(朝聞道, 夕死, 可矣.)"라고 하였다. 이 말은 마치 득도(得道)를 하여 도를 깨우치고 나면 언제든 죽을 수 있을 만큼 도를 깨우치기 어렵다는 의미이기도 하다. 그러므로 아침과 저녁을 들어서 말한 것은 시간이 짧은 사이를 과장해서 한 말이다. 진리를 깨우치는 것을 두고 죽음을 걸고 말한다는 것은 그만큼 비장하다는 의미이기도 하다.

춘추시대 당시 수많은 학자들이 제각각 자신의 학문과 사상을 뽐내었다. 그네들이 개인적인 능력이나 학문이 과연 공자보다 못했던 것이 아니었을 것인데, 유독 오늘날까지 공자가 성인으로 추대되는 것은 당시 다른 학자들은 자신만의 개인적인 부귀와 영광만을 추구하느라 자신이 지켜온 학문을 꺾고 세상에 아부했기 때문에 살았을 때에는 그들이 개인적인 부귀와 영광을 누렸겠지만, 그들의 학문과 사상이 오늘날까지 남아 사람들에게 거울이 되지는 못한 것이다. 즉, 공자는 곡학아세(曲學阿世)를 결코 하지 않았기 때문에 오늘날까지 성인으로 추대받을 수 있는 것이라고 할 수 있다.

5. 정치는 나와 세상을 바로 잡는 것

성인(聖人)이 세상에 오신 이유와 목적은 인류의 구원에 있다고 할 수 있다. 오늘날 우리들이 흔히 인류의 성인이라고 일컬어지는 석가모니나 예수도 다 마찬가지일 것이다. 어지럽고 혼란스러운 현실사회에서 고통 받는 이들을 구원할 수 있어야 하는 것이 성인의 책임일 것이다. 공자 역시 당시 전쟁의 시대였던 춘추시대에 위정자들을 향해 외친 한마디는 바로 '사랑[仁]'과 '정의[義]'의 실천이었다. 인과 의야말로 공자가 실현하고자 했던 세상 정치의 근본이념이라고 할 수 있다.

(1) 정치는 자기와 집안으로부터

『논어』「위정」편에는 공자의 정치사상을 알 수 있는 대화 한 대목이 다음과 같이 나온다.

> 누군가가 공자에게 "선생님께서는 어찌하여 정치를 하시지 않으십니까?"라고 하자, 공자는 "『서경(書經)』에 '효도하며, 형제끼리 우애로운 것을 정사에 베푼다.'라고 하였다. 이 역시 정사를 펴는 것이니, 어찌 정치에 참여하는 것만이겠느냐?"라고 하였다.(或謂孔子曰, 子奚不爲政? 子曰, 書云, 惟孝, 友于兄弟, 施於有政. 是亦爲政, 奚其爲爲政.)

『대학(大學)』에서도 '큰 학문(大學)'의 길에 대하여 "격물(格物), 치지(致知), 성의(誠意), 정심(正心), 수신(修身), 제가(齊家), 치국(治國), 평천하(平天下)"라고 말하였다. 이것을 유가 군자의 학문수양 방법론으로 제시한 대학(大學)의 8조목이라고 한다. 여기에서 군자는 격물치지, 즉 사물의 이치를 연구하여 끝까지 따지고 파고들어 궁극에 도달하여 사물의 도리를 깨닫는 경지에 이르고, 성의정심 즉, 마음과 뜻을 진실되게 하고 수신제가, 즉 자기 자신을 잘 수양하는 것을 통해서 가정과 나라는 물론 온 천하를 고르게 잘 다스린다는 치국평천하에 다다르는 것이 최종 목적이라고 하였다.

이처럼 공자는 정치를 하든 효도를 하든 학문을 하든 그 시작은 자기로부터 시작되는 것이라고 여겼다. 그래서 공자는 자기의 사정을 미루어 남에게 사랑을 미친다는 의미의 "추기급인(推己及人)"이나 자기가 하고자 하지 않는 것을 남에게 미루지 않는다는 뜻의 "기소불욕물시어인(己所不欲勿施於人)"이라고 했던 것이다. 그런데 이러한 사고방식이 오늘날 공자가 비난을 받는 이유이기도 하다.

이 말은 내가 싫어하는 일을 남에게도 끼치지 않고 솔선수범한다는 의미이지만, 거꾸로 생각해 보면 내가 좋아하는 것은 역시 상대방에게 억지로 나와 같아지기를 권하거나 강제해도 되는 것처럼 인식할 수도 있다. 물론 공자가 실제로 그러한 의도에서 말한 것은 아니며, 어디까지나 현실적이고 합리적인 의식을 반영한 것이라고 할 수 있다.

정치의 정(政)자가 '바를 정(正)'자와 '칠 복(攵)'자가 합쳐진 것인 만큼 남을 때려서라도 일깨운다는 의미가 강하며, 세상을 옳게 다스리는 것 역시 자기의 수양으로부터 시작해서 가정 속에서 "부모 자식 사이에서는 사랑하고(父子有親)", "형제 사이에는 서로 위아래

질서를 지키는 가운데 우애롭고(長幼有序)", "부부 사이에는 각자의 본분을 다함으로써 가정을 행복하게 꾸미는(夫婦有別)" 것과 같은 덕목을 중시하는 것이다. 공자는 정치란 이러한 것들부터 제자리를 잡음으로써 세상이 평안해지는 것이니, 이밖에 또 무엇이 세상을 다스리는 일이겠는가 반문한다.

이렇듯 공자 윤리사상의 핵심인 인은 가족 간 사랑의 방식을 일컬은 것이라고 할 수 있는데, 그러기 위해서는 '격물, 치지, 성의, 정심, 수신'과 같이 자기 자신부터 잘 수양하는 것을 통해서 집안을 다스린다는 '제가'에 이어서 '치국'과 '평천하'를 실현할 수 있다는 것이다.

이것은 유가에서 군자가 되기 위한 과정을 내성외왕(內聖外王)이라고 한 것과 같다. 즉 군자는 안으로는 스스로 성인이 되고자 힘쓰며, 성인의 단계에 오르고서는 밖으로 세상 다스리는 일로 완성해야 한다는 것이다.

여기에서도 공자는 바로 성인이란 타고나는 것이 아니라 스스로의 노력을 통해 다다르는 경지이며, 그러한 도리를 세상에 펼 수 있어야 군자이며 성인이라고 한 만큼 공자의 학문과 사상은 언제나 세상의 구원을 향해 있다고 할 수 있다.

그렇다면 유가에서는 어째서 이렇듯 가족 구성원 간의 관계를 중시할까? 그것은 중국의 농경문화 전통에서 기인한다고 볼 수 있다. 농사라는 것은 혼자만의 힘보다는 가족 혹은 집단 간의 협동을 통해야만 하는 먹거리 산업이기 때문에 무엇보다도 집안에서는 부모와 자식, 형제, 부부의 관계를 원만하게 관리하고, 집을 나서서는 벗이나 위아래 사람 간의 인간관계를 역시 잘 유지해야 한다고 하였다. 여기에서 말하는 원만한 인간관계를 잘 유지한다고 한 것은 바로 구성원간의 질서를 잘 지키도록 하는 것이 핵심이며, 그러한 질서를 유지하게 하는 도덕적 품덕이 바로 예(禮)인 것이다.

(2) 정치는 덕과 예로써 해야

공자는 정치를 실천하는 방법에 대하여 『논어』「위정」편에서 다음과 언급하였다.

> 백성을 법령으로써 이끌고 형벌로써 가지런히 하면, 백성들은 형벌을 면하더라도 부끄러워함은 없다. 백성을 덕으로써 이끌고, 예로써 가지런히 하면 백성들은 부끄러워할 줄 알며 옳은 데로 나아간다.(道之以政, 齊之以刑, 民免而無恥. 道之以德, 齊之以禮, 有恥且格.)

오늘날 나라를 다스리는 데에 법률과 형벌이 없다면 그 나라가 과연 제대로 굴러갈 수 있을까? 그야말로 오늘날은 모든 일이 법에 의거하지 않은 것이 없다고 할 정도로 철저한 법치(法治)라고 해도 지나치지 않다. 그런데 공자는 위정자가 덕과 예로써 다스리기만 하면 백성들은 스스로 옳은 데로 나아가게 되어 있다고 한다. 이것으로 보아 공자는 인간의 품성을 선하다고 보았다는 것을 알 수 있다.

공자는 인간이 타고나면서 선하기 때문에 간혹 잘못을 저지르더라도 스스로 바른 데로 나아간다고 보았던 것이다. 공자는 나라를 통치함에 있어서 법률과 형벌로서가 아니라 예와 덕으로써 백성 각자가 스스로 깨달을 수 있도록 이끌어 주는 것이 진정한 정치의 방도라고 여겼던 것이다.

덕(德)자는 사거리를 뜻하는 행(行)에서 오른쪽을 생략하여 쓴 '두 인(彳)'자, 바르다는 뜻의 '바를 직(直)'자와 마음 '심(心)'자가 합쳐져 만들어진 글자이다. 곧 사람이 큰 거리에서 어디로 가야 옳은가를 궁리하는 형상이다. 이처럼 덕이란 사회에서 올바르게 살아가고자 하는 마음 자세를 말하는 것으로서 글자 자체에 옳고 그름의 뜻을 본디부터 가지고 있는 글자는 아니다. 오늘날 우리가 쓰는 악덕(惡德)이라는 말에서도 보듯이 악덕이란 나쁜 삶의 자세를 말하는 것에서도 덕 자 자체가 좋거나 나쁜 가치기준이 없다는 것을 알 수 있다.

우리들은 흔히 마음씨 좋고 여유로운 삶의 태도를 일컬어서 덕이 있다고들 한다. 그 이유는 공자가 위에서 말한 것처럼 유가에서는 너그럽게 남을 이해하고 용서하는 삶의 자세를 중시하였기 때문에 사람 삶의 자세는 그래야 한다는 인식이 고정되어 버린 것일 뿐이다.

예(禮)자는 본디 제사지내기 위하여 무언가를 보인다는 뜻의 '시(示)'자와 바구니에 제물을 가득 담아 제기에 올려놓았다는 뜻의 '풍(豊)'자가 어우러져 있듯이 예는 풍성하게 제물을 차려 놓고 제사를 올리는 형상을 그린 것이다. 본디 예는 제사의식으로서 인간이 신에게 제례를 올리는 형식이라는 뜻이었다. 그랬던 것이 신과 인간의 관계로부터 예라는 덕목이 인간사회의 질서를 유지하는 질서체계와 같은 것으로 변화한 것이다.

주(周)나라에 들어와서 예는 바로 고대 중국의 종법(宗法)사회에서 한 집안이나 나라에서 혼란을 막는 도덕규범을 말하는 것으로 곧 질서라는 뜻이 되었다. 이것은 봉건제를 채택했던 주나라가 차츰 봉건질서가 흐트러지면서 사회가 문란해지고 각자 맡은 바의 임무를 버린 채 사회질서를 문란하게 하는 풍조를 바로 잡기 위한 역할을 맡았던 것이라고 할 수 있다.

(3) 이름을 바르게 해야, 정명(正名)

정치는 자기 자신으로부터 가족, 나라, 천하로 이어지되 예와 덕으로써 실행해야 한다고 하였다. 그렇다면 그 최종 지향점은 무엇일까? 『논어』 「안연(顔淵)」편에서 계강자(季康子)가 정치하는 것이 무엇인지 묻자, 공자는 아주 간결하게 "정치라는 것은 바르게 하는 것이다. 그대가 바름으로써 이끈다면 누가 바르지 않을 수 있겠는가?(政者, 正也. 子帥以正, 孰敢不正?)"라고 하였다.

공자는 정치란 바르게 하는 것이며, 자기 자신부터 실천해야 한다고 하였다. 너무나도 간단하고도 당연한 이치라고 할 것이다. 바르다고 하는 것은 모든 일을 제자리에 옳게 있도록 해주어야 하는 것이다. 이것이 이른바 이름을 바로 잡는다는 뜻의 정명(正名)이다.

공자의 유가사상은 모든 것의 시작이 자기로부터 시작한다는 의식이 강하며, 정치의 정(政)자가 바를 정(正)자와 채찍질할 복(攵)자 합쳐져서 만들어졌다고 한 것처럼 정치란 올바르도록 일깨운다는 뜻인 만큼 임금의 백성에 대한 교화(教化)적인 의미가 강하다.

군사부일체(君師父一體)라는 말이 있듯이 교화의 교(教)자가 주역의 육효 혹은 고대 신전이나 학교의 표식을 하는 ×자 형식의 나무인 효(爻), 아들 자(子), 칠 복(攵)자가 합해져 있듯이 '가르친다'는 것은 어디까지나 때려서라도 옳게 이끈다는 것이니, 임금이 마치 아비나 스승처럼 백성을 일깨워 옳은 데로 나아가는 행위라고 본 것이다.

또 같은 편에서 제경공(齊景公)이 공자에게 정치하는 것에 대하여 묻자 공자는 대답하기를, "임금은 임금답고, 신하는 신하답고, 아비는 아비답고, 자식은 자식다워야 한다.(君君, 臣臣, 父父, 子子.)"라고 한 것이 바로 정치라고 하였듯이, 사회 구성원 간 각자의 본분을 다 함으로써 정치의 이상을 이룬다고 하였다. 즉 사회 구성원들 각자가 가지고 있는 이름을 바르게 한다는 것이 정치의 첫걸음이라고 하였다.

한편 『논어』「자로(子路)」편에서 자로와 공자가 정치에 대하여 다음과 같이 대화를 나누었다.

> "위나라 임금이 선생님을 모셔 정사를 하시게 하면, 선생님께서는 무엇을 가장 먼저 하시겠습니까?"라고 하자, 선생님은 "반드시 이름을 바르게 하겠다. … 이름이 바르지 못하면 말이 이치에 따르지 못하며, 말이 이치에 따르지 못하면 일이 이루어지지 않는다."라고 하였다.(衛君待子而爲政, 子將奚先? 子曰, 必也正名乎! … 名不正, 則言不順, 言不順, 則事不成.)

이것이 이른바 공자의 정명(正名)사상이다. 여기에서 이름[名]이란 본디 '저녁 석(夕)'자와 '입 구(口)'자가 합쳐진 글자로서 저녁이 되어 어둑어둑해져서 사물을 분간할 수 없게 되니 서로 알아보고 부르기 위해서 지어진 것이라는 의미를 갖고 있다.

공자의 정명사상은 중국과 같은 농경문화 전통 속에서 각자가 처해 있는 직분과 다른 구성원들과의 원만한 관계를 유지시키기 위해서 중요한 역할을 한다. 공자는 이것을 두고 명실상부(名實相符), 즉 이름과 실질이 걸맞아야 한다고 했던 것이다.

(4) 부자가 되는 것에 관하여

흔히 유가 전통사회에서 신분의 등급을 나누어서 말할 때, 사농공상(士農工商)이라고 하여 상업에 종사하는 이를 가장 낮게 여기는 경향이 있다. 공자는 공부하는 것을 가장 중시하였으니 학문에 정진하는 것을 주로 하는 사(士)를 가장 앞에 두었으며, 이익을 추구하는 것을 업으로 하는 상인(商人)이 떳떳치 못한 계층이 되어 버렸던 것이다. 사농공상이라는 말이 생긴 것은 공자의 시대가 아니다. 유학이 관념론에 빠지기 시작한 송(宋)대 이후이다.

공자는 『논어』「위정」편에서 "정의를 보고도 실천하지 않는 것은 용기가 없는 것이며,(見義不爲, 無勇也.)" 『논어』「헌문(憲問)」편에서는 "이익됨을 보고는 옳은가를 생각하고, 위태로움을 보고는 목숨을 바친다.(見利思義, 見危授命.)"라고 하였다. 또 『논어』「이인(里仁)」편에서는 "군자는 의(義)에 밝고, 소인은 이(利)에 밝다.(君子喩於義, 小人喩於利.)"라고 했다.

여기에서도 공자는 인(仁)과 정의[義]의 실천을 중시한다. 그래서 자신의 희생을 통한 인의 실현을 말한 살신성인(殺身成仁)이야말로 최고의 품덕이라고 한 것이다.

의(義)는 흔히 정의(正義)를 뜻하는데, 이 글자는 도끼의 뜻인 '아(我)'와 희생(犧牲)의 뜻인 '양(羊)'이 결합한 형태로서 신에게 제물을 올려 신의 뜻에 거스르지 않는다는 것이라고도 하고, 양을 도끼로 고르게 분배한다는 의미로 공정(公正)의 뜻으로 풀기도 하고, 『설문해자(說文解字)』에서는 '자신의 위엄(己之威儀)'이라는 뜻으로 풀었다. 임금 왕(王)자가 도끼를 형상하는 힘이 있는 자였듯이 이 뜻을 아울러서 풀어보면, 정의란 하늘의 뜻을 세상에 펴는 위엄이 있는 왕이라는 뜻이라고도 할 수 있다.

그렇다면 이 사랑과 정의의 실천에 상반되는 이(利)의 추구에 대해서는 당연히 물리쳐야 한다고 여겼을 것이라고 짐작할 수도 있지만, 완전히 그런 것만은 아니다. "이익됨을 보고는 그것이 옳은가를 생각해야 한다."라고 한 것에서 바로 정의로운 이(利)도 있다는 것을 인정한 셈이다. 즉 정당한 이익에 대해서는 얼마든지 취할 수 있는 것임을 밝힌 것이기도 하다. 돈이 무조건 부정적인 것만은 결코 아니라는 뜻이다. 공자의 경제관을 한 마디로 규정하자면 부자가 되더라도 정의로운 부자가 되라는 것이다.

공자는 『논어』「술이(述而)」편에서 "거친 밥을 먹고, 물을 마시며, 팔을 굽혀 베더라도, 즐거움이 역시 그 가운데에 있다. 옳지 못하면서 부귀한 것은, 내게 있어서 뜬구름과도 같다.(飯疏食, 飮水, 曲肱而枕之, 樂亦在其中矣. 不義而富且貴, 於我如浮雲.)"라고 하였다. 공자가 이런 말을 한 것을 보면 거짓말을 하지 않고 욕심 부리지 않는 평안한 삶을 추구하였구나 하는 느낌이 든다. 아무런 부조리나 사사로운 욕심에 얽매이지 않고 살아가려는 삶의 태도에서 모두들 수단 방법을 가리지 않고 부귀의 길로 달려 나아가려고만 했던 자신을 돌아보게 되는 계기라도 삼을 수 있어야 할 것이다.

이렇듯 흔히 공자의 유가사상이 안빈낙도(安貧樂道)나 청빈(淸貧)의 삶을 지향했다고 여기지만, 공자가 반드시 물질을 부정적으로만 본 것은 아니다. 오늘날 우리들에게도 귀감이 될 수 있는 정의로운 부자라는 의미에서 '청부(淸富)'의 개념을 일깨워 주었다. 『논어』「학이」편에서 가난한 이와 부자가 어찌 삶의 자세를 가져야 하는가를 다음과 같이 제시하였다.

> 자공이 "가난하면서 아첨하지 않고 부자이면서 교만하지 않은 것이 어떻습니까?"라고 하자, 공자는 "괜찮기는 한데, 가난하지만 즐길 줄 알고 부자이면서도 예를 좋아하는 것만은 못하다."라고 하였다.(子貢曰, 貧而無諂, 富而無驕, 何如? 子曰, 可也. 未若貧而樂, 富而好禮者也.)

또 공자는 『논어』「술이」편에서도 "부자 되는 것이 추구할 수 있는 것이라면, 나는 채찍을 잡고 수레를 모는 마부라도 나는 그 일을 하겠지만, 만약에 추구할 수 없는 것이라면 내가 좋아하는 것을 따르겠다.(富而可求也. 雖執鞭之士, 吾亦爲之. 如不可求, 從吾所好.)"라고 하였듯이, 공자 스스로는 부귀한 삶을 추구하기보다는 정의로운 삶을 택하겠다고 하였다.

올바른 방법을 통해서 부자가 되는 것이 가능한 것이라면 몰라도 옳지 못한 방법을 통해서 부자가 되는 것은 진작에 접어두고자 했던 것이다.

물론 가난하건 부자이건 아첨과 교만 정도만을 하지 않는 것뿐만 아니라 부자가 되는 것에 대하여 무조건 부정적인 입장만은 아니었다. 공자에게 있어서는 가난하다거나 부자이거나 하는 것이 중요한 것이 아니며, 가난하다면 그렇듯 가난하게 된 것에 대하여 기꺼이 받아들일 줄 알아야 하며, 부자라면 역시 예를 잘 실천하여 자신의 직분을 잘 지킬 줄 알아야 한다는 것이다.

(5) 먹고 살며 배워야

공자가 인의의 실천을 무엇보다 중시하지만 인간이 먹지 않고는 며칠도 버틸 수 없다는 것도 잘 알고 있었다. 그러므로 위정자로서 백성들에게 가장 우선해야 할 것은 그들을 배불리 먹고 살 수 있게 해야 한다면서 『논어』 「자로」편에서 다음과 같이 밝혔다.

> 염유(冉有)가 "이미 나라에 백성이 많아지면 또 그들에게 무엇을 더 보태줍니까?"라고 여쭙자, "부유하게 한다."라고 하였다. "이미 부유해지면 또 무엇을 더 보태줍니까?"라고 여쭙자, "가르친다." 라고 하였다.(冉有曰, 旣庶矣, 又何加焉? 曰, 富之. 曰, 旣富矣, 又何加焉? 曰, 教之.)

여기에서 공자는 자기 자신과 제자들에게는 인간다워지기 위해서는 반드시 언제나 인의를 갖추고 공부해야 할 것을 강조하였지만, 위정자들이 일반 백성에 대해서는 역시 그들을 먹고 살 수 있게 해주어야 하는 것이 최우선의 임무라고 했다.

부자가 되는 일에 대하여 공자는 '정의로운 부자'를 추구할 수 있으면 좋겠지만, 그것이 할 수 없는 바에야 부자가 되기보다는 정의로운 길을 선택한 것으로 볼 수 있다. 그렇기 때문에 유가에서는 대체로 이윤의 추구보다는 정의의 실현을 강조했던 것인데, 이후 유가가 물질보다는 이상적인 정신세계를 추구할 것을 강조하다 보니 물질에 관해서는 지나치게 금기시하는 폐단을 낳았다고 할 수 있다.

6. 군자의 길

군자는 흔히 일정 수준의 학식과 덕망을 갖춘 이로서 우리의 선비나 서양의 신사(紳士)라고 할 수 있다. 군자의 최고 목표는 성인(聖人)이 되는 것이라고 할 수 있다. 성(聖)자는 본디 귀[耳], 입[口] 그리고 왕(王)의 세 가지 요소가 합쳐진 글자이다. 즉 귀로는 세상의 학문 지식과 지혜를 두루 듣고 깨우치고 입으로는 말씀을 통해서 세상에 정사를 펼 수 있는 왕(王)과 같은 존재라는 뜻이다. 이처럼 성인의 최종 목표는 내성외왕(內聖外王)을 실현하는 것이다.

(1) 군자는 그릇답지 않아야

공자는 『논어』「위정」편에서 "군자는 그릇답지 않다.(君子不器.)"라고 하였다. 흔히 이 구문을 "군자는 그릇이 아니다"라고 해석하는데, 이것은 '아니 불(不)'자에 대한 잘못된 이해 때문에 생긴 오역이다. 왜냐하면 '불(不)'자는 대체로 다음에 나오는 동사나 형용사를 부정하고 '아닐 비(非)'자는 명사를 부정한다. 그러므로 '불기(不器)'의 기(器)자가 그릇이라는 뜻의 명사이지만, 여기에서는 '그릇답다'라는 의미의 형용사로 쓰였다고 할 수 있다. 즉, "군자는 그릇이 아니다"라고 하려면 '군자비기(君子非器)'라고 해야 한다.

그릇[器]은 입 구(口) 넷과 개 견(犬)이 결합된 형태이다. 여기에서 '네 사람의 입'은 주문을 외운다는 뜻이며, 제사를 지낼 때 접시에 개고기를 희생으로 쓴다는 뜻이거나 사람들이 개고기에 둘러 앉아 식사를 한다는 의미로 볼 수 있을 것이다.

신석기 시대 소박한 의미에서 농사를 짓게 되면서 잉여농산물이 생기게 되었으니, 당연히 그것을 담는 그릇이 필요했을 것이다. 당시에는 흙으로 빚은 그릇조차도 매우 귀했을 터이니, 그릇에는 가장 귀한 음식을 담아 두었을 것이다. 개고기가 당시 제사상에 오르는 희생이 되었다는 것은 아마도 역시 가장 귀하게 취급되던 먹을거리였을 것이라는 추측도 가능할 것이다.

그렇다면 군자가 그릇답지 않다는 것은 매우 간략하면서도 깊은 의미를 담고 있는 말이다. 그릇이란 흔히 어떤 사람의 도량을 평가할 때 그의 그릇이 어떠하다는 식으로 말하곤 하지만, 여기에서 말하는 그릇이란 이미 어떤 형태의 틀을 갖추고 있는 것이니, 이미 정해진 한 가지 쓸모를 위해서 존재하는 것이라는 뜻에서 말한 것이다. 즉 군자란 특정한 한 가지 쓰임에만 기울어 있거나 제한된 존재가 아니라는 말이기도 하다.

유학(儒學)의 유(儒)자를 흔히 '사람 인(人)'자와 '필요할 수(需)'자로 이루어져 있는 것으로 풀이하여서 유가사상이 주로 논의하고 지향하는 방면이 내세(來世)나 신(神)의 영역보다는 현실사회에서 사람들이 살아가는 것에 관한 것이라고들 설명하기도 한다.

이러한 풀이가 완전히 틀렸다고 할 수는 없지만, 중국 최초의 한자 자전(字典)인 『설문해자(說文解字)』에서는 유(儒)는 부드러울 유(柔)의 뜻이라고 하였다. 즉 어느 한 쪽에 얽매이거나 굳어져 경직된 상태가 아니라 어떠한 상황에서도 능숙하게 대처해 나아갈 줄 아는 것이라는 뜻이다.

이것은 어느 한쪽으로 기울거나 편당을 짓지 않는다는 뜻인 '불편부당(不偏不黨)'의 중용(中庸) 정신과도 통하는 것이다. 그러므로 유가에서 말하는 이상적인 인간상인 군자란 앞뒤가 꽉 막혀 폼만 잡는 고리타분한 흉물이 아니라 시대와 상황의 변화에 잘 대처해 나아갈 줄 아는 시대의 교양인이라고 봐야 한다.

그러므로 공자는 역시 『논어』 「위정」편에서 "군자는 두루 하며, 편당(偏黨)을 짓지 아니하며, 소인은 편당을 짓고 두루 하지 않는다.(君子周而不比, 小人比而不周.)"라고 하여, 군자와 소인의 경계를 가르기도 하였다.

(2) 군자는 본보기가 되어야

『논어』 「안연(顔淵)」편에서 "군자의 덕은 바람이요, 소인의 덕은 풀이다. 풀에 바람이 불면 풀은 반드시 쓰러진다.(君子之德風, 小人之德草. 草上之風, 必偃.)"라고 하였다. 여기에서 바람은 군자의 품덕을 상징하여서 마치 바람이 들판에 불면 들판에 펼쳐진 풀이 모두 감동을 받아 드러눕듯 한다는 뜻에서 풀은 일반 백성을 비유한 것이다. 여기에서도 공자는 위정자와 백성과의 관계가 대등한 것이 아닌 계급적인 차별을 인정했다는 것을 알 수 있다.

군자는 교화(敎化)의 주체가 되고 풀은 교화의 대상이 된다는 뜻이다. 때로는 군자를 비[雨]에 비유하여서 메마른 땅을 두루 적혀주어서 온갖 곡식을 무르익게 하는 존재라는 뜻으로 인용되기도 한다.

이밖에도 『논어』 「자로」편에서는 "군자는 화합하지만 같아지려고 하지는 않고, 소인은 같아지려고 하지만 화합하지는 않는다.(君子和而不同, 小人同而不和.)"라고 하였다. 이것 역시 군자와 소인 간의 속성이 마치 타고난 것인 양 단정하고 있어서 오늘날 공자가 비난받는 부분이기도 한다. 그렇지만 공자가 살았던 춘추시대란 지배자와 피지배자와의 구분이 확정되어 위정자들은 일반 백성의 존재를 자신의 욕망 실현을 위한 수단으로 밖에 여기지 않던 때이다. 이러한 사회적인 분위기 속에서 공자는 사랑과 정의를 실현하는 정치를 베풀어야 한다고 세상을 다니며 호소하였다. 그런 만큼 공자가 살았던 시대적인 한계를 오늘날의 우리들이 조금이나마 인정하는 것에서부터 공자 사상을 이해하는 첫걸음이라고 할 수 있겠다.

(3) 교육자로서 공자

『논어』 「위령공(衛靈公)」편에서 공자는 "가르침에는 부류가 없다.(有敎無類.)"라고 하였다. 이 구문에 대하여 주자(朱子)는 인간이란 본디 착한 존재로서 타고났기 때문에 가르침이 주어지면 모두 선한 상태로 되돌아갈 수 있다는 뜻으로 풀이하였지만, 마융(馬融)은 사람이 가르침을 받는 데에 있어서는 종류의 구분이 따로 없다고 했고, 황간(黃侃)은 사람의 부류에 귀천(貴賤)이 없다고 풀이하였다.

공자는 누구나 원하는 이에게는 가르침을 주었다. 이것은 공자의 교육사상을 말한 것이다. 공자 이전에 교육은 오로지 지배계급들의 전유물이었다고 해도 지나치지 않다. 아는 것이 힘이라고 하듯이, 아는 것이 곧 권력이고 돈이라고 할 수 있다. 그러니 당시 지배계급들은 자신들의 기득권을 지키기 위해서 자신들의 자녀들에게만 교육을 시킴으로써 그들 기득권을 대물림하였다고 할 수 있다. 그런데 공자는 누구든 배우고자 하면 차별없이 가르치겠다고 한 것이다. 실제로 공자의 여러 제자 가운데 신분이 비천한 이들이 매우 많았다.

그렇지만 공자가 그냥 무료로 가르쳐 주었던 것은 아니었다. 『논어』「술이(述而)」편에서 "고기 포 한 묶음 이상을 가져오는 이에게는 내가 일찍이 일깨워 주지 않은 적이 없다.(自行束脩以上, 吾未嘗無誨焉.)"라고 하였다. 여기에서 고기 포 한 묶음을 받았다는 것이 오늘날처럼 수업료를 받고 학생을 지도해 주었다는 의미가 아니라 최소한의 예의를 갖춘 이라는 뜻이지만, 실제로 선생이 학생들을 가르치느라 직접 생업에 종사할 수 없는 만큼 조금이나마 수업료를 받는 것 역시 당연한 것이라는 공자의 생각을 탓할 수만은 없다.

맹자(孟子)도 이와 비슷한 의미에서 교육자를 일종의 정신적인 노동자라는 뜻으로 '노심자(勞心者)'라고 했고, 일반 백성들을 육체적인 노동자라는 의미로 '노력자(勞力者)'라고 하여 선생들이 얼마간의 학비를 받아야 한다고 하였다. 우리가 전통적으로 선생님을 너무 숭고한 직업인으로 생각해 왔던 것 역시 잘못된 이해라고 할 수 있다.

맹자(孟子),
인간의 본성이
착한 이유

3. 맹자(孟子), 인간의 본성이 착한 이유

맹자는 전국(戰國)시대 제자백가(諸子百家) 가운데 한 사람으로서 여러 모로 공자의 뒤를 이었다고 할 수 있다. 유가의 학술사상을 발전시켜서 당시 왕들에게 도덕정치(道德政治)를 펼 것을 주장하였으나, 끝내 아무도 채택하여 주지 않자 고향에 은거하여 저술과 교육에 힘썼다. 제후들이 원하는 것은 부국강병(富國强兵)과 외교적인 책략이었는데, 맹자가 주장한 도덕 중심의 왕도(王道)정치는 당시 제후들에게는 너무 이상적이라고 여겨졌던 것이다.

1. 두 번째 성인, 맹자

맹자는 두 번째 성인이라는 뜻으로 아성(亞聖)이라 부른다. 맹자는 탄생과 성장, 학술사상 등 여러 방면에서 공자와 많이 닮았다.

(1) 맹자는 누구인가

맹자는 기원전 4세기 전국시대(戰國時代)에 태어났다. 『사기(史記)』「맹가열전(孟軻列傳)」에서는 "맹가는 추(鄒)지방 사람이다. 자사(子思)의 제자에게서 배웠다.(孟軻, 鄒人也. 受業子思之門人.)"라고 소개되어 있다.

위의 내용이 사마천(司馬遷) 『사기(史記)』에 나오는 맹자 전기에 관한 내용의 전부이다. 따라서 맹자의 연대를 정확히 알 길이 없다. 다만 맹자가 「진심하(盡心下)」편에서 "공자 이래로 백여 년이 흘렀다.(由孔子而來, 百有餘歲.)"라고 말한 대목을 가지고 추정하자면, 공자가 죽은 경왕(敬王) 41년으로부터 백 년쯤이라 가정하여 기원전 4세기쯤에 살았다고 추정된다. 물론 이것 역시 맹자가 언제 말했는지 밝히고 있지 않으니 단지 추정일 따름이다.

이렇듯 맹자는 공자보다도 약 100여 년 뒤에 살았다고 하는데, 오히려 그의 출생과 관련한 기록이 매우 부족하다. 공자의 경우에는 『사기』에서 공자가 상(商) 왕조를 계승한 송(宋)나라 사람의 후예로서 증조할아버지, 할아버지, 아버지를 모두 밝히고 있는 것에 비해서 맹자는 일찍이 아버지를 여의고 어머니 밑에서 어렵게 자랐던 만큼 관련 자료가 상대적으로 적다.

그의 이름은 '수레의 굴대'라는 뜻의 가(軻)이다. 자(字)는 자여(子輿), 자거(子車) 또는 자거(子居)라고 알려져 있다. 물론 이것은 위진(魏晉)대 이후의 자료에 보이는 것으로 맹자의 실제 자인지 아닌지는 확실하지 않다. 다만 마치 공자가 자신의 이상 정치를 실현해 보려고 이곳저곳을 떠돌며 구직활동을 하였던 것을 주유천하(周遊

天下)라고 하듯이, 맹자 역시 약 15년 동안 각 나라들을 다니느라 수레를 타고 다닐 운명을 예견했던 이름이 아니냐는 설도 있다.

맹자가 태어난 곳은 지금의 산동성(山東省) 추현(鄒縣)이다. 이곳은 공자의 고향인 곡부(曲阜)의 근처로서 옛날 주(周)나라 시절 주공 단(周公旦)이 이곳에 분봉을 받아 노나라를 세웠던 것이 공자의 학술 사상에 영향을 끼쳤던 것처럼 맹자 역시 공자 고향 부근에서 태어나 자란 것이 그에게 유가사상을 접하도록 한 것이라고 볼 수 있다.

맹자도 「진심상(盡心上)」편에서 "성인이 사시던 곳에서 이처럼 매우 가깝다.(近聖人之居若此其甚也)"라고 말했다. 여기에서 성인은 공자이니, 노나라에서 발흥했던 공자의 유가사상에 어려서부터 깊은 영향을 받으면서 자랐다는 것을 알 수 있다. 실제로 맹자는 공자의 제자인 증삼(曾參)에게서 배운 공자의 손자 자사(子思)에게서 배웠다고도 한다.

게다가 부근의 제(齊)나라 수도였던 임치(臨淄)의 서문(西門) 쪽 직하(稷下)에는 제 환공(齊桓公)이 각지에 있는 학자들을 초빙하여 자유로이 토론하며 강의하던 학궁(學宮)이 있었는데, 맹자 역시 이곳에서 당대의 여러 학자들과 함께 교류하면서 자신의 학설을 정립하였다고 한다.

(2) 맹자의 어머니

맹자는 자신뿐만 아니라 그의 어머니와 관련한 '맹모삼천지교(孟母三遷之教)', '단기지교(斷機之教)'와 같은 재미있는 이야기들이 세상에 더 잘 알려져 있다. 실제로 이들 이야기는 『맹자』에 나오는 것이 아니라 한(漢)나라 때 유향(劉向)이 편찬한 여러 여인들의 전기를 모은 책인 『열녀전(列女傳)』 「추맹가모(鄒孟軻母)」편에 나온다.

우선 '맹모삼천지교'는 맹자의 어머니가 맹자의 교육환경을 마련해 주기 위해서 이리저리 이사 다니는 것을 마다하지 않고 자식을 훌륭하게 키워냈다는 것으로 맹자의 어머니는 현모양처의 표본으로 자리매김하게 되었다.

맹자네는 어려서 이사를 매우 자주 했던 것으로 보인다. 그런데 맹모삼천의 이야기 가운데에서 맹자네는 두 번밖에 이사하지 않는다. 장례터에서 시장으로 그리고 서당으로, 물론 세 번이든 두 번이든 자식의 교육환경을 위해 어머니가 애썼다는 자체가 중요한 것이니, 그 횟수야 뭐 그리 중요할 것은 없겠다. 세 번이라고 한 것은 실제 횟수가 반드시 세 번이라는 뜻은 아니다. 여기에서 3은 '여러 번'이라는 뜻이다. 하나는 나, 둘은 너, 그리고 이들이 합하여진 3은 모두라는 의미이다.

게다가 맹자가 살았던 당시 중국에서는 오늘날만큼 이사 다니는 것이 고통스럽다거나 짜증나는 일이 아니었을 것이다. 하물며 대단한 재산을 소유한 것이 아니었다면 더더욱 간단한 일이 바로 이사였을 것이다. 지금 사는 동네가 마음에 들지 않는다거나 무슨 이유에서든지 떠나야 한다면, 쓰던 것을 싸 가지고 다니다가 마음에 드는 곳이다 싶으면 주저앉아 살면 되는 것이 아니었겠나 싶다. 다니다가 빈집이나 움막 같은 것이라도 있으면 다행이고, 없으면 공자(孔子)가 동굴에서 태어났듯이 작은 토굴이라도 파고 살면 그만인 시대였다.

정작 문제가 되는 것은 맹자의 어머니가 자식의 교육환경을 고려해서 이사할 생각이었다면 어째서 처음부터 서당 근처로 이사해서 진작부터 맹자에게 열심히 공부할 수 있는 환경을 마련해주지 않았는가 싶다.

아마도 맹자와 관련한 이야기에서 아버지에 대한 내용이 없는 것으로 보아 맹자네는 홀어머니가 집안 생계를 책임졌던 것 같다. 그러니 맹자네가 시장 근처로 이사한 이유는 당연히 집안의 생계 때문에 장사를 하기 위해서라고 추정할 수 있다. 사는 데에 먹는 문제만큼 중대한 일은 없겠지만, 자식의 좋은 교육 환경을 마련해주고자 했던 맹자의 어머니는 역시 결단성이 있었다.

맹자의 어머니가 처음부터 서당 근처로 가야 맹자가 공부를 잘할 수 있을 것이라는 사실을 몰랐다면 참으로 어리석은 어머니라고 할 수 있으며, 그나마 나중에라도 이를 깨닫고 서당 근처로 이사했다는 것은 자신의 허물을 바로 반성하여 고칠 줄 알았던 매우 과단성 있는 어머니라고 봐야 할 것이다.

또 맹자의 어머니와 관련된 고사성어 가운데 '단기지교(斷機之敎)'라는 것이 있다. 맹자가 외지로 유학을 갔다가 어머니를 보고 싶다는 마음에 공부를 마치지 않고 돌아온 것을 보자마자 맹자의 어머니는 짜고 있던 베를 단칼에 베어 버려 바로 숙사로 돌려보내 맹자가 더욱 학문에 정진할 수 있도록 하였다는 내용이다. 보고 싶은 것으로 치자면 어머니가 더 맹자를 보고 싶었을 터인데도 말이다.

(3)『맹자』는 어떻게 지어졌나

맹자는 전국시대까지만 하더라도 제자백가의 한 사람에 불과했었는데, 당대(唐代) 유종원(柳宗元)이『맹자』를『논어』다음으로 중요한 경전이라 했고, 한유(韓愈)가 성인의 도를 배우려거든 반드시『맹자』부터 시작해야 한다고 말한 이후부터 유가의 경전으로서 인정받기 시작하였다. 송대(宋代)에는『논어』와 함께 과거 과목에 채택되었고, 주희(朱熹)에 의해서『대학(大學)』,『중용(中庸)』,『논어(論語)』와 함께 사서(四書)의 하나로 확정됨으로써 유가의 경전으로서 지위가 확고해졌다.

『사기』「맹자열전」에는『맹자』가 지어진 배경에 대해서 다음과 같이 설명하고 있다.

> 맹자는 요순(堯舜)과 하상주(夏商周) 3대 제왕들의 덕치(德治)를 주장하였는데, 가는 곳마다 받아들여지지 않았다. 이에 고향으로 돌아와 만장(萬章) 등 몇몇 제자와『시(詩)』『서(書)』를 펴냈고, 공자의 학술 사상을 찬술하여『맹자』7편을 지었다.(孟軻乃述唐虞三代之德, 是以所如者不合. 退而與萬章之徒序詩書, 述仲尼之意, 作孟子七篇.)

맹자가 살았던 시대는 이른바 세상 모두가 술책 부리는 데에만 힘써서 서로 치고 받고 싸우던 시대였다. 합종연횡(合從連衡)이란 소진(蘇秦)이 주장한 합종설과 장의(張儀)가 주장한 연횡설로서 세로와 가로로 동맹을 맺는다는 뜻이다 합종의 '종(從)'은 '세로 종

(縱)'의 뜻으로 전국시대(戰國時代)에 각 나라들이 세로로 동맹을 맺어 당시 강국이었던 진(秦)나라를 견제하기 위한 계책이었고, 연횡(連衡)의 '횡(衡)'은 '가로 횡(橫)'의 뜻으로 소진의 합종책을 깨기 위해 가로로 연합하여 맞서자는 계책을 말한다.

『맹자』는 변론(辯論)의 형식으로 그의 제자인 만장(萬章)과 공손추(公孫丑) 등과 지었다고 하는데, 역시 분명하지 않다. 맹자 자신이 전체를 집필했다고 볼 수 없다. 『맹자』 첫 편에 나오는 양혜왕(梁惠王)의 경우처럼 '무슨 왕'이라고 부르는 것은 그 왕이 죽은 다음에야 부르는 시호(諡號)인데, 어떤 경우에는 맹자 이후에 죽은 왕에게도 그런 호칭으로 불린 것으로 보아서 이 책 전체가 맹자에 의해서 쓰인 것이 아니라 후대 맹자의 제자에 의해서 추가되어 완성이 되었다고 보아야 한다.

2. 인간의 본성이 착한 이유

맹자의 사상은 인의설(仁義說)과 그 기초가 되는 성선설(性善說), 그리고 이에 입각한 왕도정치론(王道政治論)으로 나누어진다. 유가사상은 맹자에 의하여 비로소 학문으로 정립되어 인성론, 정치론으로 체계화 되며, 이후 유교를 '공맹의 가르침(孔孟之敎)'이라고 부를 정도로 맹자의 사상은 공자와 함께 유학의 정통으로 계승되어 중시되었다.

(1) 사랑과 정의, 인의설(仁義說)

『맹자』「고자상(告子上)」편에는 맹자 사상의 근간이 되는 인의설을 다음과 같이 말하고 있다.

> 인(仁)은 사람의 마음이며, 의(義)는 사람의 길이다. 그 길을 버리고 따르지 않으며, 그 마음을 잃어버리고 찾을 줄 모르니, 안타깝구나. 사람들이 닭과 개가 달아나면 찾을 줄 알면서 마음을 잃어버리고는 찾을 줄 모른다. 학문의 방법은 다른 것이 아니라 그 잃어버린 마음을 찾는 것일 뿐이다.(仁人心也, 義人路也. 舍其路而弗由, 放其心而不知求, 哀哉. 人有雞犬放則知求之, 有放心而不知求. 學問之道無他, 求其放心而已矣.)

공자의 인(仁) 사상은 부모, 형제, 자식, 부부 사이에 생기는 자연스러운 친애(親愛)의 정을 널리 사회에 미치게 하려는 것으로 가족중심의 차별적인 사랑[愛]이라고 할 수 있다. 맹자는 이러한 공자의 인 사상을 계승하여 한편으로는 보편적인 인애(仁愛)의 덕을 주장하면서 한편으로는 그 인애의 실천에 있어서 현실에서의 차별상에 따라 그에 적합한 태도를 결정하는 의(義)의 덕을 갖추어야 한다고 주장하였다.

맹자는 여기에 예(禮)와 지(智)를 덧붙여서 인간이 본디 네 가지 실마리인 사단(四端)을 가지고 타고난다고 하였다. 맹자는 이 사단이 성선설(性善說)의 증거가 된다고 하여 다음과 같이 덧붙여 설명하였다.

인의예지(仁義禮智)는 밖으로부터 나에게 녹아서 들어온 것이 아니요, 나에게 원래 있던 것인데, 사람들이 생각하지 못할 뿐이다. 그러므로 "찾으면 얻을 것이요, 버리면 잃는다."라고 말하는 것이다.(仁義禮智, 非由外鑠我也. 我固有之也, 弗思耳矣. 故曰求則得之, 舍則失之.)

공자는 인간의 본성에 대하여 이르기를, "인간의 본성은 본래 비슷하였지만, 습관 때문에 달라지는 것이다.(性相近也, 習相遠也.)"라고 하였는데, 맹자는 이것을 계승하여 인간의 본성이 원래 선하다는 주장을 폈다. 맹자는 성선설의 근거로 인의예지가 누구에게나 갖추어져 있다고 하여 "군자가 타고나는 본성에는 인의예지가 마음속에 뿌리 내려 있으니,(君子所性, 仁義禮智根於心.)" 남을 측은해 할 줄 아는 마음인 측은지심(惻隱之心), 자기의 잘못을 부끄러워 할 줄 알고, 남의 잘못을 미워할 줄 아는 마음인 수오지심(羞惡之心), 남에게 양보할 줄 아는 마음인 사양지심(辭讓之心), 옳고 그른 것을 가려낼 줄 아는 마음인 시비지심(是非之心), 이 네 가지가 사람이 본디 마음속에 타고나는 사단(四端)이라고 하였다. 이것들을 잘 계발하여서 사람마다 타고난 성선(性善)의 실마리를 더더욱 확충시켜야 한다고 했다. 성선의 실마리는 누구나 타고나지만 구하면 얻을 것이라고 한 것처럼 누구나 처음부터 선한 사람으로 완성된 채로 태어나는 것이 아니라 그 실마리를 힘써 확충(擴充)하는 자만이 선해질 수 있다고 한 것이다.

그러므로 요임금처럼 훌륭한 임금 밑에 상(象) 같은 나쁜 신하가 있기도 하고, 고수(瞽瞍) 같이 어리석은 아비 밑에서 순임금 같은 성군도 나올 수 있다고 한 것이다. 거꾸로 주(紂) 같은 나쁜 왕 밑에서 미자(微子)나 비간(比干) 같은 훌륭한 신하도 나온다고 한 것이다.

이처럼 맹자의 성선설은 역시 인간이 나면서 무조건 선한 채로 태어나서 선하게 살아간다는 뜻에서 말한 것이 아니며, "그 실정으로 말할 것 같으면, 선을 행할 수 있다.(乃若其情, 則可以爲善矣.)"라고 하였듯이, 인간이란 선할 수 있게 하는 가능성으로서 사단을 타고난다는 것이다. 즉, 닭이나 개에게는 선을 일깨워서 실천하게 할 수는 없지만, 제아무리 악독한 자라도 인간에게는 선을 일깨워주면 잘못을 깨우치고 선한 데로 나아갈 수 있는 것처럼, 짐승과 달리 인간만이 선과 악의 구분을 알고 선해질 수 있다는 뜻에서 성선설을 말한 것이다.

(2) 식욕과 성욕이 본성인가

공자나 노자(老子)를 비롯한 대개의 제자백가들처럼, 맹자 역시 자신의 논의주장의 정당성을 주장하기 위한 비유의 수단으로 흔히 이용하는 것이 물이다. 노자는 물이 흘러가는 성질을 보고 천지만물의 이치가 무위자연(無爲自然)하다고 말했다면, 맹자는 물이 반드시 위에서 아래로 흐르는 성질을 비유하여 그의 인성론을 설명하고 있다.

『맹자』「고자상」편에서 고자(告子)는 인간이란 "식욕과 성욕이 본성이며,(食色性也,)" 맹자가 물의 속성을 빌어서 인간의 본성이 선하다고 주장한 것에 대하여 다음과 같이 반론을 제기하였다.

본성은 마치 솟구치는 물과 같다. 동쪽으로 물길을 이끌면 동쪽으로 흐르고, 서쪽으로 물길을 이끌면 서쪽으로 흐른다. 인간 본성이 선하고 선하지 않은 것에 구분이 없는 것은 마치 물이 동서의 구분이 없는 것과 같다.(性猶湍水也. 決諸東方則東流, 決諸西方則西流. 人性之無分於善不善也, 猶水之無分於東西也.)

그러나 맹자는 물이 진정 동서의 구분은 없다지만 위에서 아래로 흐르는 구분이 있는 것처럼 사람의 본성이 선한 것은 마치 물이 아래로 흐르는 것과도 같은 것이라고 반박하였다.

맹자 역시 고자가 말한 것처럼 식욕과 정욕(情慾)이 사람의 자연스러운 속성인 것은 인정하지만, 인간만이 갖는 인의(仁義) 같은 도덕관념이 짐승과 구별되는 진정한 인성(人性)이라고 하였고, 인간에게서 악한 성품이 나타나는 이유는 근본적인 자질에 문제가 있는 것이 아니라 마치 땅처럼 비옥하거나 메마른 차이 또는 기후 조건과 농부의 정성에 따라 수확량이 달라지는 것과 같은 이치라고 했다. 따라서 사람은 그 본래의 그 착한 본성을 열심히 닦아 기르는 것이 중요하다고 하였다. 그래서 누구나 인성을 열심히 갈고 닦아야 하는 것은 마치 들판에 불이 처음 타오르듯 하거나 샘이 땅 속에서 막 솟아오르듯이 하는 것과도 같다고 하였다.

3. 맹자의 정치사상, 왕도정치

공자와 마찬가지로 맹자 역시 자신의 인의(仁義) 정치론을 세상에 펴고자 하였지만, 그것을 인정하는 제후가 없었기 때문에 그럴 기회가 주어지지 않았다. 『맹자』에는 특히 정치에 관련된 이야기가 많은데, 그 요체는 백성의 행복이 무엇보다 우선되어야 한다는 것이다. 군주가 사랑[仁]과 정의[義]로 나라를 다스리지 않을 때는 천명(天命)이 그에게서 물러난 것이므로 그런 통치자는 마땅히 제거되어야 한다는 역성혁명(易姓革命)을 긍정한 대목은 당시 매우 급진적인 정치주장이라고 할 수 있다.

(1) 정치는 차마 하지 못하는 마음으로 해야

『맹자』 「공손추상(公孫丑上)」편에는 정치를 어떻게 해야 하는지에 대하여 다음과 같이 논의하고 있다.

> 사람들은 모두 남에게 차마 하지 못하는 마음을 가지고 있다. 선왕께서도 남에게 차마 하지 못하는 마음을 가지고 계셔서 이에 남에게 차마 하지 못하는 정사를 펴신 것이다. 남에게 차마 하지 못하는 마음으로 남에게 차마 하지 못하는 정치를 펴면 세상을 다스리는 것을 손바닥 위에서 움직일 수 있는 것이다.(人皆有不忍人之心. 先王有不忍人之心, 斯有不忍人之政矣. 以不忍人之心行不忍人之政, 治天下可運於掌上.)

맹자는 임금이 가져야 할 정치 덕목으로 불인지심(不忍之心)을 들었다. 즉, 남의 고통이나 어려움을 차마 그냥 보아 넘길 수 없는 마음으로 성선의 실마리인 측은지심과도 통하는 것으로서 군주된 이가 가져야 할 기본적인 마음이라고 했다. 아울러서 이를 실천하는 군주야말로 맹자가 말한 왕도(王道)를 실현하는 이라고 하였다.

이와 반대로 백성들에게 어진 체 가장하여 힘으로써 남을 복종시키는 이는 패자(霸者)라고 하며, 이들에게는 마음으로 복종하는 것이 아니라, 백성들이 단지 힘이 부족해서 복종하는 척하는 것이라고 하였다. 덕으로써 남을 복종시켜야 백성들이 마음으로 기꺼이 복종하는 것이라고 하였다. 이처럼 맹자는 군주를 왕도와 패도로 나누어 왕다운 왕과 그렇지 못한 군주로 구별하였다.

왕도와 패도는 단지 군주가 백성을 어찌 다스리는가 하는 그 자체보다는 그러한 정치행위가 백성들을 위한 정치 즉 민본주의(民本主義)를 지향하는 것이 왕도정치이며, 패도정치는 왕의 개인적인 욕심과 명예만을 충족시키기 위한 정치행위라고 정의하였다.

(2) 민본주의(民本主義)와 민주주의

맹자 정치사상의 요점은 민본주의라고 할 수 있다. 민본이란 말 그대로 군주는 백성을 근본으로 여겨야 한다는 것이다. 『맹자』「양혜왕하」편에 다음과 같이 설명하고 있다.

백성의 윗사람이 되어서 백성과 즐거움을 함께 하지 않는 것 역시 잘못입니다. 백성들의 즐거움을 즐기면 백성들 역시 왕이 즐기는 것을 즐깁니다. 백성들의 걱정을 걱정하면 백성들 또한 왕의 걱정을 걱정합니다. 즐기기를 온 세상으로써 하고, 걱정하기를 온 세상으로써 합니다. 그런데도 왕 노릇 못한 이는 아직 없었습니다.(爲民上而不與民同樂者, 亦非也. 樂民之樂者, 民亦樂其樂. 憂民之憂者, 民亦憂其憂. 樂以天下, 憂以天下, 然而不王者, 未之有也.)

이것이 바로 맹자 민본사상(民本思想)의 실천방안이랄 수 있는 여민동락(與民同樂)을 말한 것이다. 왕 된 이는 백성에게 있어서 마치 어버이와 같고 백성은 왕을 제 부모와 같은 존재로 여기게 된다면 왕과 신하 사이의 도덕 규율인 정의(正義) 이외에 부모자식 사이의 친애(親愛)로 나라를 다스리게 될 것이니 어느 누구인들 왕 노릇 못하는 이는 없을 것이라는 하는 것이다.

덧붙여서 맹자는 "백성이 귀하며, 조정이 그 다음이며, 임금은 가볍다.(民爲貴, 社稷次之, 君爲輕.)"라고 말한 것이나, 거꾸로 "임금이 신하를 흙이나 쓰레기처럼 하찮게 본다면, 신하는 임금을 원수 보듯이 할 것이다.(君之視臣如土芥, 則臣視君如寇讐.)"라고 말한 것처럼, 군주는 백성을 받드는 정치를 해야 한다고 했다.

이것이 공자가 말한 인의의 정치이기도 한데, 공자가 살았던 춘추시대만 하더라도 주(周) 왕실이 쇠락하였다고는 하지만, 제후 가운데 실질적인 패권을 잡은 이 역시 그나마 왕을 받들고 오랑캐를 물리친다는 뜻의 존왕양이(尊王攘夷)를 구호로 삼아 어찌 되었든지 간에 명분과 도리를 중시하는 정치를 행하였다.

그렇지만 맹자가 살았던 전국시대에 이르러서는 제후들이 공공

연하게 스스로 왕(王)이라 칭하며 전횡을 저지르던 때였다. 그러니 각국의 제후들은 사사로운 욕심과 명예를 위해서 전쟁을 일으키고 백성들을 착취하는 폭정을 일삼았던 것이다. 그런 가운데 맹자는 왕이라고 하는 이는 누구보다도 백성을 위할 줄 아는 정치를 해야만 한다고 하였던 것이 왕도정치의 핵심이다.

(3) 하늘의 뜻을 어기면 혁명(革命)

맹자는 군주들에게 백성들과 함께하는 어진 정치를 펴야 한다고 역설하였다. 이것을 실천하지 않는 왕이 있다면 혁명 즉 왕조를 뒤집어야 한다고 하자, 『맹자』 「양혜왕하」편에서 제 선왕이 옛날 성군들도 처음에는 자신의 군주에게 반란을 일으켰던 것이 아니냐며 다음과 같이 의문을 던졌다.

> 제 선왕이 "탕왕(湯王)이 걸왕(桀王)을 몰아내고, 무왕(武王)이 주왕(紂王)을 정벌하였다고 하는데 그런 일이 있었습니까?"라고 물었다. 맹자께서 "기록에 있습니다."라고 대답하였다. "신하가 임금을 시해하는 것이 됩니까?"라고 물었다. "인(仁)을 해치는 자를 도적이라 하고, 의(義)를 해치는 이를 잔(殘)이라고 하는데, 잔적(殘賊)한 이는 '한 사내'라고 합니다. 못된 사내 주(紂)를 처치하였다는 말은 들었으나, 임금을 시해했다는 말은 듣지 못했습니다."라고 대답하였다.(齊宣王問曰, 湯放桀, 武王伐紂, 有諸? 孟子對曰, 於傳有之. 曰, 臣弑其君可乎. 曰, 賊仁者謂之賊, 賊義者謂之殘. 殘賊之人謂之一夫. 聞誅一夫紂矣. 未聞弑君也.)

이것이 사랑과 정의를 실천하지 못하였던 걸(桀)임금 같은 이를 내쫓았던 것은 정당하다는 것으로 혁명을 긍정하는 맹자의 정치사상을 말한 것이다. 본디 왕(王)자는 '도끼'를 형상한 것으로 힘이 센 자로서 권력을 잡은 이를 의미하였는데, 이후로는 좀 더 그럴싸한 의미에서 왕 된 자는 하늘의 명을 받아 이 땅에 군림하는 이라는 의미로 변하였다. 그래서 하늘의 뜻이요 명령인 천명(天命)을 대신 편다는 뜻에서 천자(天子)라고도 부르는 것이다.

그런데 천자가 백성을 돌보라는 하늘이 내려준 왕의 직무를 외면한다면 당연히 하늘은 그를 폐하고 다른 이를 대신 세워야 하는 것이 바로 맹자의 천명(天命)사상이다. 그렇다면 천명의 진정한 뜻이 어떤 것이며, 그것이 누구에게 있는지 어떻게 알 수 있다는 것일까? 바로 백성들이 그 임금에 대해서 등을 돌렸다면 그 임금은 천명을 잃은 것이며, 백성들의 마음이 쏠리는 곳에 바로 천명이 정해졌다고 하겠는데, 맹자는 그를 하늘의 관리라는 뜻으로 천리(天吏)라고 했다.

맹자가 혁명을 긍정하였다고 해서 누구나 혁명을 일으킬 수 있다는 것은 아니다. 『맹자』 「만장하(萬章下)」편에서 "임금이 잘못하면 간언을 하고, 거듭 하였는데도 듣지 않으면, 군주의 자리를 바꿉니다.(君有大過則諫, 反覆之而不聽, 則易位.)"라고 하였듯이 정치를 제대로 못하는 임금에게 간언을 하는 것이 우선이며, 간언을 거듭하였는데도 끝내 듣지 않아서 임금을 몰아내야 한다면 그 주체는 반드시 하늘이 내린 천리(天吏)가 해야 한다고 했다. 그래서 천리란 어떤 이가 되어야 하는지 『맹자』 「공손추하(公孫丑下)」편에서 다음과 같이 설명하였다.

> 심동이 연나라를 쳐도 되겠냐고 묻길래, 내가 "된다."라고 대답했더니, 그가 그렇다고 여겨서 공격한 것이다. 그가 만약에 "누가 쳐야 되겠습니까?"라고 물었다면, 나는 "천리(天吏) 된 자가 칠 수 있다."라고 했을 것이다.(沈同問燕可伐與. 吾應之曰可. 彼然而伐之也. 彼如曰, 孰可以伐之, 則將應之, 曰爲天吏則可以伐之.)

이것은 아무리 못된 임금이라도 누구나 군대를 일으켜 칠 수 있다는 것은 아니다. 백성들의 마음을 충분히 얻은 자만이 혁명을 할 수 있다고 한 것이라고 했으니, 혁명이란 아무나 함부로 가벼이 일으킬 일이 아니라고 했다. 그렇지만 어느 시대든지 누가 진정한 천리인지 아닌지는 혁명의 결과가 정해주기 마련이니, 이 또한 쉽게 가늘 수 있는 문제가 아닐 것이다.

(4) 군자의 세 즐거움[君子三樂]

『맹자』「진심상(盡心上)」편에는 군자삼락(君子三樂) 즉, 군자에게는 세 가지 즐거움이 있다고 하여서 다음과 같이 군자론을 펴고 있다.

> 군자에게는 세 가지 즐거움이 있는데, 세상에 왕 노릇 하는 것은 거기에 들어 있지 않다. 부모 모두 살아 계시고, 형제들이 아무 탈이 없는 것이 첫 번째 즐거움이다. 우러러 하늘에 부끄럽지 않고, 굽어보아 세상 사람들에게 부끄럽지 않은 것이 두 번째 즐거움이다. 세상의 훌륭한 인재를 얻어서 그들을 가르치는 것이 세 번째

즐거움이다. 군자에게는 세 가지 즐거움이 있는데, 세상에 왕노릇 하는 것은 거기에 들어 있지 않다.(君子有三樂, 而王天下不與存焉. 父母俱存, 兄弟無故一樂也. 仰不愧於天, 俯不怍於人, 二樂也. 得天下英才而教育之, 三樂也. 君子有三樂, 而王天下不與存焉.)

이 내용만 보면 맹자는 현실사회 정치에 참여하는 것에는 전혀 관심을 두지 않았던 것처럼 보이지만, 실제로는 그렇지 않다. 윗글에서 군자는 정치에 참여하여 군주가 되고자 하지 않는 것이라고 한 말을 처음과 끝에 두 번이나 한 것 역시 반어적인 뜻으로 한 말이라고 봐야 한다. 공자도 그랬던 것처럼, 유가의 학자는 모름지기 자기수양과 현실정치의 참여를 통해서 세상 백성을 구원하는 것이 목적이기 때문이다.

맹자가 『맹자』 「공손추하(公孫丑下)」편에서 "만약에 세상을 바르게 다스리고자 한다면, 오늘날 이 세상에서 나를 버려두고 그 누구이겠는가!(如欲平治天下, 當今之世, 舍我其誰也!)"라고 말한 것에서도 보듯이, 맹자가 현실정치에 참여하고 싶은 의욕과 자부심이 매우 컸다는 것은 쉽게 알 수 있다.

그런데 위에서 맹자는 가족이 평안한 것이 인생 즐거움의 대부분인 것처럼 말하였는데, 맹자는 어째서 가족에 대한 사랑을 이렇듯 중시했을까? 공자를 계승하였다고 스스로 자처한 맹자는 그 때문에라도 성인에 버금간다는 뜻에서 '아성(亞聖)'이라고 불린다. 공자는 귀족의 후손이라고 하지만 몰락한 집안이었고, 그나마 아버지가 예순 후반에 십대의 어머니를 만나 공자를 낳았기 때문에 공자 출생한 지 3년 만에 죽었다고 하지만, 맹자는 아예 집안은 물론 출생에 관해서도 거의 알려져 있지 않을 만큼 변변치 못한 가정의 홀어머니 밑에서 커야 했으며, 별다른 배경이 없이 당시 유력한 사상가로 성장했다는 점에서 공자와 맹자는 매우 유사한 점이 있다고 할 수 있다.

이렇듯 공자나 맹자가 공통적으로 자신들의 불우한 가정환경에 대한 일종의 열등의식을 태생적으로 지니고 있었던 것으로 보인다. 그 때문에 공자와 맹자의 유가사상은 특히 부모, 자식, 형제, 부부 간의 사랑을 유난히 강조했다고도 할 수 있다.

4. 진정한 왕은 백성들을 먹여 살려야

공자와 마찬가지로 맹자 역시 백성들을 먹여 살리는 정책을 펴야 한다는 것이 맹자 경제사상의 요체라고 할 수 있다. 경제에 관한 논의에 있어서도 맹자는 공자에 비해서 논의주장이 비교적 자세하게 정책을 제시하고 있다.

(1) 왕은 정의 실천을 우선해야

『맹자』「양혜왕상」편에는 양혜왕이 이익이 되는 정치를 펴는 방법을 묻자, 맹자는 다음과 같이 반박하였다.

> 왕께서는 어째서 반드시 이(利)를 말씀하십니까? 역시 인의(仁義)가 있을 따름입니다. … 만일 의(義)를 뒤로 하고 이(利)를 먼

저 하면 빼앗지 않고는 만족하지 않을 것입니다. 어질면서 그 어버이를 버리는 이는 아직 없었으며, 의로우면서 그 임금을 뒤로하는 이는 아직 없었습니다.(王何必曰利, 亦有仁義而已矣. … 苟爲後義而先利, 不奪不饜. 未有仁而遺其親者也, 未有義而後其君者也.)

이 대목은 『맹자』의 첫 장인 「양혜왕」편의 첫 구절이다. 그만큼 맹자의 사상을 이해하는 주요 단서가 되는 것이라고 할 수 있다. 위의 글은 양혜왕이 "어르신께서 천리를 멀다 않으시고 오셨으니, 앞으로 우리나라에 앞으로 이익 되는 일이 있겠습니까?(叟不遠千里而來, 亦將有以利吾國乎.)"라고 물은 것에 대한 맹자의 대답이다.

여기에서 '이(利)'자는 '벼 화(禾)'자와 '칼 도(刂)'자가 합쳐진 글자로서 가을날 수확을 하게 되면 익은 벼를 칼로 베어내어 얻게 되는 것이란 뜻이다. 그러니 글자 자체의 뜻만 보면 그다지 부정적인 의미를 담고 있는 것은 아니다. 이(利)가 나라와 백성을 먹여 살리는 수단이 되는 것이니 말이다.

그런데 양혜왕이 말하는 이익이란 것은 나라를 부강하게 하고 군대를 강하게 하는 것에 관한 것이다. 이렇듯 부국강병한 나라를 만들려고 하는 이유는 이웃 나라를 침략하여 땅을 더욱 넓히고 보다 많은 백성을 거느려 세상에 과시하려는 의도인 바에야 이 역시 나라를 위태롭게 하는 것이라고 맹자는 경고하는 것이다. 맹자는 인간에게 짐승과는 다른 품덕의 요소인 인의(仁義)를 가장 중요하다고 하였던 것만큼 인간다움을 지키기 위해서는 경제적인 이익보다는 인의를 갈고 닦아야 한다고 강조하였다.

(2) 백성들에게 일자리를 마련하는 정치를 펴야

『맹자』「양혜왕상」편에는 정치를 하는 것의 기본은 백성들을 먹여 살리게 하는 것이 근간이 되어야 한다고 하면서 다음과 같이 말했다.

> 백성들의 경우에는 일정한 직업이 없으면 그 때문에 항상된 마음이 없게 된다. 만일 항상된 마음이 없게 되면 방탕하고 사치스러운 짓을 하지 않음이 없게 될 뿐이다. 죄에 빠진 다음에 따라가서 이들을 형벌로 다스린다면, 이것은 백성들을 그물질하는 것이다.(若民則無恒産, 因無恒心, 苟無恒心, 放辟邪侈, 無不爲已. 及陷於罪, 然後從而刑之, 是罔民也.)

경제(經濟)라는 말의 본래 뜻은 경세제민(經世濟民)의 줄임말로서 나랏일을 다스린다는 경세(經世)와 백성들을 구제한다는 제민(濟民)이 합해져 만들어진 것이다. 앞서 왕이 정치를 하는 바탕에는 의로움을 근간으로 해야 한다고 하였지만, 정작 백성들의 입장에서는 먹고사는 것이야말로 살아가는 데에 있어서 그 어느 것에 비할 데 없는 최상의 목표라는 것을 인정한 것이다.

그래서 "백성은 먹는 것을 하늘로 여기며, 왕은 백성을 하늘로 여긴다.(民以食爲天, 王以民爲天.)"라고 한 것처럼, 백성들을 하늘로 여겨야 할 왕은 백성들이 하늘로 여기는 먹을 것을 보장해 주는 것이야말로 왕이 그들을 위해 가장 먼저 해결해 주어야 할 것이라고 하였다.

임금 된 이라면 당연히 백성들에게 항산(恒産) 즉 항상된 일자리를 마련해 주어야 한다는 것이다. 그래야만 '항상된 마음'인 항심(恒心)을 보존할 수 있다고 한다. 항심이란 인간이 다른 짐승들과 다를 수 있는 인간의 착한 본성을 말한다. 맹자는 인간이 착한 본성은 타고났다고 하였지만, 그것을 그냥 방치해 두면 곧 잃거나 잊어버리게 되니 늘 힘써 닦음으로써 보존하고 확충해 갈 수 있다고 했던 것인데, 먹지 않고서는 백성들이 항심을 유지할 수도 없다고 한 것이다.

그런데 맹자는 "일정한 직업이 없이도 항상된 마음을 가지는 이는 오직 사(士)만이 할 수 있다.(無恒産而有恒心者, 惟士爲能.)"라는 말도 하였다. 사(士)는 본디 성년의 남자들을 통틀어 부르는 말인데, 여기에서는 지식계층의 사람들로 지자(智者) 혹은 현자(賢者)들을 가리킨다.

또 맹자는 세상의 일에는 대인(大人)이 할 일이 있고, 소인(小人)이 할 일이 있는 것으로 대인은 '마음을 수고롭게 하여(勞心)' 정사를 보며, 소인은 '힘을 수고롭게 하여(勞力)' 농사를 짓는 것이니, 이것이 세상의 공통된 이치라고 보았다.

이 역시 지식인과 보통 백성들 사이의 경계를 구분하여 말한 것으로 보아 맹자가 계급의식을 떨쳐버리지 못한 한계를 갖고 있다고 볼 수도 있지만, 이 역시 공자와 마찬가지로 맹자가 살았던 왕조시대의 한계성을 극복하지 못한 한계성을 보인 것이라고 할 수 있다.

맹자의 토지제도는 바둑판 같은 농지를 만들어 공전(公田)과 사전(私田)을 구분하자는 정전법(井田法)을 『맹자』「등문공상(滕文公

上)」편에 다음과 같이 요약하였다.

> 사방으로 1리(里)가 정(井)이 되는데, 정은 900무(畝)이며, 그 가운데는 공전(公田)이다. 여덟 집이 모두 사전(私田)으로 100무씩이고, 함께 공전을 가꾼다. 공무를 다 마친 다음에야 사전의 일을 볼 수 있다.(方里而井, 井九百畝, 其中爲公田. 八家皆私百畝, 同養公田, 公事畢, 然後敢治私事.)

이것이 맹자가 말하는 주대(周代)의 이상적인 토지 조세제도인 정전법이다. 정전법이 실재했던 것이 아니라 다만 이상적으로 제시되었던 것일 뿐이라는 설도 있지만, 맹자 역시 백성들의 살길을 보장해 주기 위해서는 반드시 필요한 제도라고 주장하였다. 당시 부국강병에 혈안이 되어 있던 각 나라의 왕들은 가능하면 많은 세금을 거두고 많은 백성들을 동원하고자 했지만, 진정으로 백성들을 살게 해주기 위해서는 이렇듯 정전법을 통한 조세제도를 시행할 것을 주장했던 것이다.

이렇듯 백성들의 세금 부담을 줄여주어야만 백성들이 먹고 살 길을 찾을 수 있다고 하였지만, 세금과 관련해서 백규(白圭)라는 이가 백성들의 세금을 가벼이 해서 20분지 1로 줄여야 한다고 주장했을 때 맹자는 이런 생각은 오랑캐의 법도로서 한 나라의 문화가 발전하려면 백성들의 부담도 이에 따라서 증가하는 것이 당연한 것이라고 보았다. 맹자는 나라가 유지되고 발전하자면 일정한 수준의 세금을 백성들이 부담해야 한다는 것을 밝히기도 하였다.

(3) 배가 부른 다음에는 배워야

맹자가 백성들에게 먹을 것을 보장해 주는 정책을 우선해야 한다는 주장을 하기는 하였지만 백성들이 배부른 채 그대로 있어서는 안 되며 반드시 교육을 실시해야 한다고 하였다. 『맹자』「양혜왕상」편에는 구체적인 교육정책의 방안을 다음과 같이 제시하고 있다.

> 닭, 돼지, 개를 기르는 것에 제때를 놓치지 않게 하면 70세 된 이가 고기를 먹을 수 있으며, 100무의 토지에 농사짓는 때를 빼앗지 않으면 여덟 식구의 집안이 굶주림이 없을 수 있습니다. 상서(庠序)와 같은 향리의 학교 가르침을 삼가 받들고 그 다음에 효제(孝悌)의 의리를 펴야 합니다.(鷄豚狗彘之畜, 無失其時, 七十者可以食肉矣. 百畝之田, 勿奪其時, 八口之家可以無飢矣. 謹庠序之敎, 申之以孝悌之義.)

이 대목은 백성들을 경제적으로 넉넉하게 한 다음에는 반드시 가르쳐야 한다는 것으로 공자와 마찬가지로 맹자 역시 배워야 하는 문제를 결코 저버리지 않았다. 이어서 "배불리 먹고 따뜻하게 옷 입고서 편안히 지내기만 하고 가르침이 없으면 짐승에 가까워진다. 성인께서 이를 걱정하셔서 설(契)을 사도(司徒)로 삼아서 인륜을 가르치게 하셨다.(飽食煖衣, 逸居而無敎, 則近於禽獸. 聖人有憂之, 使契爲司徒, 敎以人倫.)"라고 한 것처럼, 배부른 이후에는 당연히 배움에 힘써 인간의 도리를 다해야 한다고 했다.

맹자의 경제관이란 한마디로 백성을 먹고 살게 해주기 위해서 임금은 백성들에게 고정된 직업인 항산(恒産)을 마련해주고, 정전법을 실시하여 백성들에게 조세 부담을 덜어 주어야 한다고 하였다.

5. 맹자의 우언(寓言)

맹자는 웅변가적인 기질이 다분하다. 누구를 만나든 자신의 주의주장을 거침없이 편다. 그의 웅변술이 때로는 좀 억지인 듯한 면도 있지만, 맹자는 늘 자기 나름의 비유와 논리를 동원하여 상대방을 압도한다. 직접 대놓고 말하기는 조심스러운 것을 우회하여 말하는 수법을 우언(寓言)이라 하며, 맹자는 이러한 수사적 기법을 통해서 당시 위정자들의 거짓된 욕심과 야망을 통렬히 꼬집고 있다.

(1) 오십보백보(五十步百步)

"갑옷을 버리고 무기를 질질 끌며 도망가는데, 어떤 녀석은 100보를 가다가 멈추었고, 어떤 녀석은 50보를 가다가 멈추어 섰습니다. 50보 간 녀석이 100보 간 녀석을 비웃는다면 어떻겠습니까?"라고 하자, 왕은 "안 되지. 다만 100보가 안될 따름이다. 이것 역시 도망친 것이다."라고 대답하였다.(棄甲曳兵而走. 或百步而後止, 或五十步而後止. 以五十步笑百步則何如. 曰, 不可. 直不百步耳.

是亦走也.)(『맹자』「양혜왕상」)

오늘날 '그게 그거다'라는 의미에서 다 마찬가지이니 별다를 것이 없다는 뜻으로 쓰이는데, 여기에서는 맹자는 당시 왕들의 옳지 못한 정치를 꼬집어서 말한 것이다. 이 말은 마치 임금이 정치를 제대로 못하여 백성을 죽이게 된 것이나 몽둥이로 사람을 때려죽이는 것과 아무런 차이가 없다고 한 것을 비유하여 왕의 실정을 깨우치기 위해서 한 말이다.

(2) 연목구어(緣木求魚)

"이처럼 하시는 것으로써 이와 같은 바램을 구하신다면, 나무에 올라가 물고기를 잡으려는 것과도 같습니다."라고 하자, 왕은 "이처럼 심각합니까?"라고 하였다. "이보다도 더 심각한 것입니다. 나무에 올라가 물고기를 잡으려다가 물고기를 잡지 못하면 나중에 재난은 없습니다. 이처럼 하시는 것으로써 이와 같은 바램을 이루고자 하신다면 몸과 마음을 다하여 하더라도 나중에 반드시 재앙이 있을 겁니다."라고 하였다.(以若所爲, 求若所欲, 猶緣木而求魚也. 王曰, 若是其甚與? 曰, 殆有甚焉. 緣木求魚. 雖不得魚, 無後災. 以若所爲, 求若所欲. 盡心力而爲之, 後必有災.)(『맹자』「양혜왕상」)

흔히 연목구어라고 하면 어리석게 상황을 잘 파악하지 못하는 이를 가리켜 쓰는 말인데, 맹자가 보기에 당시 부국강병에만 몰두

하는 임금들에게 해주고 싶은 절실한 충고의 한 마디라고 할 수 있다. 전쟁을 통해 겪어야 할 고통은 모두 백성들이 져야 하는 것이며, 그것이 성공적이든 아니든 간에 전쟁을 통해서 치러야 하는 대가는 모두 백성들의 몫이 되기 때문이다.

(3) 알묘조장(揠苗助長)

> 송나라 사람 가운데 벼싹이 자라지 못하는 것을 안타깝게 여겨 뽑아 놓은 자가 있었다. 그는 아무것도 모르고 돌아와 사람들에게 "오늘은 매우 피곤하다. 내가 벼 싹이 자라도록 도왔다."라고 말했다. 그 아들이 달려가서 살펴보니, 벼 싹이 말라죽었다. 세상에 벼 싹이 자라도록 돕지 않는 이가 드물다.(宋人有閔其苗之不長而揠之者. 芒芒然歸. 謂其人曰, 今日病矣. 予助苗長矣. 其子趨而往視之, 苗則槁矣. 天下之不助苗長者寡矣.) (『맹자』「공손추상(公孫丑上)」)

이 대목 역시 왕이 쓸데없는 정치를 펴는 것에 고통 받는 백성들을 살펴야 한다는 것을 비꼬아 한 말이다. 그런데 다른 고사성어에도 가끔 나타나듯이, 어떤 고사에 어리석은 이가 나올 때면 으레 송(宋)나라 또는 초(楚)나라 백성이라는 말이 자주 나오는데, 여기에서 송은 망한 왕조인 은(殷)의 후예이며, 초(楚)는 본디 남만(南蠻)의 오랑캐 지역이라는 관념 때문에 그네들 지역 사람들은 이처럼 어리석은 백성으로 취급해도 된다는 일종의 지역적인 우월의식이나 감정 같은 것이 있어서라고 할 수 있다.

노자(老子),
하늘의 도(道)를
말하다

4. 노자(老子), 하늘의 도(道)를 말하다

노자(老子)의 도가(道家)사상은 유가(儒家)와 더불어서 중국사상의 큰 줄기로서 이 둘은 근본부터 전혀 다른 듯 보이지만 마치 동전의 양면처럼 서로 떼어놓을 수 없는 존재로서 중국의 역사와 문화에 커다란 영향을 끼쳤다.

1. 노자와 『도덕경(道德經)』

노자가 실제로 존재하였었는지, 『도덕경』이 정말로 그의 저서인지 아직까지도 학계에서는 확장되지 않은 상태이다. 사마천(司馬遷) 『사기(史記)』의 기록을 중심으로 노자와 『도덕경』이 어떤 이야기를 담고 있는지 알아보고자 한다.

(1) 노자는 누구인가

『사기』「노자열전」에는 노자에 대하여 다음과 같이 기술되어 있다.

> 노자라는 이는 초(楚)땅 고현(苦縣) 여향(厲鄕) 곡인리(曲仁里) 사람이다. 성은 이(李)씨이고, 이름은 이(耳)이고, 자(字)는 담(聃)이다. 주(周)나라 장서실(藏書室)을 담당한 사관이었다.(老子者, 楚苦縣厲鄕曲仁里人也. 姓李氏, 名耳, 字聃, 周守藏室之史也.)

노자에서 '자(子)'자는 선생님에 대한 존칭이다. 노자의 성씨가 이(李)라고 하였으니, 공자나 맹자처럼 이자(李子)라고 불러야 할 터인데, '노 선생님'이라는 뜻에서 노자(老子)라고 부른다. 공자가 불쑥 솟은 이마를 타고나 언덕이라는 의미에서 '언덕 구(丘)'자를 이름으로 썼던 것처럼, 노자의 이름이 '귀 이[耳]'라고 한 것은 노자가 큰 귀를 가지고 태어났기 때문이며, 그의 자(字)인 담(聃, 귓바퀴 없을 담)자 역시 귀가 크다는 뜻이다.

『사기』의 같은 편에서 노자에 관해 전하는 어떤 이의 기록을 인용하여 다음과 같이 설명을 덧붙여, "노래자(老萊子) 역시 초(楚)나라 사람으로 책 15편을 저술하여 도가의 쓰임에 대해 서술한 것이 있다. 공자와 같은 때의 사람이라고 한다.(老萊子亦楚人也, 著書十五篇, 言道家之用, 與孔子同時云.)"라고 하였다. 그리고,

> 공자가 죽은 지 129년 후, 기록에 주(周)나라의 태사 담(儋)이 진

헌공을 알현하고 이르기를 … 어떤 사람은 담이 바로 노자라고 하기도 하고 아니라고도 하는데, 세상에서 아무도 그것이 사실인지 아닌지 모른다. 노자는 은둔한 군자이다.(自孔子死之後百二十九年, 而史記周太史儋見秦獻公曰, … 或曰儋卽老子, 或曰非也, 世莫知其然否. 老子隱君子也.)

그밖에 "노자가 160여 세를 살았다고 했고, 어떤 사람은 200여 년을 살았다고 말하는 이가 있다.(蓋老子百有六十餘歲, 或言二百餘歲.)"라고도 한다. 노자라는 호칭은 아마도 이 사람이 노자일 것이라는 추측에서 도가의 창시자로 불리면서 혼동된 듯하다. 이렇게 다양한 기록들이 있다는 것은 노자의 실존에 대해 확실한 증거가 없다는 말이기도 하다. 특히 이후시대인 전국시대에 살았던 맹자는 논쟁하기를 워낙 좋아했는데, 『맹자』에는 노자에 대한 언급이 없는 것으로 보아서 아마도 노자가 전국시대 이후 사람일 것이라는 주장도 있다.

노자는 춘추시대 말기 도가학파를 창시한 사람으로 알려져 있지만, 이것은 『사기』에서 노자를 공자와 같은 시대 사람이라고 말한 것에서 비롯되었다고 할 수 있다. 그런데, 근래에는 『도덕경』의 내용이 전국시대에 광범위하게 유행되던 격언이나 속담이 적지 않게 포함되어 있는 것으로 보아 여러 도가학파 사람들에 의해 완성된 전국시대 이후의 저작물일 것이라는 주장도 있다.

한편 노자가 잘 알려져 있지 않은 이유는 그가 은둔자였기 때문이기도 한데, 노자가 주(周)나라 장서실(藏書室)을 담당한 사관(史官)이었다고 하는 것은 매우 주목할 만하다. 왜냐하면 사관이란 오늘날의 역사가를 의미하지만, 고대 중국에서는 천문(天文), 점성(占星), 경전(經典) 등을 모두 전담하는 학자였다. 즉, 사관이란 당대 최고의 지식인이 맡는 직책이라는 의미이기도 하다.

노자 도가사상의 요체는 지식이나 학문을 포함한 모든 인위적인 것을 거부하는 것인데, 정작 노자 자신은 당시 최고의 지식인이었으니 말이다. 허기야 노자 자신의 깨달음 역시 학문 지식을 통해서 나온 것이었을 터이니 그가 당시 최고 지식인이었다는 것이 당연하다고 할 수 있겠다.

노자에 관한 그 밖의 설들로, 당대(唐代)에 나온 『사기정의(史記正義)』에는 "노자의 어머니가 노자를 임신한 지 81년 만에 자두나무 아래를 거닐다가 왼쪽 겨드랑이를 가르고 노자를 낳았다.(李母懷胎八十一載, 逍遙李樹下, 迺割左掖而生.)"라고 했다. 그래서 자두나무를 따서 성(姓)으로 삼고 큰 귀[耳]를 타고나서 이름을 이이(李耳)라 했으며, 그의 머리카락은 이미 하얀 눈처럼 희었기 때문에 사람들은 그를 두고 노자(老子)라 불렀다고 한다.

이것은 아마도 석가모니가 마야부인의 옆구리에서 탄생하였다는 설을 빗대어서 노자를 신성시하려는 의도로 지어진 것이라고 할 수 있으니 불교가 중국에 들어온 이후에 지어진 설이라고 할 수 있다.

노자가 서쪽으로 떠나서 석가모니로 환생하여 사람들에게 불교를 가르쳤다고 하는 이른바 노자화호설(老子化胡說)이 있다. 이것을 두고 도교에서는 자신들이 불교보다 먼저 형성되었다고 하는 근거로 삼았고, 이러한 주장을 불교계에서는 조작된 것이라고 반박한다.

『사기』「신선전(神仙傳)」에는 노자의 용모를 설명하면서 키가 여덟 자 여덟 치이고, 피부색이 노랗고, 눈썹이 아름답고, 귀가 길고, 눈이 크고, 이마가 넓고, 이빨이 드물고, 입이 네모나며, 입술이 두텁다고 기술하고 있는데, 이 때문에 노자가 본래 중국인이 아닐 것이라는 설도 있다.

불교가 중국에 유입된 것이 한대(漢代)이며 남북조시대 이후 본격적으로 중국에 전파되는 데에 있어서 도가가 불교사상의 중국 전파에 디딤돌이 되었으며, 중국식 불교의 정착에 큰 작용을 하였다는 것은 분명하다.

노자의 무위사상이 당시 윤리도덕을 실천하는 것에 힘쓰며 공허한 사유를 하지 말 것을 강조하는 유가사상과 매우 다르다는 것을 내세워 노자 사상이 인도에서 기원했을 것이며, 노자 자신도 인도에서 들어왔을 것이라고 주장하는 이도 있다.

풍우란(馮友蘭)은 노자가 전국(戰國)시대의 사람이었을 것이라고 주장한다. 현재 발굴된 『도덕경』 죽간본(竹簡本)이 B.C. 300년 경 이전인 것이나 한비자(韓非子, B.C. 280 ~ BC 233)가 『도덕경』 구절을 인용하고 있는 것만 보더라도 노자가 최소한 전국시대 이전 사람이라고 추정할 수 있다.

『사기』「노자열전」에는 노자 말년의 행적에 대하여 다음과 같이 기술하였다.

> 주(周)나라에 산 지 오래되어 주나라가 쇠락한 것을 보고는 마침내 떠나 관(關)에 이르렀다. 그 관의 책임자인 윤희(尹喜)가 "선생께서 세상을 떠나시려 하니 억지로라도 저를 위해서 글을 써 주

십시오."라고 하였다. 이에 노자는 바로 상하(上下) 편을 지어서 도덕에 관한 뜻을 편 5천여 마디를 말하고는 떠났는데, 그가 어떻게 인생을 마쳤는지는 아무도 모른다.(居周久之, 見周之衰, 乃遂去, 至關. 關令尹喜曰, 子將隱矣, 强爲我著書. 於是老子乃著書上下篇, 言道德之意五千餘言而去, 莫知其所終.)

주(周)나라는 이전의 하(夏)나라, 상(商)나라와 더불어 삼대(三代)라고 일컬어진다. 주(周)나라는 제정일치(祭政一致)의 신정(神政)시대였던 상나라를 물리치고 고대 중국에서 비로소 인문시대를 연 왕조로 평가받는다. 주나라 정치체제는 종법제(宗法制)와 봉건제(封建制)를 근간으로 하고 있다. 종법제는 왕실이나 집안에서 적장자(嫡長子)가 상속하는 제도로서 제사의 계승과 종족의 결합을 위한 상속제도이고, 봉건제는 수도 호경(鎬京: 지금의 西安 부근) 부근은 왕이 다스리고 각 지방은 제후들을 임명해서 자치권을 주고 다스리게 하는 제도이다.

이때 노자는 주나라가 쇠락해지는 것을 보고는 푸른 소를 타고 떠났다고 해서 청우사(青牛師) 또는 청우옹(青牛翁)이라고도 한다. 푸른 소는 도교 문화의 상징으로서 뿔이 하나인 상서로운 짐승이다.

(2) 노자는 공자를 만났을까

『사기』 「노자열전」에는 다음과 같이 노자가 공자와 만났다는 기사가 있다.

> 공자가 주(周)나라에 가서 노자에게 예(禮)에 대해서 물으려고 했다. 노자는 "그대가 말하는 것은, 그 사람들과 뼈까지도 이미 썩어 버려서 오직 그 말들만 남아있을 뿐이네."라고 했다.(孔子適周, 將問禮於老子. 老子曰, 子所言者, 其人與骨皆已朽矣, 獨其言在耳.)

이것이 공자가 노자를 만나 예(禮)에 대해 물었다는 대목이다. 실제로 노자가 존재했는지도 불분명한데 공자와 노자가 만났다는 것이 사실인지 아닌지 역시 논란거리이다. 여기에서 노자는 유가의 이념이 이미 썩어 버렸다고 한 것에서 알 수 있듯이 유가의 말씀이 더 이상 당시 사회나 백성들을 위해서 이롭지 못하다고 하였다.

춘추의 혼란기를 산 공자는 주나라의 예법과 성현의 말씀들이 여전히 당시 백성들을 구하는 희망이 될 수 있다고 여겼는데, 노자는 그런 공자의 태도를 교만과 욕심이라고 보고 억지로 꾸며대는 유가의 예교(禮敎)사상을 버리라고 충고하였다. 인간 역시 자연물의 하나이며, 세상만물이 누군가 억지로 작용해서 운행되는 것이 아니라 '스스로 그러한' 무위자연(無爲自然)의 이치를 본받아야 되는 것이지 인위적인 유가의 인의(仁義)나 예교(禮敎)의 덕목은 인간의 본성을 해칠 뿐이라고 했던 것이다.

노자의 도가사상은 유가에서 강조한 인의와 예교의 덕목들이 혼란한 당시 사회의 질서를 바로잡고자 한 것에 대립하는 논의주장을 펴고 있는 것에서도 알 수 있듯이, 도가는 유가사상보다는 상당히 뒤에 나온 것이라고 볼 수 있다.

(3) 왜 『도덕경(道德經)』인가

오늘날 도덕(道德)이란 흔히 사람으로서 마땅히 갖추고 닦아야 할 행동 규범이라는 의미이다. 그런데 우리는 흔히 누군가가 도덕적이라는 말을 할 때면 으레 남의 잘못을 이해하고 용서할 줄 아는 여유로운 태도를 일컫는 경향이 있다. 무위자연(無爲自然)의 이치를 숭상하는 노자의 책이 도덕과는 어떤 관계가 있어서 노자의 책을 『도덕경(道德經)』이라고 부를까? 원래 도덕이라는 말이 공자의 유가에서만 쓰던 것이 아니라 각 학파마다 두루 쓰던 말이다.

도는 본디 원리 혹은 도리라는 의미이고, 덕은 그러한 원리를 지켜 나아가려는 마음자세를 의미한다. 도덕이란 천지자연의 그러한 운행 원리를 믿고 따르며 그대로 올바르게 살아가려고 하려는 마음가짐을 말한다. 그러므로 자신이 믿고 따르는 원리나 이치를 도(道)라고 믿고 그대로 따르고자 하는 마음가짐인 덕(德)을 갈고 닦으면 그것이 바로 도덕인 것이다.

중국이나 우리나라는 예로부터 유가 사상이 주도하던 사회였기 때문에 유가에서 말하는 이념으로서 도와 덕에 충실할 것을 강조하다 보니 '도덕적'이라는 기준이 자연스레 유가적이 되어 버렸다고 할 수 있다. 그러나 『사기』 「노자열전」에는 "노자가 도덕의 학문을 열심히 닦았는데, 그의 학문은 스스로 은밀하면서도 이름을 내세우지 않는 것에 힘썼다.(老子修道德, 其學以自隱無名爲務.)"라고 한 것처럼, 도와 덕에 관한 논의를 본격적으로 하고 있는 것이 노자이고 그것에 관해서 주로 논의하고 있는 것이 『도덕경』인 만큼 도덕이라는 말의 본산은 유가보다는 도가라고 해야 옳다.

『도덕경』은 5,000자의 분량으로 모두 81장으로 되어 있다. 각 장은 매우 간결한 운문체(韻文體) 문장이다. 『도덕경』이라는 이름은 한대(漢代)에 처음 사용되었으며, 그때까지는 이 책의 저자로 여겨지는 노자의 이름을 따서 『노자』라고 했다. 그런데 1장에서 37장까지는 도(道)에 관한 내용을 주로 담고 있고, 38장에서 81장까지는 주로 덕(德)에 관한 내용으로 이루어져 있다. 그래서 흔히 『도덕경』이라고 부르는 것이다. 실제로 도가는 도를 강조한 여러 학파들 중에서 유일하게 도가라는 이름으로 불리게 되었던 이유이기도 하다.

노자는 『도덕경』의 저자로 알려져 왔지만, 19세기에 들어와 일부 학자들은 노자의 실존 여부를 의심하면서 『도덕경』을 실제로 누가 썼느냐 하는 문제를 제기하였고, 아직도 이 문제는 해결되지 않았다. 왜냐하면 『도덕경』에는 이 책이 언제 누구에 의해서 쓰였는지에 관한 단서가 될 만한 다른 저서나 인물, 사건이나 장소 등에 대해 전혀 언급되어 있지 않기 때문이다.

오늘날 통용되는 도덕경 판본은 삼국(三國)시대 말기에 왕필(王弼)이 정리한 것이며, 이를 소위 왕필본 또는 통용본이라고 부른다. 그런데 1971년 호남성(湖南省) 장사시(長沙市)에서 전한(前漢) 초기의 무덤으로 추정되는 마왕퇴(馬王堆)가 발굴되었다. 여기에서 비단에 쓰인 『도덕경』, 『역경(易經)』, 『전국책(戰國策)』 등이 출토되었다. 이것들이 비단에 쓰였기 때문에 백서본(帛書本)이라고 한다.

백서본은 왕필본과 크게 다르지 않은 것으로 보아 왕필본의 저본이 바로 백서본이며, 왕필이 정리하기 이전에 중국의 여러 서적에 인용된 판본도 이 백서본일 것이라고 추정할 수 있다.

백서본은 두 종류가 있는데, 하나는 백서본 갑본으로서 전국시대 말기(B.C. 247년 이전)에 만들어진 것으로 여겨지고, 다른 하나는 백서본 을본으로 한나라 초기(B.C. 195년 이전)에 제작된 판본으로 추정된다.

1993년에 호북성(湖北省) 형문시(荊門市) 곽점촌(郭店村)에서 곽점본이 발견되었다. 이것은 죽간으로 되어 있어서 죽간본(竹簡本)이라고 하며, 시기는 약 B.C. 300년으로 추정된다. 백서본에 있는 중요한 글귀들이 많이 빠져 있기는 하며, 백서본에 없는 내용 일부가 있기도 하여 새로운 텍스트에 대한 연구가 이루어지고 있다.

곽점본과 백서본 그리고 왕필본의 차이만 보아도 사마천 『사기』의 기록처럼 노자가 함곡관을 넘으면서 『도덕경』 5,000여 자를 남겼다는 것은 믿기가 어렵다. 『도덕경』은 한번에 성립된 것이 아니고, 옛날부터 전국시대 말기를 거치면서 발생한 여러 사상들이 응축되어 성립된 책으로 보아야 한다.

이처럼 『도덕경』에 담겨있는 노자의 이론은 매우 상상력이 뛰어나고 세련되어서 지어진 연대가 공자와 같은 시대가 아니라 훨씬 나중의 시대에 지어졌을 것이라고 추정할 수 있다. 그래서 오늘날까지도 세계적으로 많이 읽히는 이유이기도 하다.

왜냐하면 유가가 고대 중국에서 지배층들이 자신들의 기득권을 지켜주는 이념으로 작용하였다면 도가는 사회적으로 피지배층의 억눌리고 성공하지 못한 이들을 대변해 주고 마음을 위로해 주는 작용을 하였다고 할 수 있다. 그런 때문에 오늘날 같은 매우 긴장된 사회 구조 속에서 절대적인 가치 기준을 부정하고 도의 상대적이고 허무적인 이치를 일깨움으로써 현대인에게도 한 줄기 휴식 같은 편안함을 주는 사상이 바로 도가라고 할 수 있다.

2. 도(道)는 무엇인가

도(道)자는 '머리 수(首)'와 '갈 지(之)'가 합쳐져 '사람이 간다'는 뜻에서 '운행한다'라는 동사로 쓰이며, 명사로는 '길'이란 뜻으로 수단이나 방법이라는 의미로 확대해서 쓰인다. 노자의 『도덕경』 전반부에서는 주로 도(道)가 무엇인지를 궁구하고 있다.

(1) 도(道)는 말할 수 없는 것

『도덕경』 1장에는 도에 대한 정의를 다음과 같이 기술하고 있다.

> 도를 말할 수 있으면 늘 그러한 도가 아니다. 이름을 이름할 수 있는 것은 늘 그러한 이름이 아니다. '없음'은 천지의 시작을 이름하는 것이고, '있음'은 만물의 어머니를 이름하는 것이다. 그러므로 늘 없음으로써 그 미묘함을 보려 하고, 늘 있음으로써 그 현상계를 보려한다. 이 둘은 같은 근본에서 나왔으나 그 이름을 달리한다. 이것을 같이 일컬어서 가물가물하다는 뜻으로 '현(玄)'이라고 한다. 가물가물하고도 거듭 가물가물하니, 이는 뭇 미묘함의 문이다.(道可道非常道. 名可名非常名. 無名天地之始, 有名萬物之母. 故常無欲以觀其妙, 常有欲以觀其徼. 此兩者同出, 而異名, 同謂之玄. 玄之又玄, 衆妙之門.)

본디 길 도(道)는 '가다', '움직이다'의 뜻이고, 이름 명(名)은 저녁[夕]이 되면 알아 볼 수 없으므로 입[口]으로 불리는 것이라는 의미에서 이름이라는 뜻인데, 여기에서 첫 번째 쓰인 도(道)와 명(名)은 둘 다 주어로서 명사이지만, 조동사 '할 수 있다'는 뜻의 '가(可)' 다음의 도와 명은 동사술어로 쓰인 것이다. 마치 "父父, 子子"라고 하면 "아비는 아비답고, 자식은 자식답다."라고 하는 것과 같이 한자에는 품사의 구분이 문장 속의 성분으로 정해진다는 특징을 보여주는 예이다.

우주 만물의 생성연원인 도란 것 자체는 절대불변의 원리이지만, 그 도를 무어라 일정하게 규정해 두면 그때부터 그것은 본래의 성격을 잃게 되어 더 이상 그것일 수 없다는 뜻이다. 만물이란 항상 변화하는 것으로 고정된 것이 아니며, 일정하지 않은 것임을 말한 것이기도 하다.

이 도를 제외하면 세상에 존재하는 모든 현상은 상대적이고 허무해서 서로 상대되는 것들의 대립조차도 무의미해 진다고 한다. 게다가 유한한 한계를 지닌 인간의 능력을 가지고 무한한 도의 개념을 말하려고 한다는 것은 아무 의미가 없는 것이라는 뜻이기도 하다.

그래도 도를 말할 수 있으면 늘 그러한 도가 아니라니, 도무지 알 수 없는 궤변처럼 들린다. 다시 말해서 나를 나라고 하면 내가 아니라는 말인 것처럼 들리는데, 이 말에는 세상 모든 것은 언제나 고정되어 있는 채로만 존재하는 것이 아닌 것처럼 세상 만물의 생성원인 즉, 도는 늘 변하는 것이라는 의미이다.

마치 봄, 여름, 가을, 겨울의 사계절이 순환하며 세상 만물이 어제로부터 오늘, 그리고 내일로 이어지면서 세상 모든 것이 변하기 마련이듯이 노자는 세상이 움직이며 변화해 가는 것이라고 여겼다. 도는 일상에서 사람들이 다니는 길이면서 우주 만물이 변하여 운행하는 이치라는 것이다.

그러므로 노자는 『도덕경』 25장에서 "인간은 땅을 본받고, 땅은 하늘을 본받고, 하늘은 도를 본받고, 도는 자연을 본받는다.(人法地, 地法天, 天法道, 道法自然.)"라고 했듯이, 인간은 늘 자연 이치와 조화로워야 하며, 인간은 오직 그러한 자연의 변화에 잘 적응할 줄 알아야 한다는 것이 노자 도 사상의 핵심이라고 할 수 있다.

(2) 도는 황홀한 것

『도덕경』 21장에서는 도에 대해서 다음과 같이 설명하고 있다.

> 도라고 하는 것은 오로지 황홀하여 어렴풋한 것이다. 황홀하여 어렴풋하기는 한데 그 가운데 형상이 있다. 황홀하여 어렴풋하지만 그 가운데 형체가 있다. 그것은 깊고 미묘한데, 그 가운데 정기가 있다. 그 정기는 매우 진실하며 그 가운데에는 신실함이 있다. 예로부터 오늘날까지 그 이름은 없어지지 않고, 만물의 근원을 이끈다.(道之爲物, 惟恍惟惚. 惚兮恍兮, 其中有象. 恍兮惚兮, 其中有物, 窈兮冥兮, 其中有精. 其精甚眞, 其中有信. 自古及今, 其名不去, 以閱衆甫.)

이 대목은 도의 특성에 대해서 상세히 설명하고 있기는 한데, 실제로 도를 매우 신비한 것으로 묘사하고 있다. 우선 도가 황홀(恍惚)하다고 했는데, 황홀은 모습이 없는 모습이며, 물체가 없는 형상이라고 한 것처럼, 도란 실체가 없다고 하면서도 그런 가운데 형상(形象)이 있다고 하였다. 도 그 자체는 무어라 한 마디로 집어서 설명할 수 없는 실증할 수 없는 존재라서 보이지는 않지만 느껴지기는 한다는 뜻이다.

이러한 도의 실체를 깨달은 이가 바로 성인(聖人)일 것이다. 즉 형이하(形而下)로서 겉으로 드러난 현상계의 근원에는 눈으로는 보이지 않는 형이상(形而上)이 있다는 것은 부정할 수 없는 것과 같은 이치일 것이다.

현상계에는 눈에 보이는 수많은 물체들이 생겨나게 된 이치로서 눈에 보이지 않는 원리가 반드시 있다고 보는 것이다. 그것을 종교의 입장에서는 어떤 의지를 가지고 있는 조물주와 같은 이가 있다고 보는 것과 같은데, 노자는 그것을 무어라 딱히 일컬을 수가 없으니 그저 황홀하다고 한 것이고, 그 황홀한 것이 움직이며 변하는 것만은 알 수 있으니 일단 도라고 부른 것이다.

(3) 도는 만물의 연원

『도덕경』 42장에는 도의 작용에 대해서 다음과 같이 설명하고 있다.

> 도는 하나를 낳고, 하나는 둘을 낳고, 둘은 셋을 낳고, 셋은 만물을 낳으니 만물은 음기를 지고 양기를 안아서 혼연히 하나로 어

> 우러져 조화롭다.(道生一, 一生二, 二生三, 三生萬物, 萬物負陰而抱陽, 沖氣以爲和.)

이것은 도로부터 만물이 생성되는 과정을 설명한 것이다. 마치 음과 양의 이기(二氣)가 있는데, 이 둘은 일(一)이라고 하는 하나의 기운에서 파생된 것이며, 이 일기(一氣)는 도에서 나왔다고 하니, 도 자체는 아니다. 도가 아직 분화되지 않은 상태에서 만유(萬有)의 세계로 유출되기 전에는 나누어지지 않은 상태이니 역시 하나라는 것이다. 그러므로 이 일(一)을 도라고도 부를 수 있을 것인데, 역시 논리적으로 분석할 것은 아니다. 여기에서 충기(沖氣)라고 한 것은 충화지기(沖和之氣)의 줄임말로서 하늘과 땅 사이 음과 양의 두 기운이 잘 어우러져 생겨나는 조화로운 기운이라는 뜻이다. 이처럼 도란 황홀한 것이라고 하였듯이 직관에 의해서만 느껴지는 것일 뿐이다.

한편 『도덕경』 25장에서도 도는 천지 만물을 생성하는 연원이라 하여 다음과 같이 설명하고 있다.

> 뒤섞여 이루어진 것 어떤 것이 있는데, 하늘과 땅보다 앞서서 생겨난 것이다. 그것은 적막하고 소리도 없지만, 홀로 서서 바뀌지 않는다. 널리 두루 행해도 위태롭지 않으니, 온 세상의 어머니라고 부를 만하다. 나는 그것의 이름을 몰라 도(道)라고 이름지었다.(有物混成, 先天地生, 寂兮寥兮, 獨立不改. 周行而不殆, 可以爲天下母, 吾不知其名, 字之曰道.)

이것은 도가 마치 천지창조를 주재하는 조물주와도 같은 존재인 것처럼 표현하고 있다. 앞에서 지적한 것처럼 도의 구체적인 형상은 있지 않다고 하였지만 그것에 의해서 현상계에 나타나 있는 모든 만물이 생성되었다고 하며 그 이름을 도라고 한 것은 만물의 생성원리가 운행한다고 믿었기 때문에 '움직인다'라는 뜻에서 그렇게 지어진 것이라고 하였다.

그렇다면 도는 기독교에서 말하는 전지전능한 조물주와도 같다고 할 수 있는 것일까? 이것과 관련하여 『도덕경』 4장에서 다음과 같이 풀었다.

> 도는 텅 비었지만, 혹시 이를 활용하더라도 항상 차지 않는다. 깊기도 깊어 만물의 근본인 것 같다. … 나는 그것이 누구의 자식인지 모르겠으나, 제(帝)보다는 앞선 것 같다.(道, 沖而用之, 或不盈, 淵兮似萬物之宗 … 吾不知誰之子, 象帝之先.)

여기에서 노자가 도를 제(帝)보다 앞선 것 같다고 하였는데, 제를 우리말로 옮긴다면 하느님이라고 하는 것이 비교적 적합할 듯싶다. 제(帝)자는 '큰제사 체(禘)'자의 본래 글자로서 고대에 하늘과 종묘에 융숭하게 지내는 제사 의식을 말하는 것인데, 천제(天帝) 또는 상제(上帝)라고 하여 조물주 또는 제왕(帝王)의 의미로도 쓰인다. 지금 현대 중국어에서도 하느님이라는 뜻으로 쓰인다.

도가 마치 조물주의 말씀과 유사한 만물 생성의 근원인 것처럼 묘사하고 있으며, 여기에서는 제가 조물주인 듯한 인상이 강한데, 이 제가 조물주와 완전히 일치하는 존재인지는 분명하지 않다. 다만 도는 제보다도 앞선 것이라고 했으니, 도와 제는 서로 다른 것이며, 도는 인격을 갖춘 조물주가 아니라는 것도 분명히 밝힌 것이다.

한편 기(氣)에 대해서도 기독교 성경(聖經)에서는 조물주가 인간의 코에 기운을 불어 넣어주셔서 생명을 얻게 되었다는 대목이 나오는 데 비해서 노자는 음과 양의 기운이 조화롭게 어우러져서 만물이 생성되었다고 하는 것이 다르다. 즉 도가에서는 만물이 도에 연원을 둔 음양 기운의 조화에 의해서 생성되었다고 하였으며, 조물주와 같이 전지전능한 누군가에 의해서 창조된 것이라고 하지는 않았다.

(4) 도의 작용

『도덕경』 51장에는 도가 자연만물의 생성과 형성에 어떤 작용을 하는가에 대해서 다음과 같이 기술하고 있다.

> 도는 그것(만물)을 낳고, 덕은 그것을 기르고, 그것을 자라게 해주고 키워주고, 그것을 안정시키고 충실하게 하고, 그것을 기르고 보호한다. 낳았지만 소유하려 하지 않고, 자라게 하지만 자랑하지 않고, 키웠지만 자처하지 않으니, 이것을 현묘한 덕이라고 한다.(道生之, 德畜之, 長之育之, 亭之毒之, 養之覆之, 生而不有, 爲而不恃, 長而不宰, 是謂玄德.)

이 장에서는 노자의 이른바 무위자연한 도가 위대한 공덕으로 만물을 낳고 길러 자라게 해주지만, 그 공덕을 스스로 자처하지 않으니 그의 덕을 현덕(玄德)이라 한 것이다. 노자는 도를 또 "현지우현(玄之又玄)"하다고 하여 거듭 현묘(玄妙)하다고 하였으니, 여기에서 현(玄)은 '가물 현'이라고 풀이하듯이 색깔이 검다는 뜻보다는 가물가물하여 잘 알 수 없다는 뜻으로서 궁구하여서 쉽사리 이해할 수는 없는 미묘한 이치라는 뜻에서 그렇게 말한 것이다.

결국 도라는 것은 자연만물이 생성되게 하는 연원으로 작용하는 것이라고 말하기는 하지만, 그 자신은 어떻게 하여 생겨나서 그렇게 작용하는지와 같은 원리를 알 수는 없기 때문에 그저 가물가물하다고 하는 것이다.

(5) 노자의 인성론(人性論)

노자는 인간의 본성이 딱히 선(善)하다거나 불선(不善)하다거나 하는 식으로 단정하여서 말하지는 않았다. 다만 우주만물 생성의 원리라고 할 수 있는 도를 언급하면서 도에는 본디 어떤 의지가 내재해 있는 것은 아니라고 하였다.

다만 『도덕경』 5장에서 "하늘과 땅은 어질지 않아서 만물을 풀로 엮은 강아지로 여기며, 성인은 어질지 않아서 백성을 풀로 만든 강아지로 여긴다.(天地不仁, 以萬物爲芻狗. 聖人不仁, 以百姓爲芻狗.)"라고 말한 것을 보면, 천지와 인간 삶의 법칙으로서 천도는 어떤 의사나 욕망도 없는 것이어서 비가 내리고 꽃이 피고 새가 우는 것 역시 어떤 인위적인 작용이 아니라 자연의 스스로 그러한 이치에 따를 뿐이라고 하였다. 그러므로 『도덕경』 79장에서는 "하늘은 가까이 여기는 이가 없으며, 항상 선한 사람과 함께 한다.(天道無親, 常與善人.)"라고 한 것이다.

자연물의 하나라고 할 수 있는 인간 역시 그러한 자연의 이치를 따라야 한다고 한 것이며, 그러기 위해서는 욕망을 제거해야 한다고 했다. 왜냐하면 욕망은 인간을 결코 행복하게 할 수 없기 때문이니, 늘 어린이처럼 되어야 한다고 주장할 따름이다. 그래서 사사로움과 욕심을 줄이고 배움을 끊고 지혜를 버려서 마치 갓 태어난 아이처럼 순진무구하여 완전히 무위자연한 상태에 있는 사람만이 성인이 될 수 있다고 하였다.

그래서 28장에서는 "어린아이에게로 돌아간다.(復歸於嬰兒)"라고 하였고, 10장에서는 "기(氣)를 오로지 하고 부드러움을 이루어 아이와 같이 될 수 있는가?(專氣致柔, 能嬰兒乎?)"라고 하였고, 55장에서는 "두터이 덕을 지니는 것은 갓난아이와 비교된다.(含德之厚比於赤子.)"라고 하였다.

이와 같이 유가에서도 맹자가 갓난아이의 심성을 배워야 한다고 해서 '적자지심(赤子之心)'을 지키라고 하였고, 성경에서도 예수는 어린 아이처럼 되지 않으면 천국에 들어갈 수 없으며, 아이들이 내게로 오는 것을 막지 말라고 하였다는 대목이 있다. 이처럼 어린아이와 같이 하느님을 향한 순수한 믿음을 가질 것을 말한 것도 노자와 같은 취지라고 할 수 있다.

아울러서 이처럼 어린아이 같은 덕성을 닮은 것은 성인이며, 백성을 그렇게 이끌 수 있는 이 역시 성인이라고 보았다. 이 또한 스스로 그러한 자연의 법칙에 따르는 것이 되며 유가에서 자기 자신을 죽여서까지 가족이나 사회의 정의를 완성하기 위해서 죽어도 좋다는 뜻의 '살신성인(殺身成仁)'이나 "아침에 도를 들으면 저녁에 죽어도 좋다.(朝聞道, 夕死可矣.)"라는 식의 사회 공익적인 이념보다는 개인주의적인 차원에서 사회보다는 자기 자신의 행복 추구에 치중한다는 명철보신(明哲保身)에 더욱 의미를 두고 있다고 할 수 있다.

3. 노자의 정치사상

노자의 도가사상은 당시 춘추전국시대 사회가 혼란과 고통으로부터 벗어나 다시 화합과 평안을 가져오기 위한 삶의 방향을 제시한 것이다. 개인적인 이익에 탐닉하는 지배층의 무절제한 태도를 비판하고, 당시 유가 윤리가 추상적인 도덕주의와 형식적인 예교사상에 바탕을 둔 엄숙주의를 지향하기 때문에 인간의 본성을 해친다고 비난하는 것과 동시에 이를 극복하기 위한 방안으로서 무위자연의 도를 본받음으로써 인간 본연의 스스로 그러한 속성을 따르자고 하는 것이다.

흔히 노자가 속세를 벗어나 산속에서 음풍농월하는 현실도피주의자처럼 인식하는 경향이 있지만, 노자 역시 최종적으로는 천하를 어떻게 경영할 것인가를 토론한 정치이론서라고 볼 수 있다.

노자는 그의 인성론에서 사람이 그들 자신의 욕망을 버려야 한다고 하였던 것처럼, 군주는 무위자연(無爲自然), 소국과민(小國寡民), 우민정책(愚民政策) 등의 정치사상을 펴야 한다고 한 것이 노자 정치론의 요점이다.

(1) 무위(無爲)의 정치

노자의 무위 정치론에 관해서 『도덕경』 37장에 "도는 늘 억지로 하는 것이 없으면서 하지 않음이 없다. 군주들이 진실로 이것을 지킬 수 있다면 세상 만물은 장차 저절로 자라게 될 것이다.(道常無爲而無不爲, 侯王若能守之, 萬物將自化.)"라고 한 것을 보더라도 현실 정치에서 도의 작용을 잘 익혀 따르라고 한다.

노자가 "무위이무불위(無爲而無不爲)"라고 하였듯이, 아무것도 하지는 않았지만 안 되는 것이 없다고 하였는데, 여기에서 무위(無爲)는 곧 아무것도 하지 않는다는 뜻이 아니라 억지로 무엇인가를 인위적으로 하지 않는다는 뜻이다. 오늘날에는 '사람 인(亻)' 변과 '할 위(爲)'자가 합쳐진 위(僞)자를 '거짓'이나 '속이다'의 뜻으로 새기는데, 본래는 사람이 억지로 무엇인가를 한다는 뜻이다. 인간의 고통은 대개 이처럼 자신이 하고 싶지 않은 것을 억지로 할 때 오듯이 억지로 하지 않으면서 스스로 그러하도록 하여야만 인간의 행복도 이룰 수 있다고 한다.

국가를 어떻게 통치해야 하는가에 대해서는 『도덕경』 19장에서 다음과 같이 기술하고 있다.

> 나라는 작게 하고, 백성은 적게 한다. … 백성들에게 죽는 것을 중히 여기게 하고 멀리 옮겨 다니지 않게 한다. … 이웃나라가 서로 바라보이고, 닭과 개 소리가 서로 들리고 백성이 늙어 죽도록 서로 오가지 않는다.(小國寡民, …, 使民重死而不遠徙, … 隣國相望, 鷄犬之聲相聞, 民至老死不相往來.)

또, 60장에서는 "큰 나라를 다스리는 것은 작은 생선을 지지듯이 한다.(治大國, 若烹小鮮.)"라고 하였고, 17장에서는 "공이 이루어지고 일이 완수되면 백성은 모두들 자신이 스스로 그렇게 하였다고 말한다.(功成事遂, 百姓皆謂我自然.)"라고 한 것처럼, 노자는 군주가 국가의 목적을 스스로 정하여 그 목적을 달성하기 위해서 온갖 제도와 법률을 만들어 백성들을 지도하려고 해서는 안 된다고 하였다.

이처럼 군주가 정치를 함에 있어서 군주 스스로 이러한 공적을 자신이 이루었노라고 내세우지 않으며 백성들 스스로도 군주가 그렇게 해준 것이 아니라 스스로 그렇게 된 것이라고 느끼게 해야 한다. 그러므로 위정자는 최대한 백성들의 생활에 간섭하지 않음으로써 무위의 정치를 실천해야 한다.

(2) 욕망을 억제하는 정치

『도덕경』 19장에서는 군주로서 하지 말아야 할 것으로서 자신의 욕심을 부려서는 안 된다고 하여 다음과 같이 말했다.

> 성스러움을 끊고 지혜를 버리면, 백성의 이익이 백배나 늘어날 것이다. 인을 끊고 의를 버리면, 백성은 다시 효성스럽고 자애롭게 될 것이다. 기교를 끊고 이익을 버리면, 도적이 없어질 것이다.(絶聖棄智, 民利百倍, 絶仁棄義, 民復孝慈, 絶巧棄利, 盜賊無有.)

세상의 문명이 날로 발전하여 백성들도 지식이 늘어나고 욕망이 많아지게 마련인데, 이처럼 욕망이 많아지면 이를 다 채울 수 없게 될 것이니 이 때문에 오히려 불행해 진다고 하였다. 그래서 『도덕경』 9장에서 "금과 옥이 집안에 가득하면 누구도 그것을 지킬 수 없다.(金玉滿堂, 莫之能守.)"라고 말하였고, 44장에서는 "많이 쌓아두면 반드시 크게 망한다.(多藏必厚亡.)"라고도 하였듯이, 역시 많은 이들이 집안에 금은보화를 가득 쌓아두면 인생의 행복이 달성된 것이라고 여겨 돈을 벌기 위해서 애쓰고 또 애쓰지만, 결국 자신과 사회에 큰 해를 끼치는 불행이 그 재물로부터 싹트기 마련이니 모든 일에 그만두어 멈출 줄 아는 것이 참 지혜라고 했다.

『사기』 「노자열전」에는 노자 삶이 지향하는 것에 대하여 다음과 같이 기술하였다.

> 군자는 제 때를 얻으면 나아가고, 제 때를 얻지 못하면 이리저리 떠다니면 그만인 것이다. 내 듣기로, 훌륭한 장사꾼은 재물을 깊이 숨겨 빈 듯이 하고, 군자는 덕이 크게 뛰어나도 겉으로는 바보처럼 군다. 그대의 교만함과 지나친 욕심, 위엄있는 안색과 과도한 의지를 떨쳐버려라. 이것들은 모두 그대 자신에게 이로움이 없다.(君子得其時則駕, 不得其時則蓬累而行. 吾聞之, 良賈深藏若虛, 君子盛德, 容貌若愚. 去子之驕氣與多欲, 態色與淫志, 是皆無益於子之身.)

유가에서는 공자 자신이 그랬던 것처럼 모두가 열심히 노력하고 학습함으로써 성인의 경지에 오를 수 있다고 했다. 그런데 누구나 성인에 오르는 것이 아닌 만큼 열심히 노력은 했지만, 세상은 성공하지 못하는 이들 모두에게 보상이나 위안을 주지는 않는다.

이에 비하여 『도덕경』에서 말하고 있는 도는 이해하기 어렵고 신비주의적인 요소가 있어서 매우 다양하게 해석되기는 하지만, 본질적으로 도의 속성은 '무위(無爲)'이며, 무위는 자연스러움, 즉 모든 일이 본성대로 흘러가도록 내버려두는 것으로 현실에서 실현하기는 어려우니, 또 억지로 이루려고 하지 말라고 한다.

결코 아무 것도 하지 않으면서 모든 것이 저절로 이루어진다는 것이 아니라 무위자연의 도리에 순응하여 본성을 해치지 않는 '적극적인 무위'라고 이해하는 것이 옳다. 자신의 현재 처지를 받아들이고 억지로 이탈하거나 무리하게 무언가를 해내려고 힘쓰는 것에서부터 인간의 고통과 불행이 시작되기 때문이다. 그러므로 교만함[驕氣], 지나친 욕심[多欲], 위엄있는 안색[態色] 그리고 지나친 의지[淫志]를 떨쳐버림으로써 인간 본성의 행복을 실현할 수 있다고 하는 것이 노자의 가르침이다. 또, 『도덕경』 3장에서는 백성들의 불행을 막기 위한 또 다른 정치 방안을 다음과 같이 제시하고 있다.

> 백성이 갖고 싶어 하는 것을 보여주지 않아서 백성들 마음이 어지러워지지 않게 한다. 성인의 다스림은, 백성의 마음을 비우게 하고, 배를 채우게 하고, 백성의 뜻을 약하게 하고, 그 뼈를 강하게 하여 백성들에게 항상 지식도 욕망도 없게 하며 무릇 지식이 있다는 이들로 하여금 아무것도 할 수 없게 한다. 이처럼 하는 것이 없으면 다스려지지 않는 것이 없다.(不見可欲, 使民心不亂. 聖人之治, 虛其心, 實其腹, 弱其志, 强其骨, 常使民無知無欲, 使夫智

者, 不敢爲也. 爲無爲則無不治.)

이처럼 군주는 백성들에게 기이한 물건을 보이지 말아야 처음부터 백성들이 욕심이 생기지 않게 하며 이로써 사회도 어지러워지지 않는다고 하였으니, 이것은 일종에 우민정치의 방안이기도 하다. 그래야 『도덕경』 80장에서처럼 백성들이 행복해 질 수 있다고 했다.

여러 가지 기물이 갖추어져 있더라도 이를 사용하지 않는다. … 비록 배와 수레가 있기는 하지만 이를 사용하지 않고, 갑옷과 무기가 있더라도 둘 곳이 없다. 사람들로 하여금 다시 새끼를 묶어 약속을 표시하게 하고 그 음식을 달게 여기게 하고, 그 의복을 아름답게 여기게 하고, 그 거처에 편히 거처하게 하고, 그 풍속을 즐기게 한다.(使有什佰之器而不用. … 雖有舟輿, 無所乘之, 雖有甲兵, 無所陳之, 使人復結繩而用之, 甘其食, 美其服, 安其居, 樂其俗.)

(3) 이상적인 군주론, 우민정책

위정자는 최대한 백성들의 생활에 간섭하지 않음으로써 무위의 정치를 실천해야 한다고 한다. 이것은 뒷날 법가(法家)에서 말하는 우민정치의 기술을 말하는 것이기도 하다. 왜냐하면 임금이 백성에 대해서 또는 백성이 임금에 대해서도 서로 간섭하지 말라는 의미로 해석되어 임금이 어떠한 잘못을 하더라도 역시 임금을 탓하지 않게 된다는 것이다.

노자는 『도덕경』 65장에서 "옛날에 도를 실천하는 데에 뛰어난 자는 그 도로써 백성들을 똑똑하게 만드는 것이 아니라 오히려 어리석게 만들었다. 백성들을 다스리기 어려운 것은 그들이 지혜가 많기 때문이다.(古之善爲道者, 非以明民, 將以愚之, 民之難治, 以其智多.)"라고 하였듯이, 군주가 나라를 다스리는 요체는 나라의 모든 정보와 권력을 왕이 독점할 수 있게끔 해야 한다는 것이며, 법가에서는 이것을 이용하여서 우민정치론을 만들었던 것이다.

아울러서 노자 군주론의 요체는 군주가 자신을 드러내지 말아야 한다고 하여 『도덕경』 17장에서 "최고의 군주는 백성들이 그가 있다는 것만 알고, 그 다음은 친하게 여기며 그를 칭찬하는 것이고, 그 다음은 그를 두려워하고, 그 다음은 그를 업신여긴다.(太上下知有之, 其次親而譽之, 其次畏之, 其次侮之.)"라고 하였다.

또 36장에서는 "장차 거두려 하면 반드시 펴게 해준다. … 장차 빼앗으려 하면 반드시 준다.(將欲歙之, 必固張之. … 將欲奪之, 必固與之.)"라고 한 권모술수의 정치술도 부릴 줄 알아야 한다고 했다.

그리고 『도덕경』 3장에서는 "능력이 있다는 자를 높은 자리에 두지 않으면 백성들이 다투지 않게 되고, 얻기 어려운 재화를 귀하게 여기지 않으면 백성들이 도둑질 하지 않게 된다.(不尙賢, 使民不爭, 不貴難得之貨, 使民不爲盜.)"라고 하였다. 이것은 당시 군주가 재능이 있다고 하는 이들을 높이 등용하면, 백성들이 서로 무리하게 경쟁하게 되니, 그 때문에 서로 비난하고 부정부패가 난무하여 오히려 세상이 어지러워진다는 점을 비판하고 있는 것이다.

그뿐만 아니라 『도덕경』 75장에서는 "백성들이 굶주리는 것은 그들의 윗사람들이 세금을 너무 많이 받아먹기 때문이다. 그 때문에 굶주리며 백성들을 다스리기 어려운 것은 관리들이 무엇인가 하려고 하기 때문에 다스리기 어려운 것이다.(民之饑, 以其上食稅之多, 是以饑, 民之難治, 以其上之有爲, 是以難治)"라고 하여 세금을 적게 해야 백성들이 살아 갈 수 있다고도 하였다.

이처럼 노자는 군주가 백성들에 대한 간섭을 최소한으로 해야 한다는 점을 거듭 밝혔는데, 오늘날과 같이 모든 일을 국가가 주도하는 복잡다단한 사회에서는 이것을 또 어찌 받아들여야 할까?

장자(莊子), 절대 자유를 위하여

5. 장자(莊子), 절대 자유를 위하여

도가(道家)를 노장(老莊)사상이라고 하는 것처럼 도가 사상의 대표 인물은 노자와 더불어 장자(莊子)라고 할 수 있다. 장자의 자유는 오늘날의 정치적인 의미에서 말하는 것은 아니며, 인간으로서 추구할 수 있는 절대적인 행복의 전제 조건이라고 할 수 있다.

1. 장자(莊子)의 쓰임

장자는 매우 비현실적이며, 도피적이며, 방관자적인 인생관을 갖고 있다는 평가를 받기도 하지만, 그러한 장자의 태도는 바로 현실에서 판을 치는 거짓된 이들의 허위의식을 비꼬는 장자 나름의 비판 방식이라고 할 수 있다.

(1) 무용(無用)의 용(用)을 추구한 장자

『사기』「장자열전」에는 장자의 전기에 관해 "장자는 몽(蒙)땅 사람으로 이름은 주(周)이다. 주는 일찍이 몽의 칠원리를 지냈는데, 양혜왕, 제선왕과 같은 시기이다.(莊子者, 蒙人也, 名周. 周嘗爲蒙漆園吏, 與梁惠王齊宣王同時.)"라고 하였다.

사마천 『사기』에도 장자가 언제 태어나고 언제 죽었는지는 정확하지 않다. 다만 양혜왕(梁惠王)과 제선왕(齊宣王)의 시절이라고 하는 것으로 보아 맹자와 비슷한 시대라는 것을 알 수 있을 뿐이다. 맹자가 대체로 B.C. 372년에 태어나서 B.C. 289년에 죽었다고 하는 것으로 미루어 보아 장자도 대략 전국시대(戰國時代)에 생존하였다고 할 수 있다.

그런데 장자가 실존인물이 아닐 가능성에 대해서도 꾸준히 거론되고 있다. 왜냐하면 『장자』에는 맹자에 관한 이야기가 전혀 나오지 않으며, 『맹자』에도 장자에 관한 언급이 전혀 없기 때문이다. 장자가 생존했던 시기에 관해서는 의혹이 많다. 이런 의혹에 대하여 주자(朱子)는 장자가 중원에서 멀리 떨어진 남방의 초(楚)나라 사람이라서 아마도 맹자에 대해서 잘 몰랐을 것이라고 풀이했다.

『사기』에는 초 위왕(楚威王)이 그의 훌륭함을 듣고 재상으로 삼을 것을 제의했으나, 장자는 그 제안을 거절하면서 번듯하게 잘 생긴 소가 결국 제단(祭壇)에 일찍 끌려가 제물로 받쳐져서 죽음을 당하고 만다는 예를 들면서 어지러운 세상에 나아가 일시적으로 재상이 되어 호강하고 명예를 얻는 것처럼 보이지만, 결국 굴욕을 당할 것이니, 차라리 자연인으로 편안히 살겠다고 하였다.

『장자』「인간세(人間世)」편에는 이른바 장자가 쓰임이 없는 쓰임의 삶이라는 뜻의 '무용(無用)의 용(用)'을 추구하였던 것을 다음과 같이 기술하고 있다.

> 송나라에 형씨(荊氏)가 사는 곳에 개오동나무, 잣나무, 뽕나무가 잘 자랐다. 나무의 굵기가 한두 손아귀 이상이 되면, 원숭이가 올라앉을 횡목을 구하는 사람이 그것을 베어 갔다. 세 아름이나 네 아름이 되면 높다란 집의 마룻대를 구하는 사람이 그것을 베어 갔다. 일곱 아름이나 여덟 아름이 되면 관으로 만들 재목을 구하는 귀인이나 부유한 상인들이 그것을 베어 갔다. 그러므로 이 나무들은 천수를 다하지 못하고, 도중에 도끼로 목숨을 잃고 말았으니, 이것이 재목들의 환난이다.(宋有荊氏者, 宜楸柏桑. 其拱把而上者, 求狙猴之杙者斬之. 三圍四圍, 求高名之麗者斬之. 七圍八圍, 貴人富商之家求樿傍者斬之. 故未終其天年, 而中道之夭於斧斤, 此材之患也.)

여기에서 세상에는 재주가 많으면 여기저기에서 그를 쓰고자 요청하는 곳이 많다. 마치 번듯하게 자란 나무에 비유하여 여러모로 재목(材木)이 되는 이들이라고 할 것이다. 그렇지만 그들에게 쓸모가 있다는 이유 때문에 일찌감치 베어져 죽고 마는 운명을 맞게 된다는 것이다.

거꾸로 아무런 쓸모가 없는 나무는 아무런 쓸모가 없다는 이유 때문에 아무도 거들떠보지 않아 하늘이 내려준 나이인 '천년(天年)'을 다 누릴 수 있다고 하는 것이다. 『장자』「산목(山木)」편에서 장자가 산속을 가는데, 큰 나무를 보니, 가지와 잎이 무성하였다. 나무꾼이 그 곁에 멈춰 서서 베어 가지 않았다. 그 이유를 물으니, "쓸 수 있는 데가 없소이다."라고 하였다. 장자는 "이 나무는 재목이 되지 못해서 하늘로부터 얻은 나이를 누릴 수 있구나."라고 하였다.(莊子行於山中, 見大木, 枝葉盛茂, 伐木者止其旁而不取也. 問其故, 曰, 無所可用. 莊子曰, 此木以不材得終其天年.)

오늘날 미인박명(美人薄命)이라 하여 외모가 아름다운 이는 여기저기에서 탐하는 이들이 많으니, 이리저리 시달리다가 제명을 다하지 못하고 일찍 죽게 된다는 의미로 쓰지만, 미인의 미(美)자는 아름다운 겉모습을 일컫는다고 볼 수 있다. 재주가 많아 여기저기 불려 다니느라 시달려서 제명을 다하지 못하고 죽게 되는 이치와 마찬가지라고 할 것이다.

『장자』 「소요유」편에는 인간이 세상에서 어떻게 쓰여야 하는지를 다음과 같이 서술하고 있다.

장자가 말하기를, "그대는 정말 물건을 사용할 줄 모르는구나! 송나라에 손이 트지 않는 약을 잘 만드는 사람이 있었는데 그의 집안은 대대로 실과 솜을 물에 씻는 일을 하였다. 어느 손님이 이 소문을 듣고 백금의 돈을 주고 그 약방(藥方)을 사고자 하였다. 그래서 전 가족이 모여 의논하기를 '우리 집은 대대로 실과 솜을 씻어 왔지만 아주 적은 돈을 벌었을 뿐이다. 지금 이 약방을 팔면 백금의 돈을 챙길 수 있으니 팔아 버리자.'라고 하였다. 손님은 약방을 얻은 후 오왕에게 가서 설득하였다. 이때 월나라가 전쟁을 일으켜 오왕은 그에게 군대를 맡겨 그 겨울에 월나라와 수중전을 벌이게 되었는데, 월나라를 크게 물리쳐서 땅을 떼어 하사받게 되었다. 손을 트지 않게 하는 것은 같았지만 어떤 사람은 봉지를 하사받고, 어떤 사람은 그저 실과 솜을 빠는 일을 면하지 못했으니 이것은 바로 사용방법이 달라서이다.(莊子曰, 夫子固拙於用大矣. 宋人有善爲不龜手之藥者, 世世以洴澼絖爲事. 客聞之, 請買其方百金. 聚族而謀曰, 我世世爲洴澼絖, 不過數金, 今一朝而鬻技百金, 請與之. 客得之以說吳王. 越有難, 吳王使之將, 冬與越人水戰, 大敗越人, 裂地而封之. 能不龜手, 一也, 或以封, 或不免於洴澼絖, 則所用之異也.)

같은 처방의 약이라 하더라도 그것을 누가 어디에 사용하느냐에 따라서 그 효과는 얼마든지 달라질 수 있다는 것이다. 한 사람은 봉지(封地)를 하사 받아 제후가 되고 한 사람은 그저 평생 실과 솜을 빠는 일을 벗어나지 못하는 신세이니 말이다. 이 우언 역시 세상일이라는 것이 확정되어 변하지 않는 것은 없으며, 같은 재주를 가진 인재라고 하더라도 시기와 장소에 따라서 얼마든지 다른 결과를 얻을 수 있다는 것이다.

(2) 노자의 도를 이은 『장자』

『사기』「장자열전」에는 장자 학술사상의 요점을 다음과 같이 기술하고 있다.

그의 학문은 꿰지 않은 것이 없었으나, 그 요점은 노자의 말에 근거를 삼는다. 그러므로 그가 쓴 것은 10여 만 자인데, 대체로 우언의 형식을 따랐다. 「어부」 「도척」 「거협」편을 지어서 공자 학파 무리들을 비난하고 노자의 학설을 밝히고 있다.(其學無所不闚, 然其要本歸於老子之言. 故其著書十餘萬言, 大抵率寓言也. 作漁父盜跖胠篋, 以詆訿孔子之徒, 以明老子之術.)

장자가 공자 학파의 무리를 비난하기 위해서 인용하고 있는 도척(盜跖)은 『사기』 「백이열전(伯夷列傳)」에 나오는 황제(黃帝)시대의 큰 도둑이지만, 여기에서는 공자와 같은 시대의 현인(賢人)인 유하계(柳下季)의 동생을 일컫는다. 그의 이름이 척(跖)이고, 도(盜)라고 한 것은 그가 9,000명이나 되는 무리를 이끌고 다니면서 세상의 나쁜 짓은 다한다고 해서 붙여진 것이다. 『장자』의 이 편에서는 악독한 도적인 도척의 입을 통해서 유가가 거짓되다는 것을 꼬집고 있다.

「거협(胠篋)」은 '상자를 연다'는 뜻이다. 이 편에서는 작은 도둑은 상자를 열어서 물건을 훔쳐가지만 큰 도둑은 상자를 통째로 들고 가니 진귀한 보물을 상자에 넣지 못한다는 내용이다. 장자는 유가의 인의예교가 사람들의 생활과 행동거지를 인위적으로 막는 것이라고 보고 이와 같은 잠금장치가 오히려 인간의 본성을 해치는 꼴이 된다고 비유하였다.

현재 통용되는 『장자』는 모두 33편으로 내(內), 외(外), 잡(雜) 세 편으로 나뉘어져 있다. 이 가운데 내편만을 장자가 썼고 나머지는 그의 제자들이 이어서 썼다고 알려져 있다. 그 내용은 대체로 노자를 따르고 공자를 비난하기 위해 지어졌다고 할 수 있다.

맹자가 공자의 학술 사상을 계승하여 펴기 위해서 우언(寓言)을 사용하고 있는 것처럼, 장자 역시 자신이 펴고자 하는 주장을 우회적으로 빗대어서 말하는 형식인 우언을 많이 사용하고 있다. 오늘날까지도 장자의 우언은 뛰어난 상상력과 세련된 문장의 수사 기교가 돋보인다는 평가를 받고 있어서 『장자』가 문학적으로도 큰 성취를 이루었다고 알려져 있다.

우언이란 동물이나 식물 등을 의인화하여 인간처럼 행동하게 하는 전형화된 짧은 이야기 형식으로 도덕적인 명제(命題)나 인간 행동의 원칙을 예시하여 인간 세상을 풍자하여 일깨우는 이야기를 말한다.

장자는 우언의 형식을 빌려 번뜩이며 종횡무진하는 문학적인 발상으로 우주의 본체와 근원에 대해서 설명하였고, 현실사회에서 지혜롭다고 자처하는 약삭빠른 지식인들을 경멸하기도 하였다.

장자는 자신의 우언을 통해서 노자의 도론(道論)을 계승하여 만물은 제각기 타고난 본성을 지니고 있는 만큼 각자의 본성을 잘 따르를 때 진정으로 행복하다는 것을 일깨우고 있다. 그러므로 장자는 만물을 획일적인 기준으로 들이대 함부로 판단하지 말 것이며, 스스로 그러한 무위자연의 이치에 자신을 맡겨야 한다고 한다.

그러기 위해서는 현상계에 드러난 모든 사물의 차이에 대하여 차별을 두지 말고 있는 그대로의 모습에서 그것을 긍정하는 태도를 가져야 한다고 했다. 그런데 노자와 마찬지로 여기에서 말하는 무위란 그냥 가만히 아무것도 하지 않고 마냥 멍하니 있는 것이 아닌 적극적인 무위의 실천이라는 것에 주의해야 한다.

장자에게는 삶과 죽음, 장수와 단명, 천재와 둔재, 미인과 박색,

부자와 가난한 자 등 세상의 무수한 대립물들의 모순을 극복하고자 하는 적극적인 무위를 강조하고 있으니, 장자의 그런 태도를 숙명적이거나 회의론적이라 하여 부정적으로 보아서는 안 된다.

(3) 장자의 도(道)

장자가 노자의 도를 따랐다고 하였는데, 장자가 말하는 도는 무엇일까? 『장자』「대종사(大宗師)」편에는 장자의 도 의식을 다음과 같이 설명하고 있다.

> 무릇 도는 진실되고도 확실한 것이지만, 일부러 함이 없으며 형체가 없다. 전하여도 받을 수 없고, 얻을 수는 있어도 볼 수는 없다. 스스로 근본이 되고 뿌리가 되며, 천지가 있지 않았던 예부터 본디 있었으며, 귀신과 상제(上帝)를 신비하게 했으며, 하늘과 땅을 낳았다.(夫道, 有情有信, 無爲無形. 可傳而不可受, 可得而不可見. 自本自根, 未有天地, 自古以固存, 神鬼神帝, 生天生地.)

장자의 도에 관한 논의는 노자의 우주론과 크게 다르지 않다. 도는 천지만물의 생성 원리로서 실재하는 것이지만 실제로 볼 수는 없는 것이로되 물체를 형성케 하는 정기(精氣)인 귀(鬼)와 만물의 생성을 주재하는 상제(上帝)를 신성(神聖)하게 하는 것이며 귀신이나 상제보다도 앞선 우주 만물의 근본 원리라는 것을 밝히고 있다.

노자가 『도덕경』 4장에서 도는 깊기도 깊은 만물 생성의 근본이라고 하였고 이어서 "나는 그것이 누구의 자식인지 모르겠으나, 상제(上帝)보다는 앞선 것 같다.(吾不知誰之子, 象帝之先.)"라고 하였으니, 여기에서 노자가 도를 상제(上帝)보다 앞선 것 같다고 하였던 것과 같은 취지로 말한 것이라고 할 수 있다.

다만 노자와 다른 것이 있다면 장자는 도에 대한 근원적인 논의만을 펴는 것이 아니라 그러한 도의 원리를 깨달아 잘 운용하여 실제 삶에서 운용하는 방법을 제시하는 것을 통해서 인간의 진정한 행복을 추구할 수 있는지와 같은 현실적인 방면에서 논의를 하고 있다는 점이다.

『장자』에 의하면 인간은 만물유전의 법칙에 거스를 수 없다는 것을 알았을 때 비로소 깨달음을 얻을 수 있으며, 그 결과 스스로를 속박하는 사사로운 목표나 전통 및 주위 환경의 압박 등으로부터 해방되어 만물을 주재하는 신비스러운 도와의 조화 속에서 거리낌 없이 함께 하게 되고, 삶과 죽음을 초월한 절대 무한의 경지에 소요(逍遙)하는 것이 삶의 목적이 되어야 한다고 했다. 노자 사상이 만물의 근본 원리로서 도의 실체를 깨닫는 것을 주로 하였다면, 장자는 도의 실현을 통해서 진정한 인간의 행복을 추구할 것을 강조하고 있다는 점이 다르다.

또, 『장자』「양생주(養生主)」편에는 포정, 즉 백정이 문혜군(文惠君)을 위해 소를 잡는데, 손으로 잡고, 어깨로 기대고, 발로 밟고, 무릎으로 누르면서, 뼈를 바르는 소리와 칼로 베어 가르는 소리가 음률에 맞지 않음이 없었다. 그래서 어찌 그런 재주를 가졌느냐고 물었더니, 포정이 다음과 같이 대답하였다.

> 제가 좋아하는 것이 사물의 이치인데, 이것이 재주보다 앞서는 것

입니다. 처음 제가 소를 잡을 때는 보이는 것이 소가 아닌 것이 없었습니다. 삼 년 후에는 일찍이 소를 다 보지 못했습니다. 바야흐로 지금에 와서 저는 신비한 안목으로 대하고 눈으로 보려하지 않으니, 감각의 작용이 멈추고 신묘하게 정신이 발동합니다. 하늘의 도리에 의지하여, 큰 틈을 치고, 큰 구멍을 통하게 하는 것은 원래 그러한 것에 기인한 것입니다. 경락이 서로 이어진 부분과 뼈와 살이 연결된 부분은 조금도 부딪치지 않는데, 하물며 큰 뼈에서이겠습니까! 훌륭한 포정은 매년 칼을 바꾸는데, 베어내기 때문입니다. 일반 포정은 매달 칼을 바꾸는데, 자르기 때문입니다. 지금 저의 칼은 19년이나 되어, 잡은 소는 수천 마리이지만, 칼날은 마치 막 숫돌로 갈라서 나온 것 같습니다. 그 마디에는 틈이 있지만, 칼날에는 두께가 없습니다. 두께가 없는 것으로 틈이 있는 데에 들여 넣지만, 여유있게 칼날을 놀리는 것이 충분합니다. 그래서 19년이나 지났지만, 칼날이 막 숫돌에 갈아 나온 것 같은 것입니다.(臣之所好者道也, 進乎技矣. 始臣之解牛之時, 所見無非牛者. 三年之後, 未嘗見全牛也. 方今之時, 臣以神遇而不以目視, 官知止而神欲行. 依乎天理, 批大郤, 導大窾, 因其固然. 技經肯綮之未嘗, 而況大軱乎! 良庖歲更刀, 割也. 族庖月更刀, 折也. 今臣之刀十九年矣. 所解數千牛矣, 而刀刃若新發於硎. 彼節者有閒, 而刀刃者無厚. 以無厚入有閒, 恢恢乎其於遊刃必有餘地矣, 是以十九年而刀刃若新發於硎.)

포정해우는 솜씨가 뛰어난 포정이 소의 뼈와 살을 발라낸다는 뜻이다. 그는 오랜 동안 익힌 숙련된 기술을 통해서 사물들이 가지고 있는 특성과 규율을 잘 파악할 수 있었기 때문에 신기(神技)에 가까운 솜씨를 습득할 수 있었다. 이처럼 세상의 이치라는 것이 솜씨 나쁜 포정이 사물의 스스로 그러한 이치를 알지도 못한 채 마구 칼질을 하여 칼날에 손상을 입히는 것처럼 세상의 이치를 잘 깨달아야 한다는 점을 일깨우고 있다.

2. 절대 자유는 역시 나로부터

장자 사상의 핵심은 소요(逍遙)와 제물(齊物)이다. 소요는 일종의 절대적인 정신적 자유를 말하며, 제물은 눈으로 보이는 온갖 현상과 사물은 모두 하나 같이 마찬가지라는 일종의 상대주의적 회의론을 말한다. 장자는 이러한 소요와 제물의 실현을 통해 인간의 진정한 행복으로서 무엇에도 얽매이지 않는 자유정신을 추구하였다.

(1) 붕새가 되어 날아도

『장자』 「소요유(逍遙遊)」편에는 다음과 같은 우언이 나온다.

북쪽 바다에는 물고기가 있는데 그 이름이 곤(鯤)이다. 곤의 크기는 몇 천리나 되는지 알 수가 없다. 이것이 변해서 새가 되었는데, 그 이름을 붕(鵬)이라고 하였다. 붕의 등은 그것이 몇 천리나 되는지 모른다. 붕이 힘차게 날면 그 날개는 하늘을 가득 덮은 구름과 같다. 이 새가 바다 기운을 타면 장차 남쪽 어두운 바다로 옮겨간다. 이 남쪽 어두운 바다가 바로 천지(天池)이다. 『제해(齊諧)』는 괴이한 일을 기록한 책이다. 이 책에서 말하기를 "붕새가 남쪽 어두운 바다로 옮겨가는데, 날개로 물을 3천 리나 쳐 올리고, 회오리바람을 타고 9만 리까지 올라간다. 이렇게 떠난 지 6개월이 되어서야 비로소 휴식을 취한다."라고 하였다. 아지랑이와 먼지는 생물이 숨을 쉬면서 서로 내뿜는 것이다. 하늘이 새파란 것은 그 본래의 색일까? 그 먼 것이 끝이 없기 때문일까? 붕새가 아래를 내려다보아도 또한 이와 같은 따름이다.(北冥有魚, 其名爲鯤. 鯤之大, 不知其幾千里也. 化而爲鳥, 其名爲鵬. 鵬之背, 不知其幾千里也. 怒而飛, 其翼若垂天之雲. 是鳥也, 海運則將徙于南冥. 南冥者, 天池也. 齊諧者, 志怪者也. 諧之言曰, 鵬之徙於南冥也, 水擊三千里, 摶扶搖而上者九萬里. 去以六月息者也. 野馬也, 塵埃也, 生物之以息相吹也. 天之蒼蒼, 其正色邪? 其遠而無所至極邪? 其視下也, 亦若是則已矣.)

이 편명의 이름인 소요(逍遙)는 본디 '어슬렁 거닐다'라는 뜻이다. 여기에다가 '노닐 유(遊)'를 합하였으니, 이것은 모든 조건과 제한을 초월한 정신적인 완전한 자유로움을 추구하며 노닌다는 뜻이다. 게다가 이 편이 『장자』의 첫 편으로서 장자 사상을 대표한다고도 할 수 있다.

장자 철학의 최고 지향점은 정신적인 절대 자유를 추구하는 것이다. 무엇에다가 '의지[待]'하는 것이 있는 '노님[遊]'은 역시 불완전한 자유로움이라고 한다. 그래서 『장자』의 첫머리인 「소요유(逍遙遊)」편에서는 붕(鵬)새가 마치 절대 자유의 존재인 것처럼 예로 들고 있다.

실제로 존재하는지 어떤지도 모를 북쪽 큰 바다에 크기가 몇 천 리나 되는 곤(鯤)이라는 물고기가 푸드득거리며 붕(鵬)이라는 새가 되었고, 이 새가 또 날개 짓을 하며 남쪽 바다로 날아간다고 하니 말이다. 이 글 뒤에 이어진 내용은 이 새가 한 번 날개 짓을 할 때마다 9천리를 날며 그러기를 6개월이 지난 다음에야 비로소 잠시 쉬고 다시 날아간다고 한다. 언뜻 보아서 이처럼 날개 짓을 하며 우주를 떠도는 붕새를 보는 것만으로도 자유를 느낄 수 있을 것이다.

공자의 유가가 '수신제가치국평천하'를 이념으로 나로부터 집안이나 나라로 활동범위를 넓히라고 했던 것에 비하여 장자가 벌이고 있는 규모는 참으로 크고도 멀다고 할 수 있다. 그렇지만 장자는 그처럼 자유스러워 보이는 붕새조차도 진정으로 자유스러운 존재가 아니라고 한다. 왜냐하면 붕새가 하늘을 그처럼 날 수 있는 것은 자신의 날개 짓만으로는 날 수 없으며 붕새 역시 바람에 의지하기 때문이다.

붕새 역시 바람이라는 외부 조건에 기대지 않으면 날 수 없듯이 역시 무엇인가에 의지해야만 하는 불완전한 존재일 수밖에 없다. 실제로 비행물체가 하늘을 날 수 있는 것은 양력(揚力)에 의한 것으로 새가 힘껏 날개 짓만 하여서 나는 것이 아니다. 양력이란 물체가 바람을 타는 것을 말하며, 난다는 것은 곧 바람을 탄다는 의미이다. 장자는 이렇듯 비행물체가 나는 과학적인 원리를 알았던 것은 아닐 것이지만, 새가 하늘을 날기 위해서는 바람에 의지해야만 한다는 것을 알고 있었던 것이다.

(2) 나를 없이 해야, 무아(無我)

절대자유를 누리는 것처럼 보이는 붕새조차도 무언가 의지해야 하는 불완전한 존재인데, 그렇다면 인간은 과연 어찌 해야 장자가 말하는 정신적인 절대 자유를 누릴 수 있다는 것일까? 『장자』 「소요유」편에는 그 방법을 다음과 같이 제시하고 있다.

> 만약에 천지의 바름을 타고 하늘과 땅의 여섯 가지 기운의 분별을 다스리며, 무궁함에 노니는 사람이라면 저 또 어찌 의지하겠는가! 그러므로 "지인(至人)은 자기를 잊고, 신인(神人)은 공적을 추구하지 않고, 성인(聖人)은 이름을 좇지 않는다."라고 한다.(若夫乘天地之正, 而御六氣之辯, 以遊無窮者, 彼且惡乎待哉! 故曰, 至人無己, 神人無功, 聖人無名.)

장자는 '지극한 덕(至德)'을 갖춘 이라는 의미의 지인(至人), 무위자연의 이치를 깨달은 사람이라는 뜻의 신인(神人), 완벽한 최고의 인격체인 성인(聖人)에 이르러야 하는데, 이미 인간은 '자신(己)'를 가지고 있고 '공(功)'을 세워 자신의 '이름(名)'을 세상에 남기고자 하기 때문에 이들에 얽매여 자유롭지도 못하고 행복하지도 못한 것이라고 말한다.

그렇다면 '자신(己)' '공(功)' '이름(名)'으로부터 벗어나려면 어찌 해야 한다고 한 것일까? 『장자』 「제물론(齊物論)」편에서 다음과 같이 기술하고 있다.

천하에 가을날 짐승 털 끄트머리보다 큰 것은 없으니 태산은 작은 것이다. 일찍 죽은 아이보다 장수한 이는 없으니, 팽조도 요절한 것이다. 하늘과 땅이 나와 함께 생긴 것이고, 만물도 나와 함께 더불어 하나가 되어 이미 하나를 이루었다. 이미 하나이니, 또 말이 있을 수 있는가? 이미 말할 것이 하나이니, 또 말이 없을 수 있는가? 하나가 말한 것과 더불어 둘이 되고, 둘이 하나와 더불어 셋이 된다. 이로부터 나아가면 계산을 아무리 잘해도 할 수 없는 것이니, 하물며 보통 사람에 있어서랴! 그러므로 없음에서 있음으로 나아가서 셋에 이르거늘 하물며 있음에서 있음으로 나아감에랴. 나아감이 없어야 할 것인데, 이에 말미암을 뿐이다.(天下莫大於秋豪之末, 而大山爲小, 莫壽乎殤子, 而彭祖爲夭. 天地與我幷生, 而萬物與我爲一. 旣已爲一矣. 且得有言乎? 旣已謂之一矣, 且得無言乎? 一與言爲二, 二與一爲三. 自此以往, 巧歷不能得, 而況其凡乎! 故自無適有以至於三, 而況自有適有乎! 無適焉, 因是已.)

세상에서 가장 크다고 하는 대산(大山, 山東省에 있는 泰山)도 가을날 짐승털보다 작은 것이고, 전설상의 인물로서 800세를 살았다고 하는 팽조(彭祖)도 갓 태어난 아이보다 먼저 죽은 것이라고 하니 이것은 세상에서 규정하는 기준과는 어긋나는 것이다. 그렇지만 좀 더 멀리 세상을 살핀다면 태산이나 짐승 털, 요절한 어린아이나 팽조 역시 모두 하나같이 마찬가지라는 것이다.

이것은 세상에서 자신과 관련한 모든 공적과 명예를 잊기 위해서는 모든 현상과 가치를 구별함이 없는 '만법일여(萬法一如)'를 실현하라는 것이기도 하다. 그래서 장자는 현실 세계와 그 속에서 존재하는 사물은 모두 상대적인 것이며, 절대적인 기준은 아무것도 없다고 하는 것이다.

그러므로 만물은 모두 제일(齊一) 즉, 하나같아서 아무런 차별이 없이 인식하라는 것이 바로 제물론(齊物論)이다. 장자의 이런 상대주의적 세계관의 요점은 세상에 존재하는 모든 사물, 수량, 인간의 가치관이나 관념 등에는 크고 작음, 귀하고 천함, 잘나고 못남, 선과 악, 옳고 그름과 같은 구별이 없는 것이니 결국 모든 것이 마찬가지라는 것이다.

대붕(大鵬)이 수만 리 밖 하늘로 날아올라 바라본 이 세상을 보고는 무슨 생각을 했을까? 세상의 인간들이 이 작은 땅에서 자신들의 이익을 얻기 위해서 밤낮을 다투며 허덕이지만 대붕의 눈에는 다만 한 작은 점 속에서 그냥 꼬물꼬물거리는 정도로밖에 보이지 않았을 것인데, 어째서 저렇게 난리들일까 싶었을 것이다.

『장자』 「제물론(齊物論)」에는 장자가 어느 날 꿈에서 나비가 되는 꿈을 꾸었다는 '호접지몽(胡蝶之夢)'의 이야기가 나온다.

> 예전에 장주가 꿈에서 나비가 되어 훨훨 날아다니며, 스스로 만족하여 즐거워하였다. 자신이 장주라는 것을 알지 못하였다. 문득 꿈에서 깨니 엄연히 장주였다. 장주가 꿈에서 나비가 되었던 것인지, 나비가 꿈에서 장주가 되었던 것인지 알지 못하였다. 장주와 나비는 반드시 구분이 있을 것인데, 이를 물화(物化)라고 한다.(昔者莊周夢爲胡蝶, 栩栩然胡蝶也, 自喩適志與! 不知周也. 俄然覺, 則蘧蘧然周也. 不知周之夢爲胡蝶, 胡蝶之夢爲周與? 周與胡蝶, 則必有分矣. 此之謂物化.)

여기에서 장주는 꿈에서 나비가 된 꿈을 꾸고 나서 깨고 나니 자신이 본래 인간이 아니라 나비였는데, 지금 장자가 된 꿈을 꾸었던 것인지 아니면 인간으로서 장주였는데 나비가 된 것인지 무엇 하나 단정하거나 확신할 수 있는 것은 없다고 회의를 품는다.

이것은 무언가 절대적인 가치 기준으로 세상사를 평가하기에는 하나같이 불완전하며, 온전한 것은 하나도 없다는 뜻이다. 그러므로 남과 나를 혹은 어떤 특정한 기준으로 규정하는 것에서 벗어나면 욕심도 경쟁도 사라져 평정한 심정을 얻게 된다는 것이다.

(3) 절대 미인은 없는 것이니

옛날 월왕(越王)의 총애를 받은 미인이라고 알려진 모장(毛嬙)이나 춘추시대 진 헌공(晋獻公)의 부인으로서 헌공의 총애 때문에 결국 진나라를 혼란에 빠뜨릴 만큼 아름다웠다고 알려진 여희(麗姬)는 또 얼마나 아름다웠을까? 『장자』 「제물론」편에서 장자는 아름답다고 알려진 그녀들이 누구에게나 아름답기만 한 것은 아니라고 하면서 다음과 같이 기술하였다.

> 모장과 여희는 세상 사람들이 미인이라고 하지만, 물고기가 그들을 보면 물속 깊이 도망하고, 새가 그들을 보면 하늘 높이 날아오르며, 순록과 사슴이 그들을 보면 결사적으로 달아난다. 이 넷 가운데 천하의 미인이라고 누가 알아주는가?(毛嬙麗姬, 人之所美也. 魚見之深入, 鳥見之高飛, 麋鹿見之決驟, 四者孰知天下之正色哉?)

이처럼 장자는 옳고 그름이나, 선과 악의 가치 구분이라고 하는 것이 상대적인 가치 기준에 의해서 규정되는 것에 불과하다고 한다.

다른 예로 인간이 집에서 거처하기를 좋아하지만, 지렁이는 젖은 흙에서 살기를 좋아하고, 인간이 높은 나무에 올라가 있는 것을 두려워하지만, 원숭이는 높은 나무에서 지내기를 좋아한다고 하였다. 이처럼 세상만물에 존재하는 차별이란 상대적인 원리에 따라 생겨나는 것임을 거듭 밝히고 있다. 그러므로 인간은 사물이나 의식을 둘로 나누어 차별하는 인위적인 행위를 없애고, 노자가 말했던 스스로 그러한 만물의 진리를 깨달아야 한다고 했다.

그러므로 물오리의 다리가 짧다고 하여 그것을 이어주거나 학의 다리가 길다고 하여 그것을 잘라 주면 도리어 그들의 본성을 해치게 되듯이 모든 인위적인 행위는 본래의 자연스러움을 훼손할 수 있다는 것이다.

장자는 노자가 『도덕경(道德經)』에서 도를 풀었던 것보다 더 복잡하고 발전된 일종의 회의론적인 숙명주의로 해석하였다. 『장자』 「대종사(大宗師)」편에서는 삶고 죽음조차도 다음과 같이 행복과 불행의 가치 기준이 되지 못한다고 하였다.

> 무릇 자연이 나에게 형체를 갖게 하여 살아서는 나를 수고롭게 하다가, 늙어서는 편안히 하고, 죽어서야 쉬게 해준다. 그러므로 내 삶을 좋게 여기는 것이며, 역시 내 죽음도 좋게 여기는 것이다.(夫大塊載我以形, 勞我以生, 佚我以老, 息我以死. 故善吾生者, 乃所以善吾死也.)

이처럼 인생이란 잠시 육체를 가지고 세상에 나와서 고생만 하다가 늙어서 잠시 편안하다가 죽음에 이르러서야 모든 괴로움을 거두게 된다고 하는 일종의 염세주의(厭世主義)를 표방하는 대목도 있다.

3. 잊는다는 것과 가다듬는다는 것

장자 사상의 핵심인 소요(逍遙)와 제물(齊物)의 이치를 깨우친 사람은 어떠한 악(惡)이나 죽음 같은 것에 대하여 두려움이나 고통을 느끼지 않고 자신이 처한 인생을 있는 그대로 받아들이며, 무엇인가 억지로 구하거나 이루려 하지 않는다고 한다. 장자는 그러한 경지에 이르기 위한 수양 방법으로서 심재(心齋)와 좌망(坐忘)을 제시하였다.

(1) 앉은 채 모두 잊어야, 좌망(坐忘)

『장자』「대종사」편에는 공자와 그가 가장 아끼는 제자인 안회(顏回)가 대화하는 장면이 나온다. 안회가 공자를 만나 자신이 깨달은 바가 있다고 하면서 인의(仁義)와 예악(禮樂)을 잊었다고 하였으니, 이 정도면 어떠한지 공자에게 여쭈었다. 공자가 그것 가지고는 좀 부족하다고 말하자 또 며칠 뒤 안회는 공자를 만나 다음과 같이 말했다.

안회가 "제가 좌망(坐忘)하게 되었습니다."라고 하였다. 중니가 놀라며 "좌망이 무엇이냐?"라고 하였다. 안회가 "신체를 잊고, 보고 듣는 것을 멈추며, 형체를 떠나 지각을 버리고, 대도(大道)와 함께 하는 것을 좌망이라고 합니다."라고 하였다. 중니가 "(대도와) 하나가 되면 좋은 것만을 차별하는 마음이 없어지고, (대도의) 변화에 따르게 되면, 항상된 것만을 추구하는 마음이 없어진다. 과연 현명하구나! 나도 네 뒤를 따르고자 하네."라고 하였다.(曰, 回坐忘矣. 仲尼蹴然曰, 何謂坐忘? 顔回曰, 墮枝體, 黜聰明, 離形去知, 同於大通, 此謂坐忘. 仲尼曰, 同則無好也, 化則無常也. 而果其賢乎! 丘也請從而後也.)

여기에서 공자와 안회가 대화한 내용은 사실일 리가 없다. 다만 장자는 자신의 사상 논리를 공자나 안회도 인정하고 있다는 식으로 가상하여 꾸민 것이다. 육체에 제공되는 음식이나 안락함 등을 잊는다는 뜻인 '타지체(墮肢體)'나 지식, 이익, 명예와 같은 총명함을 잊는다는 뜻인 '출총명(黜聰明)'을 성취하기 위해서는 '앉아서 잊는다'는 의미의 좌망(坐忘)의 경지에 도달할 수 있도록 수양해야 한다고 하였다.

좌망이란 무엇이든지 다 잊어버린다는 것으로 안으로는 자기의 존재를 느끼지 못하고, 밖으로는 천지 만물의 존재를 느끼지 못한다는 것이다. 이리하여 인간세계로부터 어떠한 간섭도 받지 않아 마음의 허정(虛靜)과 평정을 유지함으로써 도(道)와 합일하는 정신적 경계를 완성하는 것이다.

그렇다면 인간은 육체에 제공되는 음식이나 안락함과 같은 물질적인 욕망을 잊는 것과 지식이나 명예 같은 정신적인 욕망을 잊는 것 가운데 어느 것이 더 수월할까? 인간에게 음식이 공급되지 않으면 죽게 될 것이겠지만, 지식이나 명예 같은 정신적인 욕망은 사유를 통해서 얼마든지 제어할 수 있을 것이다. 그런데 사람들은 이들 모두에 빠져 헤어나지 못하여 스스로를 불행하게 하는 어리석음을 범한다는 것이다.

(2) 마음을 가다듬어야, 심재(心齋)

『장자』「인간세(人間世)」편에는 어떻게 하면 마음을 가다듬을 수 있는지 다음과 같이 서술하고 있다.

> 네가 뜻을 하나로 하고, 귀로 듣지 말고 마음으로써 들을 것이며, 마음으로 듣지 말고 기(氣)로써 들어라. 귀는 듣는 것에 머물며, 마음은 인상(印象)에 머문다. 기라고 하는 것은 비어야 사물을 받아들이는 것이다. 오로지 도는 빈곳에 모이며, 비우는 것이 곧 마음의 재계이다.(若一志, 無聽之以耳而聽之以心, 無聽之以心而聽之以氣! 耳止於聽, 心止於符. 氣也者, 虛而待物者也. 唯道集虛. 虛者, 心齋也.)

기(氣)는 본래 바람과 같은 존재로 공허(空虛)하면서 무형(無形)의 성질을 가진 것으로 오늘날 전기(電氣)나 기운(氣運)이라는 말처럼 에너지라는 말과 같다. 만물을 존재하게 하는 인자(因子)로서 어떤 사물의 속성이나 작용을 가능하게 하는 것인데, 여기에서 기가 비었다는 것은 작위적인 의식을 버린 허심(虛心)을 말한다. 허심을 통해야만 누구나 타고나는 순수하고도 영험한 작용을 받아들일 수 있는 상태가 될 수 있다는 것이다.

즉, 마음을 재계한다는 뜻인 심재(心齋)는 허정(虛靜)한 마음을 보존한다는 것으로 귀와 눈의 총명함이나 지혜롭다는 선입관과 잡념을 버리고 심리를 절대적으로 허정(虛靜)하고 순일(純一)한 상태로 유지하는 것을 말한다.

묵자(墨子),
모두 다 사랑하라

6. 묵자(墨子), 모두 다 사랑하라

묵자는 공자가 죽은 직후에 태어났다고 알려져 있다. 주(周)나라 초기에 제정된 예악문물 제도가 급속히 무너지고, 여러 제후국들로 나뉘어 패권을 다투던 시기에 묵자는 어떻게 하면 당시 혼란 속에서 정치와 사회의 질서를 바로잡을 수 있는가 하는 문제에 대하여 겸애(兼愛) 즉 차별 없는 '두루 하는 사랑'과 하늘에 대해 순종해야 한다고 하였다.

1. 묵자와 그의 저작

묵자의 인생 역정은 대체로 공자와 비슷하다. 잠시 벼슬에 나섰던 기간을 제외하고, 자신의 사상을 실천할 수 있는 군주를 만나기 위해 이 나라에서 저 나라로 돌아다니며 대부분의 인생을 보냈다. 그렇지만 당시 그의 이상적인 정치사상을 인정해주는 군주는 없었다.

(1) 묵자, 천민 또는 대부

『사기』「맹자순경열전(孟子荀卿列傳)」의 끄트머리에 묵자의 전기에 대한 기술이 나온다.

> 대개 묵적(墨翟)은 송나라 대부로서 전쟁에서 방어하는 것을 잘하였고, 물품을 아껴 썼다. 어떤 이는 공자와 같은 시기에 살았다고 했고, 어떤 이는 그 뒤에 살았다고 한다.(蓋墨翟, 宋之大夫, 善守御, 爲節用. 或曰幷孔子時, 或曰在其後.)

『사기』에 묵자의 행적에 관한 기사는 맹자와 순자의 전기인 「맹자순경열전」에 나오는 이 한 대목이 전부이다. 그만큼 묵자에 대해서 알려진 것이 없다. 여기에서 묵자가 춘추와 전국시기를 걸쳐서 살았던 송(宋)나라의 대부였다는 것 역시 믿을 수 있는 것은 아니다. 대부는 주(周)나라 때 사(士)보다는 위이고, 경(卿)보다는 아래의 벼슬이다. 그러나 묵자가 얼마만큼의 무리를 이끌고 여러 나라를 다니면서 자신의 학설을 가르쳤다는 것을 볼 때, 대부에 해당하는 지위였다고 볼 수도 있지만, 그의 신분에 관한 설도 분분한다.

먹이라는 뜻의 묵(墨)이라는 성에 대해서는 묵자의 피부가 검었기 때문이라고도 하고, 죄인의 얼굴에 죄명을 새겨 넣는 묵형(墨刑)을 받았기 때문이라고도 한다. 전쟁 포로가 되어 묵형을 받고 천민의 신분으로서 들판에서 막노동을 하다 보니 얼굴이 검게 되었을 가능성이 있다고 추측할 수 있다. 그래서 묵자를 따르던 이들 가운데 무사나 기술자가 많았고 『묵자』의 글 내용에는 먹통, 자 같은 기술자들의 도구들이 자주 등장하는 것이라고 한다.

(2) 유가를 배운 묵자

전한(前漢) 시기 유안(劉安, B.C. 179 ~ B.C. 122)이 편찬한 『회남자(淮南子)』「요략훈(要略訓)」에는 묵자에 대한 기술이 다음과 같이 나온다.

> 묵자는 유가의 학업을 배워 공자의 학술을 받았으나, 그 예법이 번다하다 하여 좋아하지 않았다. 장례를 지나치게 하고 재물을 낭비하여 백성을 곤궁하게 하고, 의복이 생활을 불편하게 하여 일하는 데에 불편하다고 여겼다. 그러므로 주(周)나라의 법도를 버리고 하(夏)나라의 정치를 택했다.(墨子學儒者之業, 受孔子術, 以爲其禮煩擾而不說. 厚葬靡財貧民, 服傷生而害事. 故背周道而用夏政.)

묵자는 원래 공자 유가 학술의 가르침을 따르던 유학자였다고 한다. 그런데 유가는 지나치게 예를 강조하여 실제 생활에서 여러모로 불편하게 하는 것뿐만 아니라 재물을 낭비하는 폐단이 있다고 여긴 것이다. 유가의 예라는 것이 당시 기득 권력을 장악하고 있는 지배층을 옹호하는 수단일 뿐만 아니라 식생활에 있어서 수많은 규정들이 백성들의 삶을 제약한다고 여겼다.

또 그는 그와 같은 예법이 제정되었던 주나라 초기의 이상적인 시절로 돌아가고자 했던 유가에 반대하였다. 반면에 묵자는 하(夏)

나라를 세운 우(禹)를 학문의 원조로 삼았다. 우는 B.C. 2070년에 세워졌다고 알려진 하(夏)왕조 시조이다.

태평성대라고 알려진 요(堯)임금에 이어 즉위한 순(舜)임금의 시대에도 여전히 황하가 범람하여 많은 피해를 주고 있었다. 당시 우(禹)의 아버지인 곤(鯀)이 일찍이 황하의 범람을 해결하기 위해서 애썼지만, 결국 실패하여 처형되었다. 그래서 아버지를 이어서 황하를 힘써 다스리느라 3년 동안 집에 들어가지도 않았다고 한다. 우는 그 능력을 인정받아 순임금에게 임금 자리를 이어 받아 중국에서 처음으로 자신의 아들에게 왕위를 넘겨주는 부자 상속의 기틀을 세워 왕조 국가 하(夏)나라를 세웠다고 알려졌다.

묵자는 주나라가 예법을 복잡하게 하고 지배와 피지배 계급으로 나누는 불평등한 구조의 사회보다는 우왕처럼 검소하고 부지런한 것을 자신의 이상으로 삼았던 것이다.

(3) 『묵자(墨子)』

『묵자』는 제자백가의 저작들과 마찬가지로 묵자 한 사람에 의해서 지어진 것이 아니라 일부는 묵자 자신의 논의주장이 실려 있지만, 대부분은 후대 묵가들에 의해 이루어진 것으로 보인다. 원래 71편이 있었으나 현재 남아 있는 것은 53편이다.

『묵자』는 『논어』나 『맹자』와 같은 단순한 어록집이 아니며, 『도덕경』과 같이 운문(韻文)의 형식으로 자기의 사상주장을 편 것도 아니다. 사상주장만을 담은 것이 아니라 「경(經)」 「경설(經說)」 「대취(大取)」 「소취(小取)」 등과 같은 편에서는 말의 개념이나 표현의 논리, 기하학, 광학, 역학 등에 관하여 다룬 부문도 있는 것이 매우 독특하다는 평가를 받고 있다.

그리고 「비성문(備城門)」 이하의 11편에서는 성(城)을 방어하는 전술과 그에 필요한 병기, 기구, 설비, 자재 등을 제작하거나 취급하는 방법을 논하고 있다. 이것 때문에 묵자의 무리가 성을 방어하는 업무를 맡은 기술자 집단이었을 것이라고 여기기도 한다.

『묵자』는 맹자가 "양주와 묵적의 말이 세상에 가득하다.(楊朱墨翟之言, 盈天下.)"라고 하여 전국시대에 묵자의 사상이 대단한 영향력을 가졌었다는 점을 우려하여 이단이라며 배격 당하였고, 진시황제의 분서갱유(焚書坑儒)의 환란을 겪은 다음에는 추종하는 이가 거의 없었으나, 청(淸)나라 때 고증학(考證學)이 흥성하면서 당시 경학자(經學者)였던 손이양(孫詒讓, 1848 ~ 1908)이 주석서로 『묵자간고(墨子間詁)』를 편찬하여서 새롭게 주목을 받게 되었다.

2. 묵자 사상의 핵심, 오로지 사랑

묵자는 세상이 어지러워진 이유가 서로 사랑하지 않기 때문이라고 했다. 「천지(天志)」편에서 사랑은 곧 하늘의 뜻이라고 하였듯이, 사람들이 하늘의 뜻을 잘 따라서 '차별적인 사랑[別愛]'이 아닌 두루 사랑하는 '겸애(兼愛)'를 실천해야만 세상이 잘 다스려지게 된다고 했다.

(1) 두루 사랑하라

묵자 사상은 남과 차별하는 것이 아니라 두루 함께하는 사랑인 겸애가 요점이다. 『묵자』 「겸애중(兼愛中)」편에 다음과 같이 서술하였다.

> 남의 나라 보기를 자기 나라 보는 것처럼 하고, 다른 집안 보기를 자기 집안 보는 것처럼 하고, 다른 사람 몸 보기를 자기 몸을 보는 것처럼 한다. 이런 이유로 제후들이 서로 아끼면 들판에서 싸우지 않을 것이고, 집안 주인들이 서로 아끼면 서로 빼앗지 않을 것이고, 사람과 사람들이 서로 아끼면 서로 해치지 않을 것이고, 임금과 신하가 서로 아끼면 임금은 신하에게 은혜롭고 신하는 임금에게 충성을 다한다. 아비와 자식이 서로 아끼면 아비는 자애롭고 자식은 효성스러울 것이고, 형제끼리 서로 아끼면 잘 어울릴 것이고, 세상 사람들이 모두 서로 아끼면 강자는 약자를 압박하지 않고, 대중은 소수를 겁박하지 않고, 부자는 가난한 이를 모욕하지 않고, 귀한 이는 천한 이에게 거만하지 않고, 교활한 이는 어리석은 이를 속이지 않을 것이다. 무릇 세상에 남에게 재앙을 끼치고 원한을 맺는 것을 생기지 않게 할 수 있는 것은 서로 아끼며 살 수 있게 해주기 때문이다. 그러므로 어진 이들이 겸애를 훌륭하다고 하는 것이다.(視人之國, 若視其國. 視人之家, 若視其家. 視人之身. 若視其身. 是故諸候相愛, 則不野戰. 家主相愛, 則不相簒. 人與人相愛, 則不相賊. 君臣相愛, 則惠忠. 父子相愛, 則慈孝. 兄弟相愛, 則和調. 天下之人皆相愛, 强不執弱, 衆不劫寡, 富不侮貧, 貴

不敖賤, 詐不欺愚. 凡天下禍簒怨恨, 可使毋起者, 以相愛生也, 是以仁者譽之.)

묵자가 말하는 겸애(兼愛)에서 애(愛)는 오늘날 '사랑하다'라는 뜻으로 새기지만, 본래는 '아끼다' '인색하다'의 뜻으로 지배계층에서 일반 백성에 대한 사랑의 방식을 말하는 것으로 일정 정도 계급의식이 담겨 있는 것이다. 임금이 백성을 사랑한다는 것은 백성들을 잘 아껴두었다가 필요할 때 잘 써먹기 위한 것이라고 할 수 있다. 그러므로 오늘날 사랑이 서로 대등한 관계에서 아끼고 보살핀다는 의미와는 좀 다르다.

묵자의 겸애사상은 사람들이 자기 자신을 아끼듯이 자기 이외의 모두를 사랑하라는 것이다. 유가의 인(仁)이 묵가와 마찬가지로 사랑[愛]을 주요 주장으로 삼았지만, 공자가 "널리 무리를 사랑하되, 어진 이를 친히 여긴다.(泛愛衆而親仁.)"라고 하였듯이, 모든 이를 무차별적으로 사랑하라는 것이 아닌 것인데 비하여, 묵자는 겸애가 하늘 또는 상제(上帝)의 뜻이며, 모두가 그 뜻에 순종해야 한다고 가르친다.

이러한 무차별적인 사랑 역시 「겸애하(兼愛下)」편에서 "반드시 내가 먼저 다른 사람의 어버이를 사랑하고 이롭게 하는 것에 힘쓴 다음에 다른 사람도 나의 부모를 사랑하고 이롭게 하는 일로써 보답한다.(必吾先從事乎愛利人之親. 然後人報我以愛利吾親也.)"라고 했듯이, 겸애가 남을 사랑하고 이롭게 하는 것이기는 하지만, 그것은 결국 자신도 이롭게 한다는 '겸애교리(兼愛交利)'라는 것이다. 보편적인 사랑을 강조한 묵가의 겸애는 유교 국가에서 사회적 화합을 이를 수 있는 실제적 바탕이자 이론적 토대인 가족에 대한 차별적인 사랑에 근본적으로 도전하고 있었기 때문에 특히 맹자로부터 맹렬한 공격을 받았다.

맹자는 「등문공하(滕文公下)」편에서 "묵씨의 겸애는 아비를 없이 여기는 것이다. 아비도 임금도 없이 여기는 것은 짐승인 것이다.(墨氏兼愛, 是無父也, 無父無君, 是禽獸也.)"라고 하였고, 「진심상(盡心上)」편에서도 "묵자는 두루 사랑하기를 머리끝에서 발꿈치까지 털이 닳아 버릴 만큼 애써서 천하에 이롭다면 그것을 행하였다.(墨子兼愛, 摩頂放踵, 利天下爲之.)"라고 비판하였다. 그렇지만 묵가의 겸애는 맹자처럼 의(義)와 이(利)를 분리하여 단절시켰던 것과는 달리 그들을 통일시키려고 하였던 실리주의적인 입장이지 다른 이를 위해서 무조건적인 희생만이 숭고한 것이라고 여긴 것이 아니다.

공자나 맹자가 의(義)를 중시하고 이(利)를 경시했다면, 묵가는 의와 이를 통일시켰던 것이다. 이것이 유가에서 말하는 남을 사랑한다는 뜻의 '애인(愛人)'과 겸애가 구별되는 것이다. 그래서 묵자는 「경설(經說)」에서 "의로움은 이로운 것이다.(義, 利也.)"라고 하였고, "이로움은 얻으면 기쁜 것이다.(利, 所得而喜也.)"라고 하였던 것이 그들의 차이라고 할 수 있다.

(2) 바른 정치를 위해서는 인재를 등용해야

공자나 맹자가 자신의 정치사상을 실천하기 위해서 온 나라를 떠돌았던 것을 주유천하(周遊天下)라고 한다. 그런데 어떤 제후도 그들의 주장을 받아들이지 않아서 결국 고향에 돌아와 저술을 하고 학생들을 가르치면서 여생을 마쳐야 했다. 이처럼 제자백가의 사상은 당시 어지러운 세상을 바로 잡아 백성들을 잘 다스리고자 하는 것을 지향하였다.

묵자 정치사상의 핵심은 맹자가 말한 인의(仁義)를 실천하는 왕도(王道)나 힘으로써 세상에 군림하려는 패도(覇道)가 아닌 하늘의 뜻을 따르며 겸애를 실천하고자 하는 것이었다. 이러한 묵자는 자신의 정치 이상을 실천하는 방법으로 상현(尙賢)과 상동(尙同)을 들었다. 『묵자』「상현하(尙賢下)」편에는 인재 등용과 관련하여 다음과 같이 논의하고 있다.

> 옛날 요(堯)임금이 순(舜)을 등용하고, 탕(湯)임금이 이윤(伊尹)을 등용하고, 무정(武丁)이 부열(傅說)을 등용했다. 어찌 골육의 친분이 있는 이이거나, 아무 이유 없이 부귀한 이이거나, 예쁜 외모 때문이었겠는가?(昔者堯之擧舜也, 湯之擧伊尹也, 武丁之擧傅說也. 豈以爲骨肉之親, 無故富貴, 面目美好者哉?)

이윤(伊尹)은 원래 유신씨(有莘氏)의 노비 출신이었는데, 상(商)나라를 세운 탕(湯)왕에게 발탁되어 재상으로서 하(夏)의 걸(桀)왕을 토벌하는 데 큰 공헌을 한 인물이고 부열(傅說)은 원래 부암(傅巖)의 들판에서 막노동을 하였는데, 은(殷)나라 고종(高宗)이 그의 재능을 인정하여 재상으로 삼았다. 이처럼 본디 신분은 매우 천하였던 이윤이나 부열 같은 이들이 오로지 그들의 능력만으로 발탁이 되어 나라에 큰 공을 세웠던 것은 신분이나 친분, 외모 등으로 발탁이 된 것이 아니었다.

이처럼 상현(尙賢)이란 현명한 자를 받들어서 등용하라는 것이다. 군주가 능력이 있는 이를 뽑아야 하는 것은 물론 백성들 역시 그들 윗사람들을 따라야 한다고 해서 내놓은 것이 상동(尙同)이다. 『묵자』 「상동중(尙同中)」에는 백성들이 윗사람을 잘 따라야 하는 이유를 다음과 같이 기술하였다.

> 오늘날, 옛날의 백성들이 처음 생겨나서 우두머리가 없던 때로 돌아간다면, 대개는 말하기를, 세상 사람들은 뜻이 서로 달라서 한 사람이 한 가지 뜻을 가져서 열 사람이 열 가지 뜻을 가지게 된다. … 이로써 사람들마다 그 뜻을 가지게 될 터이니, 다른 사람의 뜻은 그르다고 하여 서로 틀렸다고 하게 될 것이다.(方今之時, 復古之民始生, 未有正長之時. 蓋其語曰. 天下之人異義, 是以一人一義, 十人十義. … 是以人是其義, 而非人之義. 故相交非也.)

상동(尙同)이란 '윗사람에게로 함께한다'는 뜻으로, 아랫사람[下]은 윗사람[上]의 뜻에 따라서 순종하라는 것이다. 상동을 '동등하기를 숭상한다'라고 해석하여 윗사람과 아랫사람이 함께한다는 뜻의 평등사상을 말하는 것이 아니다. 상동의 상(尙)자가 동사가 아니라 부사로 쓰였다고 보아야 한다.

묵자는 남들을 똑같이 사랑하고 이롭게 해줄 것을 강조하였으면서도 엄연한 계급에 의한 통치 질서의 필요성을 주장한 것이라고 할 수 있다. 왜냐하면 사람들이 각각 자기만의 생각과 주장이 있기 마련이어서 그대로 두면 사회의 질서를 유지하지 못하고 이롭지도 못하기 때문이라고 하였다. 그래서 아래로부터 위까지 뜻을 같이

해야만 하늘의 뜻에 부합하는 '어진 자[賢者]'가 세상을 잘 다스릴 수 있다고 하였다.

3. 묵자의 정치론

(1) 전쟁을 하지 말아야, 비공(非攻)

묵자는 자신의 정치이상인 겸애를 실천하는 데에 가장 걸림돌이 되는 것은 군주가 자신의 욕심을 채우기 위해서 벌이는 전쟁이라고 보았기 때문에 『묵자』 「비공하(非攻下)」편에서 전쟁을 벌이지 말아야 한다고 다음과 같이 말했다.

> 지금 또 세상의 왕이나 공(公), 대인(大人), 사(士), 군자들은 마음속으로 세상의 이익을 일으키고, 세상의 해로움을 제거하려고 한다면서, 빈번하게 남을 공격하여 싸운다면, 이것은 참으로 세상의 커다란 해로움이다.(今且天下之王公大人士君子, 中情將欲求興天下之利, 除天下之害, 當若繁爲攻伐, 此實天下之巨害也.)

묵자가 살았던 춘추와 전국시대는 약육강식의 혼란이 거듭되던 시기로서 『사기(史記)』에서도 춘추시대에 신하에 의해서 죽음을 당한 군주가 36명이나 된다고 했다. 묵자는 백성을 이롭게 해야 한다는 것이 하늘의 뜻이라고 하였으니, 군주가 사사로이 전쟁을 벌여서 많은 사람을 다치고 재물을 파괴하는 것은 옳지 못하다고 여겼다.

세상에서는 남의 과일이나 개, 돼지를 훔치거나, 한 사람을 죽이면 그것을 옳지 못하다고 하면서 수많은 사람들을 전쟁에 몰아다가 죽이는 것은 옳지 못하다고 하지 않으니, 이보다 모순되는 것은 없다고 했다.

그렇지만 묵자는 군주가 사사로운 이익을 위해 벌이는 전쟁인 '공벌(攻伐)'은 안 된다고 하였지만 전쟁 중에서도 덕이 있는 임금이 하늘의 뜻을 대신하여 포악한 임금을 정벌하는 '주벌(誅伐)'은 긍정하였다. 상(商)나라를 세운 탕(湯)왕이 하(夏)나라의 마지막 임금으로서 포악했던 걸(桀)을 정벌했던 것이나, 주(周)나라를 세운 문왕(文王)과 무왕(武王)이 은(殷)나라의 폭군인 주(紂)를 정벌했던 것은 옳았다고 인정하였다.

그리고 자신은 전쟁을 벌이고자 하지 않지만 혹시라도 남이 침략해 올 경우에는 어쩔 수 없이 싸워야 하기는 하는데, 이때에도 나아가서 맞서 싸우는 것이 아니라 성문을 굳게 지키고만 있으라고 하였다. 이것을 '묵자의 지킴'이라는 뜻으로 '묵수(墨守)'라고 하며, 『묵자』에 방어용 무기를 만드는 내용이 많이 있는 이유도 여기에 있다.

(2) 물품을 아껴야, 절용(節用)

묵자의 겸애사상을 실천하기 위해서 군주는 전쟁을 벌이지 말아야 하는 것 이외에도 물품을 절약하여야 하며, 이것은 임금이 백성을 사랑하는 또 하나의 방법이라고 했다. 모든 물품은 백성들의 수고에 의해서 만들어지는 것이니 말이다. 『묵자』 「절용상(節用上)」

편에는 다음과 같이 군주가 어떻게 물품 아껴쓰기를 실천해야 하는지 기술하고 있다.

> 나라에서 쓸모없는 비용을 제거함으로써 재산이 두 배가 될 수 있다. 성왕(聖王)이 정치를 함에 법령을 내고 정사를 일으키고 백성들을 부리고 재물을 사용함에 쓸모가 있게 하는 것이 아닌 것이 없다. 이 때문에 재물을 씀에 낭비가 없고, 백성들이 하는 일에 수고롭지 않으면 그 이로움을 크게 일으키게 된다.(因其國家去其無用之費, 足以倍之. 聖王爲政, 其發令興事使民用財也. 無不加用而爲者, 是故用財不費. 民德不勞. 其興利多矣.)

묵자의 절용사상은 사치를 삼가고 생산에 힘쓰며 소비를 줄이라고 한 것이다. 구체적으로는 장례를 간소하게 치르며, 음악과 가무(歌舞)를 삼가하라고 했다. 공자가 음악이 인간의 바른 심성을 불러일으키고 평소에 갖고 있던 불평불만을 풀어낼 수 있다고 해서 중시했던 것에 비하여 묵자는 음악 자체가 나쁘다고 한 것은 아니지만 이것이 정도를 지나치면 사치와 낭비의 근원이 되고 백성들이 일해야 하는 시기를 놓치게 되기 때문이라고 했다.

(3) 하늘의 뜻은 백성을 사랑하는 것

묵자의 겸애는 무엇으로부터 연유하는 것일까? 묵자는 그것이 하늘의 뜻이기 때문이라고 한다. 『묵자』「천지중(天志中)」편에 다음과 같이 말했다.

나는 하늘이 백성을 두터이 사랑하신다는 것을 아는 근거가 있다. "해와 달과 별들을 펼쳐 놓음으로써, 밝게 인도해 주시고, 춘하추동의 사계절을 만들어 놓음으로써 그들의 기강이 되게 하시고, 눈과 서리, 비와 이슬을 차례로 내림으로써 오곡과 삼베를 잘 자라게 하여 백성들이 거기에서 재물과 이익을 얻게 하신다."라고 하였다.(吾所以知天之愛民之厚者有矣. 曰以磨爲日月星辰, 以昭道之, 制爲四時春秋冬夏, 以紀綱之, 雷降雪霜雨露, 以長遂五穀麻絲, 使民得而財利之.)

모든 사안들을 하늘에 물었던 은(殷)나라까지만 해도 하늘의 상제(上帝)를 섬기는 종교의식은 대단히 성행했었지만, 주(周)대에 들어서면서부터 나라와 사회에 문물제도가 갖추어지면서 종교적인 신앙보다는 윤리의식을 더욱 중시하게 되었다.

공자는 "사람이 하늘의 도를 주재할 수 있는 것이지, 그 도가 사람을 주재하는 것이 아니다.(人能弘道, 非道弘人.)"라고 하였던 것처럼 인간이 사회질서를 주재하는 것이라고 하였고, 우주만물의 생성원리인 도를 자신의 인(仁)사상에 있어서 절대적인 근간으로 삼기도 하였다. 그래서 "사람이 지켜야 할 도리에 힘쓰고 귀신을 공경하되 멀리하는 것을 지혜롭다고 할 수 있다.(務民之義, 敬鬼神而遠之, 可謂知矣.)"라고 했다. 이처럼 공자 사상은 사람들의 일상적인 생활 윤리에 보다 중점을 두었지만, 묵자는 겸애설의 절대 명분을 백성들을 이롭게 하고자 하는 '하늘의 뜻[天志]'에 두고 귀신의 존재까지도 분명히 인정하고 있다.

공자 역시 "백성들에게 은혜를 널리 베풀어라(博施於民)"라고 하였지만, 이것은 왕조시대 계급제도를 옹호하는 입장에서 말한 것으로 백성은 은혜를 베푸는 대상이지 동등한 사랑의 대상은 아니었다. 물론 묵자의 겸애설 역시 지배와 피지배계층에 대한 평등을 주장한 것만은 아니지만, 평민들의 이익을 대변하기 위한 논의라는 것에 그의 사상적 가치가 있다.

(4) 하늘을 잘 섬겨야 복을 받아

세상에는 수많은 사람들이 살고 있어서 인간으로서 스스로 얼마나 소중한 존재인지 인식하지 못하고 있을 때가 있다. 그렇지만 사람들이 생존할 수 있는 것은 자연이라는 조건이 갖추어져 있기 때문에 가능하다고 할 수 있다. 이와 같은 것을 묵자는 일종의 종교적인 입장에서 이해하고 있다. 묵자는 하늘에는 세상 사람들을 사랑하여 살아갈 수 있도록 하는 뜻이 있으며, 인간은 하늘의 뜻에 복종해야 한다고 보았다. 『묵자』 「법의(法儀)」편에는 그와 같은 논의를 아래와 같이 싣고 있다.

> 지금 천하에 크고 작은 나라 할 것 없이 모두가 하늘의 고을이고, 나이 많고 적고 귀하고 천한 이 할 것 없이 모두가 하늘의 신하이다. 그러므로 모두가 양과 소를 기르고 개와 돼지를 기른 다음 정결한 술과 젯밥을 담아 놓고 공경히 하늘을 섬기는 것이다. … 그러므로 "사람들을 아끼고 이롭게 하는 이는 하늘이 반드시 그에게 복을 내려 주고 사람을 미워하고 해치는 이는 하늘이 반드시 재난을 내려준다."라고 했다.(今天下無大小國, 皆天之邑也. 人無幼

長貴賤, 皆天之臣也. 此以莫不犓羊, 豢犬豬, 絜爲酒醴粢盛, 以敬事天, … 故曰, 愛人利人者, 天必福之, 惡人賊人者, 天必禍之.)

하늘이 스스로 세상 사람들에게 상도 내리고 벌도 내린다고 하는 것을 두고 마치 조물주가 계셔서 세상을 바르게 다스리고자 하는 의지가 드러난 것이라고 한다. 『묵자』 「명귀(明鬼)」편에서도 "귀신이 상을 줌에 있어서 작은 것도 빠뜨리지 않고 반드시 상을 주며, 귀신이 벌을 내림에 있어서는 큰 것도 가리지 않고 반드시 벌을 내린다.(鬼神之所賞, 無小必賞之, 鬼神之所罰, 無大必罰之.)"라고 한 것처럼, 크건 작건 하늘의 뜻을 따르면 상을 줄 것이고, 거역하면 벌을 받는다고 한다. 그렇지만 묵자는 하늘이나 하느님을 전지전능한 조물주로 믿으라고 가르치지는 않았다. 다만 하늘이 이 세상을 사랑한다는 것을 믿으며, 세상 사람들을 두루 사랑하라고 주장한다.

이렇듯 묵자는 하늘의 뜻을 바탕으로 당시 부조리한 사회현실을 개혁하고자 했다. 하늘은 세상과 사람에게 자연의 이로운 것들을 내려서 누리게 한다는 것에 착안하여 묵자는 당시 하늘에 대한 믿음을 다시금 되찾아야 한다고 했던 것이다.

세상이 모두 하늘의 고을이 아닌 곳이 없고, 사람 모두 하늘의 신하가 아닌 이가 없다는 말은 마치 기독교 성경의 한 대목을 보는 듯하다. 게다가 희생(犧牲)을 받쳐 예를 올리고 널리 사랑하라고 하고, 하늘의 뜻을 따르면 상을 받고 이를 거역하면 벌을 내린다는 대목에 이르면 참으로 종교적인 성향이 강하다는 것을 알 수 있다.

(5) 귀신에 대하여

묵가는 귀신이 하늘의 뜻을 대행하여 상벌을 내리는 자라고 주장하였다. 『묵자』「명귀(明鬼)」편에는 다음과 같이 귀신의 존재와 작용을 기술하고 있다.

> 예나 지금의 귀신이라고 하는 것은 다른 것이 아니다. 천귀(天鬼)가 있고, 산과 물에도 귀신이 있고, 사람이 죽으면 인귀(人鬼)가 된다.(古之今之爲鬼, 非他也, 有天鬼. 亦有山水鬼神者, 亦有人死而爲鬼者.)

귀신(鬼神)이란 『예기(禮記)』에서는 사람이 죽어서 흙으로 돌아가는 것을 귀(鬼)라고 하고, 산림이나 강 계곡 같은 곳에서 바람이나 구름을 일으키는 초자연적 현상을 신(神)이라고 하였다. 현재 기독교에서 말하는 조물주로서 신(神)과는 다르며, 고대 중국에서는 오히려 '제(帝)'라는 개념이 조물주에 가깝다.

묵자는 귀신에는 하늘의 보조자로서 천귀(天鬼), 산천의 귀신인 지지(地祇), 사람이 죽어서 되는 인귀(人鬼)가 있다고도 하였고, 귀신들은 모두 숭배의 대상이며, 이들 가운데 천귀(天鬼)가 가장 존귀하다고 했다. 이들 귀신들은 하늘의 뜻을 거역하는 인간을 벌한다고 한다. 그런데 세상이 어지러워지기 시작하면서 하늘에 대한 이러한 믿음에 의심을 품고 귀신이 상을 내리고 벌을 준다는 것에 대해 회의하게 되었다고 하였다.

『논어』「선진(先進)」편에서는 사람이 죽어서 간다는 저세상에 대하여 다음과 같은 대목이 나온다. 제자인 계로(季路)가 공자에게 귀신을 어찌 섬겨야 할지 묻자, 공자가 "사람도 제대로 섬길 줄 모르는데, 어찌 귀신을 섬길 수 있겠느냐?(未能事人, 焉能事鬼?)"라고 대답하였다. 이어서 계로가 사람의 죽음에 대해서 묻자 공자는 "인간의 삶도 잘 모르는데, 어찌 죽음에 대하여 알겠느냐?(未知生, 焉知死?)"라고 대답하였다.

귀신과 저세상에 대한 이 대화를 두고 공자가 저세상과 귀신을 부정했던 무신론자라고 이해하는 경향이 있지만, 실제로 공자 스스로 저세상이나 귀신이 없다거나 부정한 것은 아니었다. 다만 사람이 죽고 난 다음에 간다고 하는 저세상이든 죽으면 육신을 벗어나 떠돌게 된다는 귀신을 어찌 검증해서 그 존재의 진위를 알 수 없는데다가 지금 여기에서 살아가고 있는 사람의 올바른 삶과 그 터전인 이 세상이 좀 더 소중한 것이라고 여겼기 때문에 죽음보다는 삶, 귀신보다는 인간을 잘 섬기라는 의미에서 그렇게 대답한 것일 뿐이다.

『논어』「학이(學而)」편에서 증자(曾子)가 돌아가신 분에 대하여 예의를 정중히 하고 먼 조상들의 덕을 잘 기려야 한다는 의미에서 '신종추원(愼終追遠)'해야 한다고 했던 것 역시 저세상에 계실지 모르는 부모님과 조상들을 잘 새기는 것을 통해서 오늘의 나를 진정 돌아보아야 한다는 의미에서 말한 것이지 죽은 다음의 저세상이 반드시 있다거나 세상 만물을 창조하신 조물주가 계시다는 식의 종교적인 입장을 가지고 말한 것은 아니다.

인간이 죽어서 귀신이 되든 저세상에 가서 심판을 받든 안 받든지 간에 인간이 언젠가는 반드시 죽는다는 것이야말로 오히려 인간의 삶을 고귀하게 하는 것이 아닌가 싶다. 만약에 인간이 이 세상에서 영원히 살 수 있다면, 지금 당장 따분하게 공부를 해야 한다거나 고된 일을 할 필요도 없이 그저 모든 일을 내일로 미루면 되는 것이니, 지금 이 순간 내가 살아가고 있다는 것이 귀하지도 고맙지도 않을 것이기 때문이다.

그렇다면 이렇듯 귀신의 존재를 믿는 묵자는 운명에 대해서는 어찌 여겼을까? 『묵자』「비명하(非命下)」편에서 다음과 같이 기술하였다.

> 운명이란 포악한 임금이 만들어낸 것이고, 궁벽한 사람들이 떠받드는 것이므로 어진 이가 말하는 것이 아니다. 오늘날 인(仁)과 의(義)를 실천하는 자가 장차 잘 살펴서 강력히 반대하지 않으면 안 되는 이유가 여기에 있다.(命者, 暴王所作, 窮人所術, 非仁者之言也. 今之爲仁義者, 將不可不察而强非者, 此也.)

당시 유가와 도가들은 모두 하늘의 이치에 꼭 따라야 한다는 의미에서 숙명론을 중시하는 경향이 있었다. 그러한 점을 이용해서 당시 왕조사회에서 보통 백성들이 포악한 지배자들에게 불평 없이 순종해야 하므로 적극적으로 자신의 능력도 계발할 수 없을 것이며, 하늘의 뜻에 대한 믿음을 바탕으로 한 정의(正義)를 실천하거나 겸애(兼愛)도 널리 펼 수 없게 된다고 여겼다. 그러므로 비명론은 인간이 타고난다는 운명을 부정하는 것이기는 하지만, 그 참뜻은 명(命:운명론)에 현혹되어 일상의 일을 게을리하는 일이 있으면 안 된다는 것이다.

4. 묵자의 변론(辯論)

당시 제자백가들은 자신들의 사상이나 논의 주장을 상대방에게 알리기 위해서 온갖 수단 방법을 동원하여서 자신의 말재주를 뽐냈지만, 실제로 말을 잘한다는 뜻의 변설(辯說)에 대해서 그다지 긍정적이지는 않았다. 그런데 묵자는 자신의 정치, 윤리, 과학 등에 관한 논의주장을 펴기 위해서 변설을 적극적으로 활용하고 있다.

(1) 논변이란 이렇게 해야

『묵자』「소취(小取)」편에는 논변이란 무엇이며 어떻게 해야 하는지에 대하여 다음과 같이 기술하였다.

> 무릇 논변이란 그것으로써 옳고 그른 분별을 밝히고, 다스려지거나 어지러워지는 요점을 상세히 하며, 같은 점과 다른 점을 분명히 하고, 명칭과 실제의 원리를 살피며, 이롭고 해로운 것에 대처하고, 의심나는 일에 결단을 내리고, 이에 만물의 그러한 이치를 두루 살펴 이해하고 여러 가지 말의 관계를 논하여 구하는 것이다.(夫辯者, 將以明是非之分, 審治亂之紀, 明同異之處, 察名實之理, 處利害, 決嫌疑, 焉摹略萬物之然, 論求群言之比.)

변론(辯論)의 '말 잘할 변(辯)'자와 '분별할 변(辨)'자는 서로 통하는 글자로서 모두 분별 또는 판별한다는 뜻이다. 공자는 "군자는 말에 있어서는 좀 더듬지만, 행동에는 민첩하고자 한다.(君子欲訥於

言而敏於行)"라고 하였고, 맹자 역시 변설가로 이름을 날렸으면서도 겉으로는 "내 어찌 변설을 즐기겠는가? 내가 어쩔 수 없어서 그런 것이다.(予豈好辯哉, 予不得已也.)"라고 말한 것처럼, 변설을 잘한다는 것을 당시 제자백가들은 그다지 내세우지 않았다. 게다가 노자는 『도덕경』 첫 장에서 "이름을 이름할 수 있으면 항상된 이름이 아니다.(名可名, 非常名)"라고 하여서 이름짓는 것과 같이 무엇인가 규정하는 것에 대하여 부정적인 인식을 가지고 있었다.

이것은 당시 춘추전국시대의 상황에서 말과 행동이 서로 일치하지 않음으로써 정치적으로나 사회적으로 혼란을 일으킬까봐 말이나 글 쓰는 것 자체를 꺼렸기 때문인 것인데, 묵자는 오히려 적극적으로 변설을 펴서 자신의 논의 주장을 널리 알리고자 하였다.

게다가 『묵자』 「경하(經下)」편에서 "비난하는 것이 옳고 그른지는 많고 적음에서가 아니며, 말은 옳고 그름에 달린 것이다.(誹之可否, 不以衆寡, 說在可非.)"라고 하였듯이, 사물이나 논설의 옳고 그름을 결정하고 판단하는 근거는 무리의 다수에 따라 결정되는 것이 아니라 오로지 합리적인 추리와 변론으로 사물의 옳고 그름을 판단해야 함을 강조하였다.

묵자 변설의 특징은 과학적인 명제에 대해서도 언급한 부분이 있다는 점이다. 특히 「경상(經上)」편에 있는 몇 가지를 예로 들면 다음과 같다.

> 원(圓)이란, 한 중심에서 길이가 같은 것이다.(圜, 一中同長也.)
>
> 평면[平]이란, 높이가 같은 것이다.(平, 同長也.)
>
> 원자[端]란, 두께가 없는 물체로 최초의 것이다.(端, 體之無厚而最

前者也.)

움직임[動]이란, 때때로 경계를 옮아가는 것이다.(動, 或從也.)

『묵자』의 「경(經)」상·하, 「경설(經說)」상·하, 「대취(大取)」, 「소취(小取)」 6편을 흔히 묵변(墨辯)이라고 한다. 특히 「경(經)」상편의 내용은 '무엇은 무엇이다'라는 형식의 90개 문장으로 이루어져 있다. 하편에서는 짧고 간단한 가설의 앞부분과 종결의 뒷부분으로 이루어진 80개의 문장으로 이루어져 있다. 이것들은 후기 묵가의 과학적인 지식을 다룬 저작으로 인식론, 논리학, 자연과학에 관한 묵가의 연구 성과를 개괄하고 있는 것이다.

이것은 제자백가 시기의 다른 전적들에서는 볼 수 없는 독특한 내용으로서 논리학 방면에서는 개념, 판단, 추리 등의 문제를 탐구한 것으로 판단은 반드시 정확한 추리방법을 따라야 함을 강조한 것이 매우 독특하다.

자연과학 방면에서는 위에서 예를 든 것 이외에도, 점, 선, 면, 용적, 운동, 정지의 개념, 지렛대의 원리, 도르래, 경사면, 부력(浮力), 빛의 전파, 광원(光源), 물체와 그림자의 관계, 평면거울, 오목거울과 볼록 거울에 비치는 물체의 모양에 대해서도 비교적 깊이 연구하였다. 특히 빛이 작은 구멍을 통과해서 물체의 모습을 맺게 되는 카메라의 원리를 실험하기도 했다.

묵가는 전국시대에서 유가와 대립할 만큼 유력한 학파였다. 그런데 묵가들은 거자(巨子)를 지도자로 삼아 강력히 단결하였는데, 진 시황제(秦始皇帝)의 탄압을 받은 이후 쇠락해졌다가 한 무제(漢武帝) 때 유교가 국교로 정해지면서 완전히 소멸하였다.

양자(楊子),
나는 소중하니까

7. 양자(楊子), 나는 소중하니까

노자 이후 도가는 대체로 두 방향으로 발전한다. 하나는 장자(莊子)로 대표되는 자연주의적 사조로서 도는 만물의 근원이며, 만물은 제각기 스스로 그러한 원리를 따라야 한다는 것이다. 다른 하나는 양자가 도라는 것이 의지나 계획에 의해서가 아니라 이 세상을 맹목적으로 창조한 것이므로 그 스스로의 자연스러운 이치에 따라야 한다는 것이다. 양자의 중심사상은 노자사상의 일단을 발전시킨 것으로 평가하며, 크게 위아설(爲我說), 쾌락설(快樂說), 숙명론(宿命論) 등으로 집약할 수 있다.

1. 도가의 계승자로서 양자

『맹자』「등문공하(滕文公下)」편에 "성왕께서 나시지 않고, 제후들이 방자해 지고, 처사들이 함부로 논의를 펴니, 양주(楊朱)와 묵적(墨翟)의 말이 세상에 가득하다.(聖王不作, 諸侯放恣, 處士橫議, 楊朱

墨翟之言盈天下.)"라고 했듯이, 전국시대 당시 양자와 묵자 학파는 대단히 홍성했던 것 같다. 오늘날 그다지 세상에 알려지지 않게 된 이유는 무엇일까?

(1) 양자와 그의 책

양자의 일생에 관한 전기는 따로 전하지 않으므로 그의 생애에 대해서는 상세하지 않다. 다만 이름은 주(朱)이고, 자(字)가 자거(子居)라는 설이 있으며, 『열자(列子)』「황제(黃帝)」편에 양자에 관한 전기가 다음과 같이 소개되어 있다.

> 양주는 남쪽 패(沛)땅으로 가고, 노담(老聃)은 서쪽 진(秦)나라에서 노닐고 교외에서 지나쳤다. 양주는 양(梁)땅에 이르러서 노자를 만났다. 노자는 길에서 하늘을 우러르며 탄식하기를, "처음에는 너를 가르칠 만하다고 여겼었는데, 지금은 가르칠 수가 없구나."라고 하자, 양주는 대답하지 않았다.(楊朱南之沛, 老聃西遊於秦. 邀於郊. 至梁而遇老子. 老子中道仰天而歎曰, 始以汝爲可教, 今不可教也. 楊朱不答.)

양자는 본래 위(魏)나라 사람이며 언젠가 노자와 길에서 만나 위와 같이 알 듯 모를 듯한 대화를 하였다는 정도만 알려져 있다. 그리고 『장자』나 『열자』에 그의 언행이나 행적이 약간 남아 있는 정도이다. 위의 대목을 보자면 양자가 노자의 제자로 노자보다 어린 것처럼 나온다. 양자가 정말 노자에게서 배움을 받았을 가능성은 매우 희박하다. 단지 양자의 학문이 노자의 일단에서 발전하였던 것이지 도가를 정통으로 계승한 것은 아니라는 뜻이기도 한다.

다른 편에서는 양자가 묵자의 제자인 금골리(禽滑釐)와 대화하는 장면이 나온다. 초(楚)나라가 송(宋)나라를 공격하는 것을 중지시키기 위해 묵자는 금골리에게 제자 3백 명과 함께 방어하는 무기와 도구를 갖추어 가게 하여 송나라가 성을 지키는 것을 돕도록 했다고 한다. 이것을 미루어보면 양자가 묵자보다 약간 후대 사람인 듯하다.

그런데 맹자가 당시 세상이 양자 아니면 묵자의 말로 가득하다고 말했듯이, 당시 양자의 무리들이 세상에 극성했다고 했는데도, 무슨 이유에서인지 그가 직접 저술한 저작이 현재 전하는 것이 없다는 것이 의아할 따름이다.

『한서(漢書)』「예문지(藝文志)」에도 양자의 저술 목록에 대한 기록이 없는 것으로 보아 한나라 이전에 이미 양자의 무리는 크게 세력을 잃었던 듯하다. 그래서 현재 양자의 저술이라고 보이는 것으로는 『열자(列子)』에 들어 있는 「양주(楊朱)」와 「역명(力命)」 두 편이 양자 저작의 일부일 것이라고 추정할 뿐이다. 여기에서는 이것과 함께 『장자』와 『여씨춘추(呂氏春秋)』 등에 남아있는 내용들을 통해 양자와 그의 사상을 추론하여 보고자 한다.

(2) 양자의 도(道)

양자는 노자사상의 일단을 발전시킨 것으로 평가하였던 것처럼, 그의 도(道) 사상은 노자가 말한 도와 크게 다르지 않다. 『열자』

「역명(力命)」편에서 양자의 도에 대한 인식을 살펴볼 수 있다.

> 까마득하여 끝이 없이 하늘의 도가 저절로 회합하고 아득하여 분간할 수도 없이 하늘의 도는 스스로 움직인다. 천지도 범할 수 없고, 성스러운 지혜도 간섭할 수 없고, 귀신도 속일 수 없다. 스스로 그러하다고 하는 것은 그것을 침잠하게 하고, 그것을 생성하게 하고, 그것을 평정하게 하고, 그것을 편안하게 하고, 그것을 보내고 그것을 맞아들인다.(窈然無際, 天道自會, 漠然無分, 天道自運. 天地不能犯, 聖智不能干, 鬼魅不能欺. 自然者, 默之成之, 平之寧之, 將之迎之.)

여기에서 양자가 말하는 도를 요연(窈然)하거나 막연(漠然)하다고 하여 도가 까마득하면서 아득하여 분명하지 않다고 하였으니, 이것은 노자가 도를 황홀(恍惚)하다고 말했던 것과 통한다고 할 수 있다. 그리고 노자가 도를 일컬어 아무것도 하는 것이 없이 스스로 그러하다는 뜻으로 무위자연(無爲自然)하다고 하였는데, 여기에서 양자는 '자연'만을 들어 말하였지만 역시 크게 다르지 않다고 할 수 있다.

이것만 보더라도 양자는 기본적으로 노자의 도(道) 개념을 계승했다는 것을 알 수 있다. 세상의 그 무엇보다도 앞선 만물의 생성 연원인 도에 대하여 정의하기를, 노자는 『도덕경』 1장에서 "이것을 같이 일러서 가물가물하다는 뜻으로 '현(玄)'이라고 하는 것이다. 가물가물하고도 거듭 가물가물한데, 이는 뭇 미묘함의 문이다.(同謂之玄. 玄之又玄, 衆妙之門.)"라고 하였고, 그래서 "뒤섞여 이루어진 어떤 것이 천지에 앞서 생겼다. 고요하고 적막하게 홀로 서서 변하지 않고, 두루 행하여져 세상의 어미가 되는 것인데, 나는 그것의 이름을 몰라 도(道)라고 부른다.(有物混成, 先天地生, 寂兮寥兮, 獨立不改, 周行而不殆, 可以爲天下母, 吾不知其名, 字之曰道.)"라고 했던 노자의 도 개념을 계승한 것이다.

그런데 노자는 도의 개념에 관해 원리적으로 탐구하는 데에 주력하였다면 양자는 노자의 도 개념이 실제 현실생활에서 개인에게 어떻게 적용될 수 있는가를 살피는 것에 주로 하여서 그의 숙명론, 쾌락설, 위아설 등이 모두 노자 도의 개념으로부터 반영되어 나온 것이다.

(3) 삶과 죽음도 스스로 그러할 뿐

이제껏 삶과 죽음에 대한 질문에 대하여 공자는 죽어서 귀신이 되어 간다는 저세상보다는 지금 살고 있는 이 세상과 인간들에게 충실해야 한다고 말하였고, 노자는 삶과 죽음에 관해서 의미 있는 논의를 아예 하지 않았다. 그런데 양자는 사람이 죽고 사는 문제에 대하여 『열자』 「역명(力命)」편에 다음과 같이 말한다.

> 사람이 죽고 사는 것은 스스로의 명에 따르는 것이요. 가난한 것과 궁핍한 것은 스스로의 시운이다. 일찍 죽는 것을 원망하는 것은 명을 모르는 것이요, 가난한 것과 궁핍한 것을 싫어하는 것은 시운을 모르는 것이다. 죽음에 당하여서 두려워하지 않고, 궁핍하게 되어도 걱정하지 않는 것은 명을 알고 시운에 편안해 하는

것이다.(死生自命也, 貧窮自時也. 怨夭折者, 不知命者也. 怨貧窮者, 不知時者也. 當死不懼, 在窮不戚, 知命安時也.)

『논어』에서 공자는 "쉰 살이 되어서 하늘의 명을 알았다.(五十而知天命.)"라고 하였지만, 양자는 사람이 태어나고 죽는 것이 하늘의 명으로부터 이루어지는 것이라고 하였다. 노자가 말한 것처럼 자연의 일부인 인간도 자연의 변화에 조화롭게 순응해 가야 한다고 했지만, 죽음에 대하여 이토록 초연한 태도를 가질 것을 말하지는 않았다.

한(漢)대 이후 도가로부터 변형되어 종교의 체계를 갖춘 도교(道教)에서는 인간의 죽음을 피하려고 하였다. 이것은 때가 되면 인간은 모두 스스로 죽어야 한다고 하였을 도가와는 상당히 다르다고 할 수 있는데, 양자는 하늘의 명을 스스로 따를 수 있어야 한다고 하여 인간의 죽음에 대하여 숙명론적인 인식을 가지고 있었다.

인간이 인간다울 수 있게 하는 것 가운데 하나가 바로 죽음이랄 수 있는데, 양자는 그 죽음에 대하여 두려워하거나 피하려고 하지 말라고 한다. 왜냐하면 그것들이 모두 원래 정해진 자연의 이치이기 때문이다. 그러므로 오로지 현세의 자신을 소중히 여기고 마음껏 즐겨야 한다는 것이다.

양자는 노자 무위자연 사상의 일단을 계승하여 개인주의적인 입장에서 숙명론, 쾌락설, 위아설 등을 폈다. 특히 양자는 죽음 역시 자연의 이치이니 그대로 받아들여야 하며 그 때문에 정해진 현실에서 운명을 깨닫고, 인생을 마음껏 즐겨야 한다고 했다. 이것이 양자가 숙명론과 쾌락설을 말하게 된 근거이다.

2. 살고 죽는 것은 하늘도 모르거늘

양자는 사람이란 자연의 질서 속에서 태어나고 살다가 죽을 뿐이라고 한다. 그러니 하늘로부터 이미 운명이 주어졌으니 인간은 오로지 묵묵히 하늘의 이치를 따라 살다가 자연으로 돌아가는 것 뿐이라고 한다.

(1) 운명은 이미 정해진 것

『열자』「역명」편에는 인간의 후천적인 노력을 상징하는 '노력[力]'과 이미 결정되어 바꿀 수 없다는 뜻인 '운명[命]'을 의인화하여서 다음과 같이 대화하는 장면이 나온다.

> 노력[力]이 운명[命]에게 "너의 공적이 어찌 나만 하겠는가?"라고 하였다. 운명이 "네 어찌 사물에 공적이 있다고 하여, 나에게 비하고자 하는가?"라고 하자, 노력이 "오래 사느냐, 세상에 이름이 나느냐, 높은 벼슬에 오르느냐, 부자가 되느냐는 내가 할 수 있는 것이다."라고 하였다. … 운명이 "이미 명으로 정해졌으니, 어찌 제재할 수 있겠는가?"라고 하였다.(力謂命曰, 若之功奚若我哉? 命曰, 汝奚功於物, 而欲比朕? 力曰, 壽夭窮達貴賤貧富, 我力之所能也. … 命曰, 旣謂之命, 奈何有制之者邪?)

오늘날 운명이라 하면 이미 정해져서 어찌 변화시킬 수 없는 상태를 말하지만, 본디 '운(運)'은 '운행하다' '변하다'라는 의미이며,

명(命)은 이미 결정된 숙명이라는 뜻이다. 지금 세상에 드러나 있는 모든 현상을 인정하고 따르는 것을 숙명론이라고 할 수 있다. 숙명은 허무주의(虛無主義)나 염세주의(厭世主義)와도 통한다. 양자는 이미 정해졌기 때문에 어쩔 수 없는 것에 대하여 애써 바꿔 보려고 하는 것은 자연스러운 사람의 정서를 해치는 것일 뿐이니, 숙명을 있는 그대로 받아들이자는 것이다.

그러니 오래 살거나 일찍 죽거나, 출세하거나 실패하거나, 귀하거나 비천하거나, 부자이거나 가난하거나 모두 이미 스스로 정해져 있는 것을 운명으로 받아들이고 그대로 미루어 나아가는 것일 뿐이니, 어찌 그러한 줄을 잘 알아서 후천적인 노력을 통해서 바꿀 수 있겠냐는 것이다.

(2) 죽음에 대하여

『열자』「역명」편에는 죽음에 대하여 논의한 다음과 같은 대목도 나온다.

> 살 수 있어서 사는 것은 하늘의 복이요, 죽을 수 있어서 죽는 것도 하늘의 복이다. 살 수 있는데 살지 않으면 하늘이 벌을 내리고, 죽을 수 있는데 죽지 않는 것도 하늘이 벌을 내린다. 살 수 있고 죽을 수 있으니 살아야 하고 죽어야 하는 것이 있다. 살 수 없고 죽을 수 없으니 어떤 것은 죽고 어떤 것은 사는 것이 있다.(可以生而生, 天福也. 可以死而死, 天福也. 可以生而不生, 天罰也. 可以死而不死, 天罰也. 可以生, 可以死, 得生得死, 有矣. 不可以生, 不可以

死, 或死或生, 有矣.)

숙명론을 강하게 긍정하는 양자는 죽음이란 당연히 이미 정해진 운명이니 일찌감치 삶을 어찌 바꿔 보려하지 않고 죽자고 했을 법도 하다. 그렇지만 양자가 허무주의적인 숙명론을 받아들인다고 해서 모두 일찌감치 죽어버리자는 식의 퇴폐적인 허무주의를 말하는 것은 아니다. 이 세상의 삶이 고통스럽지만, 세상 사람들은 모두 살고 싶어서 사는 것이 아니라 어쩔 수 없어서 사는 것이기도 하니, 사람이 아무리 오래 살고자 하나 죽지 않을 수는 없는 것이요, 아무리 바삐 죽으려고 하더라도 살아야만 한다는 것이다. 그러므로 인간은 오로지 스스로 그러한 세상 만물의 질서에 순응하여 살고 죽어야 한다는 것이다.

(3) 삶이란 귀한 것

『열자』「양주」편에 "대체로 삶은 만나기 어려운 것이고, 죽음은 다다르기 쉽다. 만나기 어려운 삶으로써 다다르기 쉬운 죽음을 기다린다는 것을 깊이 생각해서 알 수 있겠는가?(凡生之難遇, 而死之易及. 以難遇之生, 俟易及之死, 可孰念哉?)"라고 하였고, 같은 편에서 다음과 같이 삶과 죽음이란 인간이 어찌 할 수 있는 것이 아니라고도 하였다.

맹손양이 양자에게 "어떤 사람이 여기에 있는데, 삶을 귀중하게 여기고 자신의 몸을 아껴서 죽지 않기를 갈망하는 것이 가능한가요?"라고 물었다. "이치상으로 죽지 않는 것은 없네."라고 하였다. "오래도록 살고자 하는 것은 가능한가요?"라고 하였다. "이치상으로 오래 사는 것은 없네. 삶이란 그것을 귀히 여긴다고 해서 잘 살아갈 수 있는 것도 아니요, 몸이란 그것을 아낀다고 해서 소중해지는 것이 아니네."라고 하였다(孟孫陽問楊子曰, 有人於此, 貴生愛身, 以蘄不死, 可乎? 曰, 理無不死. 以蘄久生, 可乎? 曰, 理無久生. 生非貴之所能存, 身非愛之所能厚.)

유가에서도 인생이란 역시 이 세상에 타고나기 어려운 것이니 인간답게 하는 덕목인 예의를 알고 성정을 닦는 것이 중요하다고 할 것이다. 그런데 양자는 그보다는 차라리 주색(酒色)을 즐기며 욕망을 억압하지 말라고 한다. 그러한 욕망을 억제하는 것에서 고통이 오며 참다운 사람의 면모를 잃게 하기 때문이라고 한다. 그리고 양자는 운명에 대하여 이미 정해져 있으니, 어찌 해보려고 애쓰지 말라고 했으며, 인간의 죽음에 대해서도 역시 자연 만물의 한 운행질서일 뿐이니 당연한 것으로 받아들여야 한다고 한다.

삶 역시 후천적인 노력을 통해서 바뀔 수 있는 것이 아니긴 하지만, 반드시 그렇게 되기 마련이라서 확고하게 정해져 있는 것이 아니니 역시 알 수 없는 것이기도 하다고 했다. 양자는 오로지 인간의 욕망에 따라 하고픈 대로 하는 이가 참다운 인간의 면모를 지키는 것이라고 하였으니, 여기에서 양자 사상의 요체인 위아설과 쾌락주의가 나온 것이다.

3. 오직 나만을 위하여

위아(爲我)와 쾌락(快樂) 역시 양자 사상의 핵심이다. 그런데 자기만을 위한다는 위아나 마음껏 놀고 즐기자는 쾌락은 언뜻 보기에 매우 이기적이며 퇴폐적이라고 할 수 있지만, 반드시 그런 뜻만이 있는 것이 아니라 참으로 어렵게 얻은 인생이니 만큼 매우 귀하기 때문에 욕망에 맡겨 즐기라고 한 것일 뿐이다.

(1) 놀고 즐길 수 있어야

『열자』「양주」편에는 어렵게 얻은 인생이니 역시 마음껏 놀 수 있어야 한다는 쾌락설을 다음과 같이 펴고 있다.

> 양주가 말하기를, "100년은 장수의 최대 한계이다. 100년을 살 수 있는 사람은 1000명 가운데 1명이 안 된다. 설령 한 사람이 있더라도, 갓난아이 때 포대기에 있거나 늙은 때가 그 반을 차지한다. 밤에 자면서 쉬는 시간과 낮에 깨어 있으면서 잃어버리는 시간이 또 그 반을 차지한다. 아프고 슬프고 고통 받으며, 잃기도 하고 걱정하고 두려워하면서 지내는 것이 또 그 반을 차지한다. … 사람이 태어나서 무엇을 할 것이며, 무엇을 즐길 것인가? 오직 맛 나는 음식과 좋은 옷을 위할 뿐이며, 좋은 음악과 여색을 즐길 뿐이다."라고 하였다.(楊朱曰, 百年壽之大齊. 得百年者, 千無一焉. 設有一者, 孩抱以逮昏老, 幾居其半矣. 夜眠之所弭, 晝覺之所遺, 又同居其半矣. 痛疾哀苦, 亡失憂懼, 又幾居其半矣. … 則人之生也奚爲

哉? 奚樂哉? 爲美厚爾, 爲聲色爾.)

사람이 태어나 백세까지 사는 것을 양자는 대제(大齊)라고 하였다 이것은 본래 모두가 함께 한다는 의미에서 대동(大同)이라는 뜻과 같은 것인데, 여기에서는 '최대한의 한계'라는 뜻으로 쓴 것이다.

양자는 여기에서 인생을 즐겨야 하는 이유를 밝히고 있다. 사람이 태어나서 100년을 살 수 있는 이가 1000명 가운데 1명이 없을 수도 있는데, 그 한 사람이 100년을 살아서 장수한다고 해도 그 가운데 진정 행복한 시간은 그 얼마나 되겠는가를 따지면 그 시간은 실제로 얼마 되지 않는다고 한다.

어린 시절 포대기에 있거나 늙어서 거동하지 못하는 시기, 잠자는 시간, 슬프고 괴로운 시간 등을 다 빼고 나면 인생에서 역시 즐거운 때가 얼마나 되겠느냐는 것이다.

그러니 양자는 또 이르기를 "할 수 있는 것은 삶을 즐기는 것이요, 해야 할 것은 몸을 편안케 하는 것이다.(可在樂生, 可在逸身.)"라고 한다. 노자 역시 "몸을 귀하게 여기기를 천하와 같이하면, 이내 천하를 맡길 만하고, 몸을 아끼기를 천하와 같이하면, 이내 천하를 맡길 만하다.(貴以身爲天下者, 乃可以寄天下, 愛以身爲天下者, 乃可以託天下.)"라고 했다. 자기 자신을 귀히 여길 줄 알아야 하는 것이며, 나라와 사회를 위해 자신을 희생하는 것은 반대하는 것이다. 그러므로 양자는 세상 사람들 모두 각자 스스로를 귀히 여길 줄 알아야 세상이 평화로울 수 있다고 한다.

(2) 누구나 소중하니까

양자의 쾌락주의가 아무런 제약도 두지 않고 그저 놀고 즐기기만 하라는 것은 아니다. 『열자』 「양주」편에서 "귀가 듣고 싶은 대로 하고, 눈이 보고 싶은 대로 하고, 코가 맡고 싶은 대로 하고, 입이 말하고 싶은 대로 하고, 몸이 편안히 하고 싶은 대로 하고, 뜻이 가고 싶은 대로 한다.(恣耳之所欲聽, 恣目之所欲視, 恣鼻之所欲向, 恣口之所欲言, 恣體之所欲安, 恣意之所欲行.)"라고 하였듯이, 양자가 자유방임을 추구하는 쾌락주의로 일관하는 듯하지만, 결코 그러한 뜻과 행동이 남에게 피해를 주어서는 안 된다고 한다. 그래서 『열자』 「양주」편에서 다음과 같이 자신의 쾌락이 다른 사람에게 해가 되어서는 안 된다고 한다.

> 사람은 세상 만물의 이치를 닮은 존재이며, 오행의 이치를 가지고 있어서 생명이 있는 것 가운데 가장 영험한 존재이다. 사람이란 … 반드시 다른 사물을 이용해서 삶을 유지하고, 지혜에 의지하지 힘에 의지하지 않는다. 그러므로 지혜롭게 소중히 하는 것으로는 자신을 지키는 것을 귀히 여기며, 힘써 비천하게 여기는 것으로는 다른 사람을 해치는 것을 천하게 여긴다.(人肖天地之類, 懷五常之性, 有生之最靈者人也. 人者, … 必將資物以爲養, 性任智而不恃力. 故智之所貴, 存我爲貴. 力之所賤, 侵物爲賤.)

왜냐하면 나의 삶이 소중한 만큼 다른 사람 삶 역시 소중하기 때문이라는 것이다. 즉 같은 편에서 "본성대로 놀아도 만물이 좋아하는 것에 거스르지 않는다.(從性而遊, 不逆萬物所好.)"라고도 하였다. 이렇듯 양자는 방종과 방탕이 아닌 인간 본연의 욕구를 추구하라는 자유방임적인 자연주의를 옹호하고 있다.

양자는 누구의 삶이든지 그들 삶의 방식을 인정하여 방해하지 말고 그대로 내버려두어야 한다는 것이다. 스스로 그러한 대로 사는 것이 행복하게 사는 것이며, 인생의 성공과 실패는 각자에게 달려 있는 것이라고 주장한다. 그러므로 지나친 탐닉이든 자기 억제는 둘 다 마찬가지로 스스로 그러한 이치를 거스르는 것이고, 남을 돕든 침해하든 간에 남의 일에 끼어드는 것 역시 옳지 않다고 한다.

(3) 절대 이기주의자인가

양자의 쾌락주의는 자기만을 위한다는 이기주의와도 통한다. 『열자』 「양주」편에는 그의 이기주의에 대하여 금자(禽子)와 대담을 나누는 장면이 나온다.

> 금자(禽子)가 양주에게 묻기를, "그대의 몸에서 털 하나를 뽑아서 세상을 구한다면 당신은 하시겠습니까?"라고 하였다. 양자는 "세상은 본디 털 한 올로 구제되는 것이 아니네."라고 했다. 금자가 "가령 구제할 수 있다면, 하시겠습니까?"라고 했다. 양자가 대답하지 않았다.(禽子問楊朱曰, 去子體之一毛, 以濟一世, 汝爲之乎? 楊子曰, 世固非一毛之所濟. 禽子曰, 假濟, 爲之乎? 楊子弗應.)

이것이 양자를 극단적인 이기주의자로 낙인을 찍었다고 할 수 있는 대화 내용이다. 이것을 두고 일찍이 맹자가 "양주는 자기만을 위하는 것을 취한다. 털 한 올을 뽑아 천하를 이롭게 한다고 하더라도 하지 않는다.(楊朱取爲我, 拔一毛而利天下, 不爲也.)"라고 하였고, 『여씨춘추』에서도 "양 선생은 자기를 귀하게 여긴다.(陽生貴己.)"라고 하여, 양자가 극단적인 이기주의자인 것처럼 내몰았다. 대화 끝에서 양자가 대답하지 않은 것은 털 하나를 뽑아서 세상을 구할 수 있는 것도 아닌데, 이기주의자로 알려진 양자를 공격하기 위해서 극단적인 비유를 들었던 것이기 때문에 양자 입장에서는 대답할 가치가 없다고 보았던 것이다.

위의 대화에 이어서 맹손양(孟孫陽)이 양자의 입장을 변호하여 다음과 같이 말하였다.

> 그대는 선생님의 마음을 잘 모르시는군요. 제가 말해보겠습니다. … 털 한 올은 살점만도 못하고, 살점은 뼈마디보다 못한다는 것은 분명합니다. 그러니 털 한 올을 쌓아서 살점을 이루고, 살점을 쌓아서 한 뼈마디를 이루는 것입니다. 한 올의 털은 본디 한 몸에서 만 분의 하나라고 할 수 있지만 어찌 그것을 가벼이 여기겠습니까?(子不達夫子之心, 吾請言之. … 一毛微於肌膚, 肌膚微於一節, 省矣. 然則積一毛以成肌膚, 積肌膚以成一節. 一毛固一體萬分中之一物, 奈何輕之乎?)

이처럼, 양자는 자신의 털 한 올조차도 귀하게 여길 줄 알아야 한다는 것을 강조했던 것이지 그 털 한 올에 목숨이라도 건 것처럼 집착하라는 뜻은 아니었다.

(4) 그냥 놔두면 정치는 저절로

『열자』「양주」편에는 그의 정치사상이라고 할 만한 논의가 다음과 같이 나온다.

> 옛날 분들은 털 하나를 뽑아 세상을 이롭게 하더라도 그렇게 하지 않았다. 천하를 다하여 한 몸을 받드는 것도 하지 않았다. 사람들마다 털 한 올 뽑지 않고, 사람들마다 세상을 이롭게 하려 하지 않는다면 세상은 잘 다스려진다.(古之人, 損一毫利天下, 不與也, 悉天下奉一身, 不取也. 人人不損一毫, 人人不利天下, 天下治矣.)

털 한 올로 세상을 이롭게 할 수는 없는 것이며, 양자는 사람마다 각자의 삶이 그만큼 소중하다는 말을 하고자 해서 한 올의 털이라도 뽑지 않겠다고 예로 들었을 뿐이라고 했는데, 맹자는 거듭 양자를 평하여 "양씨는 자기만을 위하니 임금을 없이 여기는 것이다.(楊氏爲我, 是無君也.)"라고 하여 양자를 거듭 공격하였다. 아예 정치를 하지 말라는 의미에서 보자면 무정부주의라고도 할 수 있겠지만 양자는 소중한 자신을 누구나 각자 잘 소중히 여기되 그만큼 남도 존중해 주어야 한다는 의미에서 그렇게 말한 것이지 맹자가 말했던 것처럼 극단적인 이기주의를 표방하기 위해서 그런 것은 아니라고 보아야 한다.

맹자가 양자와 묵자를 혹독하게 비난한 것만 보더라도, 이들이 당시 한 세대를 풍미했던 것이 틀림없다. 따라서 그들이 살았던 그 시대에는 역시 그럴 만한 이유가 충분했다는 것을 의미하는 것이겠다. 양자 사상의 요체가 숙명론을 근거로 한 위아설과 쾌락설이지만, 그것은 각 개인을 본위로 하되 사회 속에서 다른 사람에는 피해가 주어지지 않으면서 사회 질서를 유지하는 가운데 누려야 한다는 제한이 있는 것이다.

이것들은 모두 노자가 말한 무위자연의 이치를 실천하라는 것과도 통하는 것인데, 양자는 보다 더 현실적이고 개인적인 방면에서 자신의 사상을 발전시켜 나아갔다고 할 수 있다.

열자(列子), 죽음과 저세상을 말하다

人文時代 諸子百家

8. 열자(列子), 죽음과 저세상을 말하다

열자의 생애에 대해서는 알려진 것이 거의 없다. 여러 기록에 나오는 것들을 종합해 보면, 열자는 그 당시 제자백가들과 마찬가지로 많은 제자들을 거느리고 여러 나라를 돌아다니며 제후(諸侯)들에게 유세를 했던 것으로 전해진다. 그는 도가 사상을 신봉한 도가의 주요 인물이었지만, 노자나 장자와 달리 인간의 미래가 인과관계에 의해 결정된다고 한 대목이 독특하다.

1. 열자와 그의 저작

(1) 열자의 생애

장자와 양자에 이어서 도가의 후계자라고 알려진 열자는 그의 생존 연대나 그 밖의 기록들이 남아 있는 것이 분명하지 않은데, 『장자』「소요유(逍遙遊)」편에 다음과 같이 그와 관련된 기술이 보인다.

> 저 열자는 바람을 타고 다녔고, 경쾌하게 나는 모습이 훌륭했다. (한 번 날아가면) 보름이 지난 후에 돌아왔다. 그는 복을 성취하는 것에 대해 급급하게 여기지 않았다. 이는 단지 걷는 것에서는 면하였지만, 여전히 의지하는 것이 있었다. 만약 하늘과 땅의 바른 도리를 타고, 육기(六氣)의 변화를 따르며, 무궁함 속에서 노니는 사람이라면, 그는 장차 무엇에 의지하겠는가!(夫列子御風而行, 泠然善也, 旬有五日而後反. 彼於致福者, 未數數然也. 此雖免乎行, 猶有所待者也. 若夫乘天地之正, 而御六氣之辯, 以遊無窮者, 彼且惡乎待哉!)

여기에서 열자가 육기(六氣)의 변화를 따랐다고 한 것은 기후의 여섯 가지 변화로 맑은 것(陽), 흐린 것(陰), 바람이 부는 것(風), 비가 오는 것(雨), 어두운 것(晦), 밝은 것(明)을 가리킨다. 이와 같은 순수한 기운을 타고 날아 다녔다고 하니 그가 실제로 존재하였는가에 대해서는 이설이 많다.

사마천의 『사기』에도 열자의 전기가 없어서 열자라는 인물이 허구일 것이라는 주장도 있지만, 『장자』에 열자에 관한 언급이 17번이나 나오고, 한(漢)나라 때 유향(劉向)의 주장에 의하면 열자는 이름이 어구(禦寇)이며, 정(鄭)나라 사람으로 서기전 400년 즈음에 활약했다고 한다. 그렇지만 이 기사 내용에서 보듯이 열자가 바람을 타고 다녔다는 식으로 매우 허구적으로 그려져 있는 것을 보면 열자라는 이가 실제로 존재하였는지는 지금까지도 분명하지 않다.

(2) 가난하지만 심지가 굳었던 열자

『장자』「양왕(讓王)」편에도 열자에 관해 언급한 기록이 다음과 같이 나오다.

> 사신이 떠나고, 열자가 들어오니, 그 처가 그를 바라보고는 가슴을 치며, "제가 듣기로 도리를 아는 이의 아내는 모두 안락하게 지낼 수 있다는데, 오늘날 굶주리고 있습니다. 임금이 잘못을 하여서 당신에게 먹을 것을 보냈는데, 당신은 받지 않으시니, 내 어찌 박복하지 않겠습니까?"라고 하였다. 열자가 웃으며 말하기를 "임금 스스로 나를 인정해서 보내 준 것이 아니라 다른 사람 말 때문에 내게 곡식을 보냈다면, 나에게 벌을 내리게 될 경우에도 역시 다른 사람의 말로써 그렇게 할 것이요. 이것이 내가 받지 않은 이유이요."라고 말하였다.(使者去, 子列子入, 其妻望之而拊心曰, 妾聞爲有道者之妻子, 皆得佚樂, 今有飢色. 君過而遺先生食, 先生不受, 豈不命邪! 子列子笑謂之曰, 君非自知我也. 以人之言而遺我粟, 至其罪我也, 又且以人之言, 此吾所以不受也.)

여기에서 열자를 '자열자(子列子)'라고 불렀는데, 흔히 '자(子)'는 존칭의 의미로 붙이는 접미사로서 열자라고 하면 '열 선생님'의 뜻인데, '자열자'라고 한 것은 존칭을 거듭 강조한 것이라고 볼 수 있다. 이처럼 열자를 높였다는 것은 열자가 당시 잘 알려진 선생 가운데 하나였다는 것을 알 수 있다.

이 이야기는 열자가 가난하다는 말을 듣고 정(鄭)나라 자양(子陽)

이 관리를 시켜 곡식을 보냈지만, 그냥 돌려보냈다는 것이다. 이에 열자의 아내가 하소연을 하자, 자신을 진정으로 알아주지 않는 이에게는 아무것도 받을 수 없다는 강직한 열자의 면모를 알 수 있는 대목이다.

앞에서 장자 역시 관리로 임용하고자 한 제의에 대하여 '무용(無用)의 용(用)'을 내세웠던 입장과 사뭇 다르지 않다. 장사꾼이 손님에게 아부하듯이 임금의 권력과 부귀를 얻어내기 위하거나 신하들에게 잘 보이기 위한 것에 이용되어 자신의 본성을 해쳐서는 안 된다고 한 것이 열자의 진정한 속내이다. 열자가 지향하는 바는 도가로서 역시 외부 사물에 제약을 받지 않고 인생에 있어서 자유로이 사유하고 행동하는 것이었기 때문이다.

2. 만물이 나고 죽는 것에 대해서

한(漢)나라 중기에 인도의 불교가 들어오기 전까지 중국에서 죽음에 대한 논의를 본격적으로 다룬 이는 열자 이전에는 없었다. 『열자(列子)』「천서(天瑞)」편에는 그가 죽음에 대하여 어떻게 생각하고 있는지 알 수 있는 대목이 나온다.

> 자공이 "오래 살고자 하는 것은 사람의 심정이고, 죽는 것은 사람이 싫어하는 것입니다. 그대는 죽음을 즐거움으로 여기니 어째서입니까?"라고 물었다. 임류는 "죽는 것과 사는 것은 한번 가고 한번 오는 것이다. 그러므로 어찌 여기에서 죽은 이가 저기에서 태

어나지 않는다고 어찌 알겠는가? 그러므로 나는 그것들이 같지 않다는 것을 알며, 또 억지로 삶을 추구하며 살아가려는 것이 잘못되었다는 것이 아니라는 것을 어찌 알겠는가? 내가 오늘 죽는 것이 어제까지 살았다는 것보다 좋지 않다는 것을 또 어찌 알겠는가?"라고 하였다.(子貢曰, 壽者人之情, 死者人之惡. 子以死爲樂, 何也? 林類曰, 死之與生, 一往一反. 故死於是者, 安知不生於彼? 故吾知其不相若矣, 吾又安知營營而求生非惑乎? 亦又安知吾今之死不愈昔之生乎?)

이 대목은 분명 불가(佛家)의 윤회(輪迴)사상을 말한 것이다. 물론 도가에서도 인간의 삶과 죽음이 자연스러운 조화라고 여기기 때문에 죽음을 피하려고 억지로 무엇을 하고자 하지는 않는다.

불교에서 수레바퀴가 끊임없이 구르는 것과 같이 중생이 번뇌와 업(業)에 의하여 삶과 죽음의 세계를 거듭 돌고 도는 것이라고 말하는 윤회사상이 중국에는 한(漢)나라 이후에 전해졌으니, 아마도 열자에 나오는 이 대목은 한나라 이후 도가사상에 윤회사상이 끼어 든 것이 아닌가 추측을 할 수도 있다.

『열자』「중니(仲尼)」편에서도 "서쪽 사람 가운데 성자가 있는데, 다스리지도 않는데 어지럽지 않고, 말하지 않았는데도 저절로 미덥다.(西方之人, 有聖者焉, 不治而不亂, 不言而自信.)"라고 한 대목이 있는데, 여기에서 '서쪽 사람'이라고 한 것은 마치 석가모니를 일컫는 것으로 역시 불교와 관련이 있는 것이 아닌가 추측할 수 있다. 이 때문에 열자와 그의 학파는 분명 후대 사람에 의해서 형성되었던 것을 제자백가의 일파인 것처럼 꾸며진 것이 아닌가 하는 의심을 받는다.

이처럼 열자가 도가 계열의 한 유파라고 할 수 있다고는 하지만, 그의 사상 내용이 당시 다른 도가계열의 사상 내용과는 매우 다른 면모가 있다는 것이 그의 특징이라고 하겠다. 그 뿐만 아니라 앞 장에서 다룬 양자(楊子)의 사상을 담았다고 알려진 「양주(楊朱)」와 「역명(力命)」편은 양자가 지은 것이라고 인정되는 만큼 『열자』에는 제자백가 당시 여러 사상이 두루 섞여 있다는 것을 알 수 있다.

흔히 도가의 대표적인 저작을 꼽으라면 『노자』와 『장자』 그리고 『열자』를 든다. 그러나 이 세 저작들 모두 실제 저자가 누구인지 정확하지 않다. 특히 『열자』에는 불교와 같이 다양한 학술 사상이 함께 포함하고 있기 때문인데, 열자는 가공인물이며 그의 저작도 후대의 위서(僞書)라고까지 말하는 학자도 있다.

그렇지만 열자를 완전히 가공의 인물이라고 할 수만은 없으며, 다만 열자라는 인물이 장자보다는 앞서 존재했고, 그의 저작인 『열자』에는 이후 제자들에 의해서 여러 가지 사상이 보태어진 것 때문에 그의 저작이 진짜인지 가짜인지가 문제될 뿐이라고 봐야 하겠다.

(1) 세상 모두는 변하기 마련

『열자』 「천서」편에는 세상 만물이 생성되고 변화해 가는 이치를 다음과 같이 기술하였다.

> 생성하는 것과 생성하지 않는 것이 있고, 변화하는 것과 변화하

지 않는 것이 있다. 생성하지 않는 것은 생성하는 것을 생성하게 할 수 있고, 변화하지 않는 것은 변화하는 것을 변화시킬 수 있다. 생성하는 것은 생성하지 않을 수 없고, 변화하는 것은 변화하지 않을 수 없다. 그러므로 늘 생성하고 늘 변화한다. 늘 생성하고 늘 변화하는 것은 생성하지 않은 때가 없으며, 변화하지 않는 때가 없다. 음과 양의 기운이 그렇고, 사계절이 그렇다. (有生不生, 有化不化. 不生者能生生, 不化者能化化. 生者不能不生, 化者不能不化, 故常生常化. 常生常化者, 無時不生, 無時不化. 陰陽爾, 四時爾.)

이것은 우주의 생성이 어떠한 작용에 의해서 생겨나는지를 논의한 대목이다. 이 대목이 「천서(天瑞)」편에 들어 있는데, 천서라는 뜻은 우주의 상서로운 실마리라는 뜻이다. 이 상서로운 실마리의 작용에 의해서 우주에는 변화하지 않는 것은 하나도 없다는 것이며, 이러한 진리만큼은 절대 변화하지 않는다고 덧붙이고 있다.

이것은 마치 노자 『도덕경』 제1장에서 "도를 말할 수 있으면 늘 그러한 도가 아니다.(道可道非常道.)"라고 하였던 것을 풀어서 설명한 것이라고 할 수 있다. 우주 만물의 생성근원인 도란 것 자체를 무어라 일정하게 규정해 두면 그때부터 그것은 본래의 성격을 잃게 되어 더 이상 그것일 수 없다는 뜻이다. 세상 만물이란 것은 항상 변화하는 것으로서 고정되어 변하지 않는 것이 없음을 말한 것이기도 하다. 그러므로 세상에 존재하는 모든 현상은 상대적이라서 대립하는 것조차도 무의미해 진다고 한다.

(2) 우주만물 생성의 연원

열자는 우주만물의 본체인 도(道)라는 것은 생겨나지도 않고 변화하지도 않지만, 현상계의 모든 구체적인 사물들은 생성하기도 하고 변화시킨다고도 보았다. 그래서 『열자』「천서」편에는 모든 사물은 마치 돌고 도는 것과 같다고 하여 다음과 같이 기술하였다.

> 돌고 도는 것은 멈추지 않고 하늘과 땅은 알지 못하는 사이에 움직이는데, 누가 그것을 깨닫는가? 그러므로 사물이 저기에서 덜어지면, 여기에서 차는 것이며, 여기에서 이루어지면, 저기에서 어그러지는 것이다. 덜어지고 차고, 이루어지고 어그러지는 것이니, 때때로 생겨나기도 하고 때때로 없어지기도 한다. 이리저리 서로 연계되어서 그 사이를 살필 수 없는 것인데 그 누가 그것을 깨달을까?(運轉亡已, 天地密移, 疇覺之哉? 故物損於彼者盈於此, 成於此者虧於彼. 損盈成虧, 隨世隨死. 往來相接, 閒不可省, 疇覺之哉?)

우주가 누구의 주재나 간섭 또는 알아채는 이도 없이 끊임없이 생성 변화해 간다는 것을 말하고 있다. 그 뿐만 아니라 조금의 비약이나 파격도 없이 정연한 질서를 가지고 매 순간 순간 생성 변화해 갈 뿐이라고 하니, 인간은 허정(虛靜)한 마음으로 그러한 변화의 질서에 잘 따라야 행복할 수 있다고 한다.

(3) 인생은 나만의 것이 아냐

열자는 개인의 가치가 소중하다고는 하였지만. 그렇다고 해서 혼자 스스로 세상에 존재하는 것은 아니라고 하였다. 『열자』 「천서」 편에는 다음과 같이 기슬하고 있다.

> 내 몸은 나의 소유가 아니니, 누구의 것인가? "하늘과 땅이 내려준 것이다. 삶은 그대의 것이 아니며, 하늘과 땅이 준 조화로운 기운이다. 타고난 성명(性命)도 당신의 것이 아니라 하늘과 땅이 준 자연스러운 기세이다."라고 하였다.(吾身非吾有, 孰有之哉? 曰, 是天地之委形也. 生非汝有, 是天地之委和也. 性命非汝有, 是天地之委順也.)

노자가 무위자연이라고 하였던 것을 열자는 하늘로부터 부여받은 자연스러운 형세라는 뜻으로 '위순(委順)'이라고 하였다. 이 대목에서도 인간이란 우주의 한 개체로서 우주의 생성 변화하는 법칙 가운데에서 태어나고 변화하면서 존재하는 것이기는 하지만 스스로 자신만의 삶을 주재하거나 변화시켜 가는 것이 아니라 인간은 스스로 그러한 질서 속에서 속해 있는 하나일 뿐이라는 것이다. 그러므로 인간은 역시 그러한 질서에 순응할 줄 알아야 한다는 것을 밝힌 것이다.

『열자』 「천서」에는 인간으로 태어나서 즐거운 이유로 몇 가지 조목을 다음과 같이 들었다.

공자가 “선생이 즐기는 것은 무엇입니까?”라고 묻자, 대답하기를, “제 즐거움은 많습니다. 하늘이 만물을 낳았는데, 오로지 사람이 가장 귀합니다. 내가 사람이 될 수 있었다는 이것이 하나의 즐거움입니다. 남녀 간에 구별이 있어서 남자가 존귀하고 여자는 천합니다. 그러므로 남자를 귀하게 여깁니다. 내가 이미 남자가 될 수 있었으니 이것이 둘째 즐거움입니다. 사람이 태어나서 해와 달도 보지 못하고 포대기에 쌓인 채로 죽기도 하는데, 나는 이미 살아온 햇수가 90이나 되었으니 이것이 세 번째 즐거움입니다.”라고 대답하였다.(孔子問曰, 先生所以樂, 何也? 對曰, 吾樂甚多. 天生萬物, 唯人爲貴. 而吾得爲人, 是一樂也. 男女之別, 男尊女卑. 故以男爲貴, 吾旣得爲男矣, 是二樂也. 人生有不見日月不免襁褓者, 吾旣已行年九十矣, 是三樂也.)

이 대목은 인간으로 태어나 그것도 귀하게 대접 받는 남자로서 90의 나이까지 살았다는 것에 기뻐하며 감사하기까지 하다는 것이다. 맹자도 군자삼락(君子三樂)을 말하면서 소박하게 가족의 안녕과 영재들을 키우고자 하는 소박한 삶의 행복을 말한 것과 크게 다르지 않은 듯하다. 그러나 맹자는 자신의 정치적인 이상을 펴지 못한 것에 대해서 스스로 위안하느라 그렇게 말한 것일 뿐이다.

(4) 역시 죽는 것도 나쁠 게 없어

『열자』「천서」편에는 죽음이 사람에게 있어서 최대의 휴식이 된다는 내용이 아래처럼 실려 있다.

> 사람들은 모두 삶의 즐거움만을 알고, 삶의 고통은 모른다. 늙음의 고달픔만을 알고 늙음의 편안함을 모른다. 죽음이 나쁘다는 것만을 알고, 죽음이 휴식이 된다는 것을 모른다.(人胥知生之樂, 未知生之苦. 知老之憊, 未知老之佚. 知死之惡, 未知死之息也.)

얼마나 삶이 고달팠으면 죽음이야말로 휴식과도 같다고 했을까 싶지만, 열자가 삶을 부정하고 죽음을 권장하기 위해서 그런 말을 한 것은 아니다. 다만 이렇듯 죽음이 인간 최대의 휴식처가 될 수 있다는 마음을 가짐으로써 현실에 대한 지나친 집착 때문에 당하는 고통으로부터 벗어날 수 있어야 한다는 것이다. 왜냐하면 열자는 삶 자체는 기쁜 것이라고 말하고 있기 때문이다. 그러므로 열자는 죽음보다는 오히려 삶에 대하여 한층 더 중시하고 있다고 할 수 있다.

이 세상 만물은 항상 생성 변화한다고 한 것이 열자의 도에 관한 요체라고 할 수 있으니, 자연 만물뿐 아니라 인간 자신까지도 역시 태어나고 자라서 그리고 죽어간다는 것이다. 그러므로 인간에게 있어서 가장 큰 슬픔인 죽음조차도 슬퍼할 것이 아니라는 것이다. 왜냐하면 죽음 역시 끊임없이 생성 변화하는 자연의 순환법칙에 의해서 다시 생성되어지는 것이라고 믿기 때문이다.

3. 재미있는 우언(寓言) 모음

도가의 계승자라고 했던 열자의 우언에는 도가의 사상 내용과 맞지 않는 것도 있다. 그래서 더더욱 열자의 실존이 의심을 받기도 하고 열자의 저작 역시 후대의 다른 학술 사상이 많이 포함되어 있다고 하는 이유가 되기도 한다.

그러나 열자 사상의 요체는 도(道)가 모든 자연만물을 생성 변화시킨다는 우주 본체론에 근거하여 사람 역시 태어나서 살다가 죽어 가는 자연물의 한 인자로서 그러한 자연의 원리에 순응할 것을 말하고 있는 것이며, 그러한 원리를 통해서 어려운 현실에 굴복하지 말고 항상 희망을 갖고 살아 갈 것을 일깨워준다.

(1) 기우(杞憂)

> 기(杞)나라에 어떤 이가 있었는데, 하늘과 땅이 무너져서 몸이 둘 데가 없게 될까 두려워서 자고 먹는 일을 그만 두었다. 또 그가 걱정하는 것을 걱정하는 이가 있었다. 그 때문에 그를 깨우치러 가서 이르기를, “하늘은 기운이 쌓여 있을 뿐이다. 기운이 없는 곳이 없다. 몸을 굽히거나 펴고 호흡 같은 것을 하루 내내 허공에서 하더라도, 어찌 무너지겠는가?”라고 하였다. (杞國有人, 憂天地崩墜, 身亡所寄, 廢寢食者. 又有憂彼之所憂者. 因往曉之, 曰, 天積氣耳, 亡處亡氣. 若屈伸呼吸, 終日在天中行止, 奈何崩墜乎?)(『열자』「천서」)

이 이야기는 쓸데없는 걱정을 하는 사람을 탓하는 내용이다. 한편 열자의 우주 생성에 관한 본체론으로서 도를 논한 것과 함께 우주라는 것이 어찌 생겼는가에 대한 생각을 담고 있는 것이 독특하다. 고대 중국인들의 우주관이 하늘은 둥글고 땅은 네모나다는 뜻의 천원지방(天圓地方)이라고 알려져 있는데, 여기에서는 우주가 기운으로 가득 차 있으며, 해, 달, 별 같은 것 역시 뭉쳐진 기운 가운데 빛나는 것이라고 하였다.

(2) 조삼모사(朝三暮四)

> 먼저 그들을 속여 "너희에게 도토리를 주되 아침에 세 개, 저녁에 네 개이면 되겠느냐?"라고 하였다. 뭇 원숭이들이 모두 일어나 화냈다. 좀 있다가 "너희에게 도토리를 주되 아침 네 개, 저녁에 세 개이면 되겠느냐?"라고 했다. 뭇 원숭이들이 모두 엎드리며 기뻐하였다.(先誑之曰, 與若芧, 朝三而暮四, 足乎? 衆狙皆起而怒. 俄而曰, 與若芧, 朝四而暮三, 足乎? 衆狙皆伏而喜.)(『열자』「황제(黃帝)」)

이 말은 오늘날 흔히 상대방을 기만할 때 쓰는 말이다. 아침에 3개를 주고 저녁에 4개를 주는 것이나 아침에 4개를 주고 저녁에 3개를 주는 것이나 다 마찬가지인데, 그것을 가지고 따질 필요는 없다는 것이다. 오늘날 사람들이 세상일에 한편으로 기뻐하였다가 한편으로는 슬퍼하는 것이 어리석다는 것을 일깨우고 있다.

이것은 마치 장자(莊子)가 세상일이란 다 같은 것이라고 하였던 제물론(齊物論)에서 서로 옳으니 그르니 하며 따질 것이 아니라 다 같이 마찬가지인 것으로 보아야 한다는 주장처럼 세상의 옳고 그름은 상대적인 것이며 함께 하나로 돌아가야 한다고 했던 것을 일깨우는 내용이다.

그런데 요새 같이 시간이 경제적인 수익을 결정하는 때에는 일단 4개를 받아 놓는 것이 어찌 되었든 좋다고 할 수 있으니, 그런 사정을 알고 있던 원숭이들이 화를 낸 것이 아닌가 싶기도 하다. 셋과 넷의 차이에서 오는 수익의 차이가 있을 수 있는데다가 저녁에 나머지 4개를 받을 수 있을지 말지 불확실한 상황에서는 더욱 그러할 것이다.

(3) 우공이산(愚公移山)

> 북산의 우공은 길게 탄식하며 "... 비록 내가 죽더라도 아들이 있네. 아들은 또 손자를 낳고, 손자는 또한 아들을 낳네. 아들은 또 아들이 있고, 아들은 또 손자가 있네. 자자손손 끊이지 않을 테지만, 산은 더 이상 커지지 않을 것이니, 어찌 괴로워하고 불평만 하겠는가?"라고 하였다.(北山愚公長息曰, ... 雖我之死, 有子存焉. 子又生孫, 孫又生子. 子又有子, 子又有孫. 子子孫孫, 無窮匱也, 而山不加增, 何苦而不平?)(『열자』「탕문(湯問)」)

끊임없이 노력을 하다보면 언젠가는 이루고자 하는 목적을 이루고야 말 것이라는 내용의 이야기이다. 우리들은 흔히 중국인들을 일컬어서 '만만디'라고 하여 매우 느리고 여유작작한 민족성이 있다고들 하지만, 오늘날 중국인들은 정작 자신들이 이와 같은 불굴의 도전 정신으로 중국 역사와 문화를 발전시켰다는 것을 내세우고자 할 때, 흔히 인용되는 이야기이다.

(4) 과보축일(夸父逐日)

> 과보(夸父)는 제 힘을 헤아리지 않고, 해 그림자를 좇으려 했다. 우곡의 끄트머리까지 쫓아갔다. 목이 말라 물을 마시고자 했다. 하위(河渭)에 달려가 마셨다. 하위의 물이 부족하여 북쪽으로 달려가 큰 못의 물을 마시려고 했다. 도중에 이르지 못하고 목이 말라죽었다.(夸父不量力, 欲追日影, 逐之於隅谷之際. 渴欲得飮, 赴飮河渭. 河渭不足, 將走北飮大澤. 未至道, 渴而死.)(『열자』「탕문(湯問)」)

우공이산과 과보축일 이야기는 유한한 인간의 힘으로 위대한 자연에 맞서 정복하려는 어리석은 이를 비꼬아서 꾸민 이야기라고 하겠다. 그러나 해석하기 나름으로 결국은 죽어갔지만 그것에 굴하지 않고 끝까지 성취해 보고자 했던 불굴의 도전과 정복 정신을 말한 것이라고도 할 수 있다. '지아비 부(夫)'자는 과보(夸父)라는 이름으로 부를 때는 '보'로 읽는다.

명가(名家), 이름을 탐하다

9. 명가(名家), 이름을 탐하다

1. '이름'이 생긴 연원에 대하여

명가에서는 어떤 사물이나 개념을 일컫는 명사인 '이름'을 전문적으로 분석하던 일파라고 할 수 있다. 그런데 이름을 탐구하는 학파라는 의미의 명가가 유가나 도가처럼 그들만의 학술사상이 있는 독립된 학파라고 하기에는 부적절한 측면이 있다.

『설문해자(說文解字)』에서 '이름 명(名)'자를 풀이하기를, "어두워져서 서로 알아보지 못하기 때문에 입으로 스스로 이름을 부르는 것이다.(冥不相見, 故以口自名.)"라고 하였다. 이처럼 이름[名]이란 '저녁 석(夕)'자와 '입 구(口)'가 어우러져 있듯이 인간 사회에서 무엇인가 변별을 해야 할 필요가 생기면서 이름이 생겨났다는 것을 알 수 있다.

다른 동물에 비하여 인간은 사유를 하고, 그 사유한 것을 말로 표현하고, 그 말을 잊지 않기 위해서 문자로 기록하는 과정을 통해서 인류는 사회를 이루고 문화와 문명을 발전시켜 왔다고 할 수 있다. 그러므로 이름은 곧 인류 문명의 발달과 그 궤적을 함께 하는 것이라고 할 수 있다.

인류가 같은 지역에 일정한 사회를 이루고 오랜 세월을 살아가면서 서로 의사소통하기 위해 만들어진 부호체계를 언어라고 할 수 있는데, 고대 중국에서는 황하(黃河)유역에 사람들이 모여 사회를 이루고 사는 가운데 언어가 생겼을 것이라고 추정할 수 있으며, 이어서 문자로 고안된 것이 상(商: 약 B.C. 1600 ~ B.C. 1100)나라 때에 쓰였던 갑골문자(甲骨文字)이다.

그런데 갑골문자는 본래 상나라 통치자들이 자신들 지위의 정통성을 부여받기 위해서 하늘의 제(帝)와 소통하기 위해 점치는 수단이었으며, 인간 사회에서 서로 의사소통을 하기 위해서 만들어진 것이 아니었다. 그러므로 당시의 갑골문자는 신령한 세계와 소통하는 신성한 수단이자 왕권을 지켜주는 도구로 이용되었다. 문자가 인류의 의사소통 수단이 되기 시작한 것은 인문의 시대를 열었다고 할 수 있는 주(周, B.C. 1046 ~ B.C. 221)나라 때에 이르러서야 일반화되었다고 할 수 있다.

새로운 시대를 맞은 주 왕조가 그들 나름의 정통성을 세우기 위해서 하늘에 대한 개념을 다시 정립하는 신성한 작업을 진행하였던 것처럼, 주나라 후반기인 춘추전국시기에 다다르면 세상이 혼란해지는 것과 함께 민간에서도 다양한 방면으로 새로운 시대 이념이 나타났으니, 그러한 시대 경향을 이끈 것은 이른바 제자백가라고 불리는 당시 정치적인 성향이 강했던 지식인들이었다.

특히 주나라 후기는 춘추와 전국시대로 진입하면서 정치적으로나 사회적으로 대변혁을 겪게 되었다. 이런 상황에서 중앙 조정이나 지방 제후들의 문물이나 제도는 물론 일반 백성들의 생활과 관련된 의식이나 개념에서부터 사물의 명칭에 이르기까지 급격한 변화가 일어나게 되었다. 즉, 원래 있었던 개념이나 명칭이 새로운 현실에 부합하지 않는 상황들이 흔히 나타나게 되었다.

이들에 의해서 중국에 말을 어떻게 해야 자신의 생각을 남에게 정확하게 전달될 수 있는지를 궁구하는 수사의 관념이 생겨났다. 수사(修辭)는 '말을 꾸민다.'는 뜻이니, 수사학이란 '말을 꾸미는 것에 대해 연구하는 학문'이라는 뜻이다. 고대 중국에서 수사라는 용어를 처음으로 언급한 것은 『주역(周易)』「건괘(乾卦)」에서 "말을 꾸미는 것은 진실을 세워 자신의 업무에 충실히 한다.(修辭立其誠, 所以居業也.)"라고 한 것이나 남조(南朝) 양(梁)나라 문학이론가인 유협(劉勰)이 『문심조룡(文心雕龍)』「축맹(祝盟)」편에서 "글을 꾸며 말을 할 때에는 성의를 다하여 부끄러움이 없도록 해야 한다.(修辭立誠, 在于無愧.)"라고 한 것을 보더라도 수사란 초보적인 의미에서 '글을 짓는다'는 뜻으로 쓴 것이다.

2. 제자백가와 명가

고대 중국 최초의 왕조국가인 상나라를 이은 주나라는 이른바 고대 중국에서 인문의 시대를 열었다고 할 수 있는 만큼 언어와 문자가 인간의 생각을 표현하는 역할을 맡기 시작하였으며, 인간사회에서 의사소통을 하는 도구로 본격적으로 발전하였다고 할 수 있다. 특히 주나라 후반기인 춘추와 전국시대에 이르자 제자백가들이 나타나 자신들의 학술사상을 정립하여 지식을 널리 보급하고 또 그것을 정치 방면에까지 적용시키고자 노력하였다.

그렇기 때문에 춘추전국시대 이전까지는 지배층의 전유물이었던 언어와 문자에 대한 일반인들의 수요가 급격하게 확산되던 시대였으며, 당시 새로운 지식계층인 제자백가들은 말을 어떻게 해야 하고, 글을 어떻게 써야 자신의 생각을 제대로 옮길 수 있는지를 본격적으로 궁리하였다.

제자백가 자신들이 당시 각 제후국을 돌아다니면서 자신들의 이상적인 정치사상을 각국의 군주들에게 설파하기 위해서 온갖 수사적인 논변(論辯)을 펼쳤다. 그들 제자백가 가운데 대표적인 인물이 공자와 맹자이다. 오늘날 우리들은 그들을 사상가로 기억하고 있다. 그렇지만 그들은 주유천하(周遊天下)하면서 자신들의 이상적인 정치사상이었던 인(仁)을 설파하며 최종적으로 지향했던 것은 치국평천하(治國平天下)를 이루고자 했던 정치인이었고, 그것을 이루지 못하자 고향에 돌아와 제자들을 키우며 저술활동을 하다가 인생을 마쳤던 교육가들이었다.

공자나 맹자를 비롯한 당시 대개의 제자백가들도 그러한 삶을 살았다. 『논어』와 『맹자』를 비롯한 당시 제자백가들의 주요 저작들이 대체로 왕이나 제자들과 나눈 대화록이라는 점만 보더라도 당시 제자백가들은 말과 글을 어떻게 구사해야 자신들의 주의주장을 받아들여 줄 것인지에 대하여 궁리하였던 변론가(辯論家)라고도 볼 수 있다.

이와 같은 노력의 과정을 통해서 고대 중국에서 수사학이 비로소 형성되고 발전하게 되었으며, 제자백가들의 그러한 활동이 당시 사회에서 인간 중심의 문화를 확대하는 계기가 되었다고 평가할 수 있다. 춘추전국시대 제자백가들 수사의식의 주요한 특징 가운데 하나가 말보다는 글을 쓰는 것에 좀 더 치중하였다는 점이다.

이것은 중국의 역사 문화와 긴밀한 관계를 가지고 있다. 중국의 자연환경이 대륙이면서 다른 세계와 비교적 단절되어 있는 농경사회라는 점, 그로부터 일정한 지역에 정착생활을 하기 때문에 절대 왕권의 전제정치가 가능하였고, 소통되는 문자가 표의문자(表意文字)로서 한자(漢字)가 유통되었다는 점 등이 말보다는 글쓰기가 우선시 될 수밖에 없는 문화적 환경에 처해 있었다.

그래서 그들 제자백가의 주의주장은 자연의 이치나 자연현상에 대하여 순응하는 것을 주류로 삼고 있으며, 그들의 말과 글의 수사 경향에는 자연물을 빗대어서 자신의 주의나 주장을 내세우는 경우가 많았다. 자연물 가운데에서도 특히 하늘, 산, 물, 나무 등을 비유의 수단으로 삼아 거론하는 경우가 많았다.

춘추전국시대 제자백가들의 관심 대상이 자연계에서 인간 사회로 옮겨가던 때였지만, 제자백가들은 여전히 자연계로부터 관심과 시선을 완전히 거두지 못하였다.

이처럼 춘추전국시대 제자백가들의 자연과 사회에 대한 의식이 변화하는 추이 속에서 언어와 문자가 인간 사회에서 인간들끼리 소통하는 수단으로 쓰이게 되었다고 할 수 있으며, 이로부터 이름을 궁구하는 명가도 탄생하게 되었다고 할 수 있다.

3. 유가(儒家)에서의 이름[名]

유가와 도가 모두 언어와 문자가 그들의 사상과 이념을 제대로 옮길 수 있다고는 여기지 않았다. 『주역(周易)』에서 "글은 말을 다 나타내지 못하고, 말은 생각을 다 표현할 수 없다.(書不盡言, 言不盡意.)"라고 한 것처럼, 유가에서 글이란 할 말을 정확하게 다 표현할 수 없으며, 말은 자신의 뜻을 다 드러낼 수 없는 것이라고 여겼다.

게다가 공자는 『논어』 「양화(陽貨)」편에서 "하늘이 어찌 말을 하더냐? 사계절이 운행하고, 만물이 나거늘, 하늘이 어찌 말을 하더냐?(天何言哉? 四時行焉, 百物生焉, 天何言哉?)"라고 하여, 세상에서 시간은 그저 흐르고 만물이 나고 자라는 것일 뿐이지, 하늘이 그러한 사정을 하나하나 말로 무어라 표현하지는 않는다고 하였다. 이처럼 말과 글이 세상 만물의 이치를 제대로 펼 수 없다고 여긴 공자는 그의 사상 주장을 펴는 데에 매우 곤란한 처지에 스스로 빠져 버린 형편이었다고 할 수 있다. 왜냐하면 공자 자신은 하늘의 운행 원리를 잘 살펴서 그 이치를 꿰어 세상에 밝히며, 그러한 이치대로 사람들을 이끌어서 올바른 세상을 실현하고자 하는 것을 자신의 임무로 여기고 있었는데, 자신이 밝혀야 하는 하늘의 이치라는 것이 아무런 말도 하지 않을 뿐더러 자신이 표현할 수 있는 수단인 말과 글이 태생적으로 자신의 논의와 주장을 제대로 다 표현할 수 없는 불완전한 것이라는 결론을 내렸기 때문이다.

게다가 『논어』에는 말만 잘하는 것을 경계하는 어구들이 많다. "교묘한 말과 곱게 꾸민 얼굴빛에는 어짐이 드물다.(巧言令色, 鮮矣

仁.)"(「학이(學而)」), "그 나머지 것 말하기를 신중히 하면 허물이 적다.(愼言其餘, 則寡尤.)" (「위정(爲政)」), "군자는 말하는 것은 어눌하게 하고, 행동은 민첩하고자 한다.(君子欲訥於言而敏於行.)"(「이인(里仁)」), "교할한 말은 덕을 어지럽힌다.(巧言亂德.)"(「위령공(衛靈公)」) 등만 보더라도 공자가 말하는 것에 대하여 얼마나 경계하였는지 알 수 있다.

그렇기 때문에 공자는 "말은 뜻을 전달할 뿐이다.(辭達而已矣.)"라고 하여서 말이란 그저 자신의 뜻을 전하기만 하면 된다고도 하였다. 이러한 공자의 말을 미루어 보아, 공자에게 말이나 문자 혹은 수사에 대한 인식이 아예 없는 것이 아닌가 오해할 수도 있지만, 공자가 꺼린 것은 진실 되지 않고 믿음이 없는 말이지, 말 자체의 효용성을 부정한 것은 아니다.

그래서 『논어』의 맨 마지막 장인 「요왈(堯曰)」편 맨 마지막 구절에서 "말하는 것을 알지 못하면 사람을 알 수 없다.(不知言, 無以知人也.)"라고 한 것이나, 『좌전(左傳)』 양공(襄公) 23년 조에서 "말을 꾸미지 않으면 말을 하더라도 멀리까지 행해지지 못한다.(言之無文, 行而不遠.)"라고 하여서 공자 역시 말과 글의 효용성과 그것을 효과적으로 꾸밀 필요성을 인정하였다고 보아야 한다.

공자의 유가학파는 특히 학문 지식을 널리 보급하기 위한 수단으로서 언어와 문자의 사용능력을 중시하였고, 이를 계기로 이전까지는 지배층 몇 사람만이 독점하던 학문 지식의 보급이 민간으로까지 확대되기 시작하였다. 특히 유가학파에서는 말을 어떻게 해야 하고 글을 어떻게 써야 자신의 생각을 제대로 옮길 수 있는지를 본격적으로 궁리하였다는 점은 인정할 수 있다.

『논어』「자로(子路)」편에 제자인 자로가 공자에게 혹시라도 정사를 맡게 되면 무엇을 가장 먼저 하시겠냐고 여쭙자, 공자는 "반드시 이름을 바르게 하겠다!(必也正名乎!)"라고 대답하고는, 이어서 "이름이 바르지 못하면, 말이 이치에 닿지 못한다. 말이 이치에 닿지 못하면, 일이 이루어지지 않는다.(名不正, 則言不順. 言不順, 則事不成.)"라고 하였다. 「안연(顔淵)」편에서도 공자는 "임금은 임금답고, 신하는 신하답고, 아비는 아비답고, 자식은 자식다운 것(君君, 臣臣, 父父, 子子.)"이 세상을 바르게 다스리는 정치의 근본이라고 하였다.

이것이 이른바 '이름을 바르게 한다.'는 정명론(正名論)으로서 공자 정치사상의 이념을 설파한 것이다. 사회구성원 각자에게 주어지는 자신의 이름[名]에 걸맞게 행동하는 것이야말로 세상이 바르게 다스려지는 바탕이 되는 것이라고 한 것이다. 당시 극도로 혼란한 시대 상황에서 개인적으로는 부모 자식 간에, 나라에서는 왕과 신하 사이에 걸맞은 명분(名分)을 다하는 것이야말로 진정 사회를 이상적으로 이끌어가는 것이라고 보았던 것이다.

4. 도가에서의 이름

노자의 도가에서도 본디 언어와 문자가 불완전한 속성을 가지고 있다고 여겼다. 『도덕경(道德經)』 1장에서 우주 만물의 이치인 도(道)의 속성을 밝히면서 "도를 말할 수 있으면, 항상된 도가 아니다. 이름을 이름할 수 있으면 항상된 이름이 아니다.(道可道, 非常

道. 名可名, 非常名.)"라고 하였다.

이것은 본디 우주만물의 생성 근원인 도가 변화하는 속성을 가지고 있다는 것을 설명한 것이며, 아울러서 인간의 언어와 문자는 무엇이든 특정하게 규정할 수 없는 한계를 가지고 있다는 것을 말한 것이기도 하다.

즉 인위적으로 무엇인가를 규정지으려 하는 것은 모두 헛된 것이기 때문에 애써서 무엇인가를 표현하려는 작업 역시 쓸모가 없다고 한 것이다. 그래서 우주 만물의 이면에는 그것을 작동하는 무엇인가 특정한 원리가 있을 것이라고 추정은 할 수 있지만, 노자는 그것이 정작 무엇인지를 분명하게 일컬을 수 없었기 때문에 그것을 '간다' 혹은 '움직인다'는 의미의 도(道)라고 명명하였던 것이며, 그것 역시 절대불변의 고정적인 가치개념이 아니라고 하였다.

노자는 『도덕경』 12장에서 "온갖 소리는 사람의 귀를 멀게 한다.(五音令人耳聾.)"라고 하였으니, 눈으로 볼 수 있는 현상 세계나 입으로 표현할 수 있는 인위적인 온갖 소리 역시 사람의 눈과 귀를 멀게 할 뿐이라고 하여서 문학이나 미술 음악과 같은 문예의 존재에 대한 무용론을 펴기까지 하였다. 그래서 노자는 성인(聖人)은 "말로 하지 않는 가르침을 행하며(行不言之敎.)"(『도덕경』 2장), "지혜로운 자는 말하지 않는다.(知者不言.)"(『도덕경』 56장)라고 하였던 것이다. 이처럼 노자의 도가에서는 근본적으로 말과 글의 작용을 부정하는 역설적인 주장을 펴고 있다.

유가에서 추구하는 '바른 이름'이라는 것이 이미 기득권을 차지하고 있는 왕다운 왕, 신하다운 신하만을 추구하는 것이라면 세상을 지배하는 계급은 늘 기득권을 차지하고 백성들은 늘 세상 밑바

닥에 처박혀 있으라는 말과 다름이 없다고도 할 수 있다.

유가에서 말하는 정명론은 기득 권력을 지켜주는 이념으로서 지배계급에게 환영을 받았던 것이라면, 노자는 세상 문물이나 제도와 같은 인위적인 문명이 오히려 인간 사회의 모든 재난을 일으키는 근원이라고 여겼다. 노자는 인간에게 지혜도 욕심도 없애고, 인위적으로 무엇인가를 하지 않지만 세상일 모두가 잘 다스려지는 '무위의 다스림(無爲而治)'을 실현해야 한다고 했다.

그러므로 노자의 도가사상은 그렇듯 세상에 이미 지어진 이름은 절대적으로 확정된 것이 아니라고 하여 당시 억압받던 보통 백성들에게 그들의 처지가 변할 수 있다는 위로와 희망이 될 수 있었던 것이다.

이처럼 공자나 노자 모두 하늘의 이치를 확연히 알 수도 없고, 인간의 생각을 언어와 문자로 분명하게 표현해낼 수도 없다고 하였으면서 공자는 어째서 수많은 유가의 전적을 정리하였던 것이며, 또 노자는 세상을 등지고 떠나면서까지 당시 관(關)을 지키는 관리였던 윤희(尹喜)에게 자신의 사상을 결집한 5,000자의 글을 지어주고 떠난 이유는 무엇일까?

이것은 그들이 언어와 문자의 작용에 대하여 부정적인 생각을 가지고는 있었지만, 당시 세상 모든 이에게 꼭 일러주고 싶었던 간절한 무엇인가가 있었던 사정 때문이라고 할 수 있다. 이것이 시대의 거울이며 등불이 되어야 하는 성인(聖人)으로서 역사에 대한 의무라고 여겼다고도 볼 수 있다.

유가와 도가학파는 당시 제자백가의 두 주류로서 우주만물에 스며있는 이치를 궁구해 내고, 언어와 문자로 그것을 형상화하여 세상에 알리고자 했던 것인데, 이 또한 만족스러울 수 없었기 때문에 세상에 좀 더 효율적으로 알리고자 하였으며, 이러한 정황으로부터 춘추전국시대 당시에 이름의 탐구와 수사의식이 비로소 형성되었던 것이라고 볼 수 있다.

5. 명가의 탄생

춘추전국시대의 격변기를 지나면서 제자백가의 다양한 사상 논쟁이 활발히 전개되는 가운데 명사와 개념의 연구를 전문으로 하는 명변학(名辯學)이라는 학술사상이 발달하기 시작했다. 이들에 앞서 공자의 유가나 노자의 도가학파 등에서도 그들의 사상 이념을 궁구하기 위한 '이름'을 규정하려는 시도가 있었다고 하였지만, 이제는 전문적으로 이름을 탐구하는 유파로서 명가(名家)가 나타나서 세상 사람들의 인식이나 개념 또는 논리에 관하여 추상적인 논변을 펼치기 시작하였다.

명가 역시 제자백가의 하나로서 본래는 말을 조리 있게 하는 사람이라는 의미에서 전국시대까지는 '변자(辯者)'라고 불리다가 한(漢)나라 때 사마담(司馬談)의 「논육가요지(論六家要旨)」나 반고(班固)의 『한서(漢書)』 「예문지(藝文志)」에서 명가(名家)라는 학파의 이름을 쓰기 시작하였다. 공자의 유가가 유자들의 학파라는 의미이고 노자의 도가가 도(道)의 원리를 궁구한 학파라는 뜻인 것처럼, 명가에서는 어떤 사물이나 개념을 일컫는 명사인 이름을 전문적으로 분석하던 일파라고 할 수 있다.

그런데 유가이건 도가이건 각 학파마다 그들만의 사상과 주장들 역시 모두 특정한 이름이나 개념 정의로부터 시작하는 것인 만큼 이름을 탐구하는 학파라는 의미의 명가가 독립된 그룹을 형성하고 있었다고 할 수는 없었다. 그래서인지 청(淸)나라 때 편찬한 『사고전서(四庫全書)』에서는 명가를 잡가(雜家)로 분류하고 있다.

명가에서도 당시 사회의 혼란이 이름과 실질이 일치하지 못한 데에 기인한 것으로 보고, 정치적으로도 '이름[名]과 실질[實]'의 관계를 바로잡아서 당시 사회의 질서를 온전하게 회복해야 한다는 명실합일(名實合一)의 이상을 제시하였다.

이처럼 명가는 이름과 실질의 상관관계를 탐구하는 데에 이론적 관심을 두었는데, 명가로 잘 알려진 이로는 사물 개념의 차이를 상대적으로 인식하여 같음과 다름을 합쳐서 본다는 의미의 '합동이(合同異)'설을 내놓은 혜시(惠施)와 개념을 사물로부터 분리하는 '이견백(離堅白)'을 주장하였던 공손룡(公孫龍) 등이 대표적인 인물로 꼽힌다.

혜시는 전국(戰國)시대 송(宋)나라 사람으로 대략 기원전 4세기 즈음에 살았을 것이라고 추정하고 있다. 오늘날 그의 저술이 전해지는 것은 없지만, 그의 친구였던 장자(莊子)와 관련된 일화와 사상의 일부 내용이 전해지고 있다.

『장자(莊子)』「천하(天下)」편에는 "혜시가 박학다식하여 재주가 많았으며, 수레 다섯 대 분량의 책을 가지고 있었다.(惠施多方其書五車.)"라고 하였다. 혜시는 10가지 역설적인 명제인 역물십사(歷物十事) 등을 통해서 사물에 대한 인식의 상대성을 강조하였다.

10가지 명제 가운데에서 "두께가 없는 것은 쌓을 수 없다. 그러나 그 크기는 천 리나 된다.(無厚, 不可積也. 其大千里.)", "하늘은 땅과 같이 낮고, 산은 못과 같이 평평하다.(天與地卑, 山與澤平.)", "남쪽은 끝이 없으면서 끝이 있다.(南方無窮而有窮.)", "나는 세상의 중앙을 안다. 연나라의 북쪽이면서 월나라 남쪽이 바로 거기이다.(我知天下之中央, 燕之北越之南是也.)"라고 한 것들은 공간상에 있어서 상대성을 말한 것이고, "해는 하늘 한가운데 떠있게 되면 곧 저무는 것이고, 만물은 막 태어나면서 죽기 시작하는 것이다.(日方中方睨, 物方生方死.)", "오늘 월나라에 갔는데, 어제 도착하였다.(今日適越而夕來.)"라고 한 것은 시간상에서의 상대성을 말한 것이다.

그리고 "가장 큰 것은 밖이 없으며, 가장 작은 것은 안이 없다.(至大無外, 至小無內)"라고 한 것이나, "만물은 모두 같으면서 모두 다르기도 하다. 이것을 대동이(大同異)라고 한다.(萬物畢同畢異, 此之謂大同異.)"라고 하였는데, 이것들은 모든 사물이 보는 입장에 따라서 같을 수도 다를 수도 있다는 인식의 상대성을 강조하고 있는 것으로 공간적으로나 시간적으로 절대적인 분별의 기준은 없다는 것이다. 즉, 세상 만물은 하나하나가 다른 존재처럼 보이지만, 무한한 시간과 공간 속에서 하나로 통합되어 있다는 것이다.

한편, 공손룡(公孫龍)은 월(越)나라 사람으로 혜시보다 약간 뒤에 생존했던 것으로 보이며, 저술로 『공손룡자(公孫龍子)』가 오늘날까지 남아 있는데, 이 가운데 백마론(白馬論)과 견백론(堅白論)이 잘 알려져 있다.

백마론이란, 말이라는 것은 형태를 가리키는 것이고, 희다는 것은 빛깔을 가리키는 것이니, 빛깔을 가리킨 것은 형태를 가리키는 것이 아니기 때문에 "흰 말은 말이 아니다.(白馬非馬.)"라는 것이다. 즉 말이라는 용어의 외연(外延)에는 어떠한 색도 언급되어 있지 않지만, 흰 말이라는 용어의 외연에는 '희다'라는 색깔만을 한정하고 있기 때문에 흰 말은 말이 아니라는 논리이다.

견백론이란, 희고 딱딱한 돌을 예로 들어서 우리가 돌을 눈으로 볼 때에는 단지 희다는 것만을 알 수 있으며, 손으로 돌을 만지면 단지 딱딱하다는 것만을 느낄 수 있기 때문에 인식론적으로 하나의 흰 돌 혹은 딱딱한 돌이 있을 뿐이지, 희면서 딱딱한 돌은 없다는 것이다. 혜시가 같음과 다름의 구분은 그저 상대적인 인식의 차이에서 나오는 것이라고 여긴 것에 비하여 공손룡은 이름과 실질을 나누어서 엄격하게 논리적으로 분석하여 구분하려고 하였다.

이들 명가 역시 춘추전국시대의 혼란기에 이름을 탐구하는 것을 통해서 안정된 사회 현실을 이루고자 하였으며, 일부는 오늘날의 변호사처럼 민간에서 일어나는 분쟁을 조정하는 역할을 하기도 하였다.

명가에 관한 재미있는 일화 한 토막이 『여씨춘추(呂氏春秋)』「심응람(審應覽)」 제6편에 다음과 같은 이야기가 나온다.

> 정나라 어떤 부자가 물에 빠져 죽었다. 어떤 이가 시신을 건졌다. 부잣집에서는 그에게 대가를 치르겠으니 시신을 달라고 요청하였다. 그 사람이 요구한 돈이 매우 많았기 때문에 등석에게 가서 의논하였다. 등석은 가만히 있으라고 하였다. 그 사람은 분명 어디에도 시신을 팔 수 없기 때문이라고 하였다. 시신을 건진 이도 걱정하여 등석에게 가서 의논하였다. 등석은 또 그에게 대답하기

를, 가만히 있으라고 하였다. 이것은 분명 달리 살 곳이 없기 때문이라고 하였다.(鄭之富人有溺者. 人得其死者. 富人請贖之, 其人求金甚多, 以告鄧析. 鄧析曰, 安之. 人必莫之賣矣. 得死者患之, 以告鄧析. 鄧析又答之曰, 安之. 此必無所更買矣.)

여기에 나오는 등석(鄧析)은 춘추시기 정(鄭)나라 사람으로 이와 같은 이들이 당시 명가의 변론가(辯論家)이다. 당시 변론가들이 민간에서 벌어진 분쟁을 해결하면서 얼마나 많은 수수료를 챙겼는지는 자세히 알려져 있지 않다. 오늘날 사회가 점점 더 복잡해질수록 사람들끼리 다툴 일 역시 점점 늘어만 가는데, 이른바 변호사라는 이들이 분쟁을 해결해 준다면서 때로는 자신들의 잇속을 챙기기 위해서 오히려 분란을 더 조장하거나 자신의 그러한 능력을 빌미로 정치권력에 기웃거리는 일이 잦은 것은 아무래도 볼썽사납기만 하다.

『열자(列子)』에도 그가 정(鄭)나라 사람들에게 송사(訟事)를 부추기는 것을 일삼아 국정을 문란하게 하였고, 또한 자주 자산(子産)의 정치를 비난해서 처벌을 받았다는 기록이 있으며, 『회남자(淮南子)』에는 그가 능란한 솜씨로 언변을 놀려서 법을 어지럽게 하였다는 등 그의 행적을 부정적으로 기록한 것들이 여럿 있다.

한편, 명가의 사상내용에 고대 그리스의 소피스트(Sophists, 詭辯學派) 사상과도 유사한 대목이 있는 것은 매우 흥미롭다. 『장자』 「천하(天下)」편에는 "날아가는 새의 그림자는 움직이지 않았다.(飛鳥之景未嘗動也.)"라고 한 것이나, "한 자 길이의 채찍을 매일 반씩 잘라 버리더라도 영원히 다 자를 수 없다.(一尺之捶, 日取其半, 萬

世不竭.)”라는 가설은 시간과 공간을 분리하여 인식의 상대성을 강조한 점에서 기원전 5세기 경 그리스 철학자 제논(Zenon)의 역설(逆說) 가운데 아킬레스는 먼저 출발한 거북이를 결코 따라잡을 수 없다고 한 ‘아킬레스와 거북이의 역설(Achilles and the tortoise paradox)’이나 날아가는 화살은 찰나의 순간 특정한 지점에 멈춰 있는 것이라고 한 ‘화살의 역설(Arrow paradox)’과도 매우 유사하다는 점이 흥미롭다.

『공손룡자(公孫龍子)』「통변론(通變論)」편에는 ‘닭의 발이 셋(鷄三足)’이라는 논제가 있다. 왜냐하면 닭에 발이 있다고 말하는 추상적인 개념이 하나이고, 실제로 닭의 발을 세어보면 구체적인 발이 둘 있으니, 그들을 합하면 닭의 발은 셋이라는 것이다. 이처럼 명가의 논증에는 그른 것을 옳다고 하고 옳은 것을 그르다고 하는 터무니없는 궤변 같은 것도 있어서 『순자』「해폐(解蔽)」편에서는 그들이 오로지 언어에 가려서 개념상의 궤변만 추구하느라 실제 정황은 제대로 파악하지 못하고 있다고 비판하였고, 공손룡의 ‘백마비마론’은 후세까지도 궤변의 대명사처럼 여겨져서 비판을 받아 왔다.

그렇지만 명가는 다양한 비유를 통해서 인식의 상대성과 제한성을 강조하고 현실 경험에 기초한 고정관념과 편견을 극복하려 하였으며, 눈에 보이는 현실에 집착하는 성향이 강한 고대 중국 학계에서 논리적이고 분석적인 철학적 방법론을 발달시켰으며, 이러한 과정을 통해서 “이름과 실질의 관계를 바로잡아 천하를 바로잡으려고 했다.(正名實而化天下焉.)”라는 점은 인정해야 할 것이다.

순자(荀子), 인간이 배워야 하는 이유를 말하다

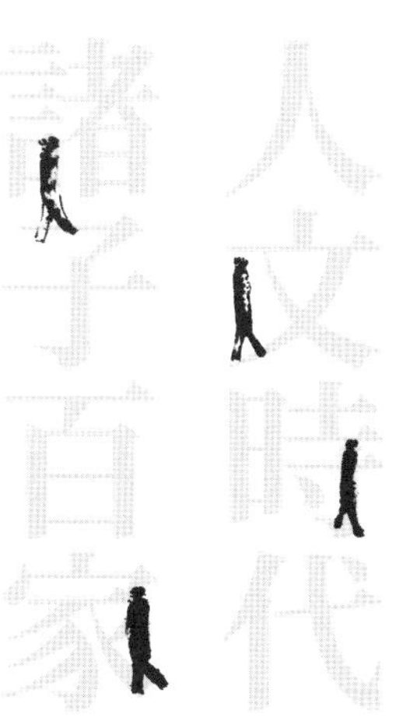

10. 순자(荀子), 인간이 배워야 하는 이유를 말하다

순자는 전국시대 말기 유학자로서 공자 사상을 가다듬고 체계화하여 이후 유학사상이 2,000년 이상 중국에서 정통으로 남아 있을 수 있도록 공헌하였다고 할 수 있다. 그러나 송대(宋代) 이후의 유학자들은 그가 인간의 본성이 악하다고 하였고, 이사(李斯)와 한비자(韓非子)가 그의 제자였으며, 특히 한비자의 법가가 진시황제의 중국통일에 이념적 토대가 되었고, 분서갱유(焚書坑儒) 등 유가를 탄압하였다는 이유 때문에 그를 부정적으로 보게 되었다.

1. 유가 학파의 계승자로서 순자

공자 학파의 계승자라고 자처하였던 순자는 송대(宋代) 이전까지는 사상계에 확고한 영향력이 있었는데, 주자(朱子)가 『맹자』를 사서(四書)에 편입하면서 형세가 역전되었다. 게다가 순자가 성악설

(性惡說)을 주장하고, 마치 유가의 이단자인 것처럼 낙인이 찍혀있지만, 순자의 사상이야말로 진보적이며 논리적인 입장에서 당시까지의 여러 사상을 아우르고 있는 만큼 오늘날까지도 깊이 되새겨 볼 만한 대목을 많이 담고 있다.

(1) 최고의 학자로서 순자

『사기』「순경(荀卿)열전」에는 순자의 전기가 다음과 같이 기술되어 있다.

> 순경(荀卿)은 조(趙)나라 사람으로서 나이 50세가 되어서야 비로소 제나라에 가서 공부를 하였다. … 제나라 양왕 시절에 순경은 최고의 스승이 되었다. … 순경은 거기에서 세 번 좨주가 되었다. 제나라 사람 가운데 누군가 순경을 모함하자, 순경은 바로 초나라로 갔고, 춘신군이 그를 난릉(蘭陵)의 령(令)으로 삼았다. 춘신군이 죽자 순경도 자리에서 물러났다. 이 때문에 그는 난릉에 거처를 정했다. … 그리하여 난릉에 장사지냈다.(荀卿, 趙人. 年五十始來遊學於齊. … 齊襄王時而荀卿最爲老師. … 荀卿三爲祭酒焉. 齊人或讒荀卿, 荀卿乃適楚, 而春申君以爲蘭陵令. 春申君死而荀卿廢, 因家蘭陵, … 因葬蘭陵.)

여기에서 순경(荀卿)은 순자를 존칭하여 부르는 이름이며, 그가 3번이나 좨주(祭酒)가 되었다고 하였는데, 좨주는 나라의 연회나 제사를 주관하는 원로를 말한다. 이때 제(祭)자는 '좨'로 읽는다.

순자의 행적에 관해서는 『사기』에 매우 간략하게 전할 뿐이다. 나중에 초(楚)나라의 춘신군(春申君)의 천거로 난릉(蘭陵)의 수령이 되었다가 B.C. 238년에 춘신군이 암살되자, 벼슬에서 물러나 제자들을 교육하고 저술에 전념하며 여생을 마쳤다고 한다.

그런데 순자가 유학한 제(齊)는 바로 임치(臨淄)의 직하(稷下)라는 곳인데, 이곳은 일찍이 제 환공(齊桓公) 전오(田午) 때에 설치한 학궁(學宮)으로 우수한 문인 학자들을 초빙하여서 잘 대우해 주며 그들에게 자유로이 학술 문화 및 정치 활동을 할 수 있도록 보장해 주던 곳이다.

순자 시기에도 여러 유명한 학자들이 모여 연구하고 토론하였으며, 맹자도 한때 이곳에서 머물렀다고 하며, 법가의 집대성자인 한비자(韓非子)나 진나라 통일의 주역인 이사(李斯)도 일찍이 그의 제자였다고 한다. 여기에서 순자가 최고의 스승이 되고 3번이나 좨주에 올랐다고 하니 당대 학자들 가운데 최고의 영예를 누렸다는 것을 알 수 있다.

(2) 순자의 저작

『사기』 「순경(荀卿)열전」에는 순자가 자신의 저작을 남기게 된 경과를 다음과 같이 기술하였다.

> 순경은 혼탁한 세상 정치와 멸망한 나라의 혼미한 군주가 서로 이어지고 대도를 완수하지 않고, 무속에 전념하고 길흉의 징조를 믿고 비속한 유생들은 작은 일에 구애되며, 장주(莊周)와 같은

무리들은 또 변론에 능하여 풍속을 어지럽히는 것을 미워하였다. 그래서 유가, 묵가, 도가가 이룬 성취와 실패를 고찰하고 차례로 정리하여 수만 글자의 저작을 남기고 죽었다.(荀卿嫉濁世之政, 亡國亂君相屬, 不遂大道, 而營於巫祝, 信禨祥, 鄙儒小拘, 如莊周等又猾稽亂俗, 於是推儒墨道德之行事興壞. 序列著數萬言而卒.)

이것을 통해서 순자가 유가의 계승자로서 무속이나 길흉의 징조를 믿는 일과 같이 실증할 수 없는 허황된 것에 빠지는 것을 싫어하였으며, 도가의 장자(莊子)와 같이 번지르르하게 변론을 앞세우는 이들을 싫어했다는 것을 알 수 있다. 한편 유가, 묵가, 도가가 이룬 성취와 실패를 아울러서 저작을 하였다고 하는 만큼 그가 춘추전국시기에 이어온 학술전통을 종합하고자 하는 의도가 있다는 것도 알 수 있다. 『순자』가 당시 다른 제자백가들의 저작과 다른 체제를 갖추고 있다는 점이 독특하다. 『논어』가 주로 공자의 어록이나 제자들과의 대화를 담았고, 『맹자』 역시 당시 왕이나 제자들과의 대화를 통해 자신의 주의주장을 폈던 것인데 비하여 순자의 저작은 거의 자신이 직접 쓴 것이며, 각 편마다 한 주제를 정해 놓고 자신의 주장을 편 논설체로 설명, 논증, 엄격성 등을 갖춘 서술형태로 이루어져 있어서 다른 이들의 저술과는 형식이 다르다.

주요 편명의 내용을 살펴보면, 「성악(性惡)」, 「권학(勸學)」, 「예론(禮論)」편에서는 그의 윤리사상을, 「천론(天論)」, 「해폐(解蔽)」편에서는 철학문제를, 「부국(富國)」, 「왕패(王霸)」, 「의병(議兵)」편에서는 정치나 경제문제를 주로 다루고 있다.

2. 인간의 본성이 악한가

(1) 선과 악의 경계

순자의 사상 가운데 가장 널리 알려진 것은 그의 성악설이라고 할 수 있다. 『순자』 「성악(性惡)」편에서 "인간의 본성은 악하다. 그것이 선한 것은 일부러 한 것이다.(人之性惡, 其善者僞也.)"라고 하였다. 성(性)이란 본디 '마음 심(忄)'자와 '날 생(生)'자가 합쳐진 글자로서 타고난 마음이라는 뜻이며, 마음이 악하다고 하는 것이 순자 인성론의 요점이다.

인간 본성에 관해서 일찍이 공자가 "인간의 본성은 서로 비슷하지만, 후천적인 습관이 서로 달라지게 한다.(性相近也, 習相遠也.)"라고 하여서 성선설을 지지하는지 성악설을 지지하는지 분명하게 의견을 나타내지는 않았다. 문구대로만 보자면, 사람이 선해지고 악해지는 것은 이미 타고나는 것이 아니라 후천적인 환경이나 노력으로 결정되는 것이라고 한 듯하다. 그렇지만, 공자가 인의(仁義)와 관련해서 한 말들을 종합해 보면 그래도 성선의 입장에 가깝다고 할 수 있다. 이러한 공자의 입장을 따른 이가 맹자이다.

순자의 생각은 인간이 태어날 때부터 선하다는 성선설을 말한 맹자의 관념적이며 낙관적인 견해와는 다르다. 맹자가 모든 인간은 태어날 때부터 이미 인간을 착하게 하는 네 가지 실마리인 사단(四端)을 가지고 태어나 그것을 계발할 수 있는 능력도 가지고 있다고 한 반면에 순자는 인성(人性)이 악하다고 했다.

그런데 보통 사람들을 보건대, 모두 악하기만 한 것이 아니라 때로는 선한 사람도 있으니 이것은 어찌 설명될 수 있는 것일까? 순자는 인간 본성이 선하게 보이는 것은 그 사람이 '위(僞)'하기 때문이라고 한다. 여기에서 위(僞)는 오늘날 우리가 허위(虛僞)라고 하여 '거짓되다'라는 뜻으로 새기지만, 이 글자는 사람이 일부러 무엇인가 한다는 의미의 회의자(會意字)이다. 그러니 순자가 보기에 사람들이 선하게 보이는 것은 거짓되었다고 본 것이 아니라 그 스스로 악한 본성을 제어하려는 의지가 드러난 것이라고 보아야 한다.

순자는 인간 본성이 악하다고 하였는데, 인간이 그렇듯 악해지는 이유에 대하여 『순자』 「성악」편에서 다음과 같이 설명하였다.

> 지금 사람들의 본성은 태어나면서부터 이로운 것을 좋아한다. 이것을 따르면 그 때문에 싸우고 빼앗는 일이 생기고 사양하는 것이 없어진다. 사람은 태어나면서 싫어하고 미워하는 것이 있다. 이것을 따르면 그 때문에 남을 해치는 일이 생기고 진심과 미더움이 없어진다. 태어나면서 귀와 눈은 좋아하는 소리와 색을 원한다. 이것을 따르면 그 때문에 음탕하고 어지러워지는 일이 생기고 예의(禮義)는 없어진다.(今人之性, 生而有好利焉. 順是, 故爭奪生而辭讓亡焉. 生而有疾惡焉. 順是, 故殘賊生而忠信亡焉. 生而有耳目之欲好聲色焉. 順是, 故淫亂生而禮義亡焉.)

인간이 태어날 때부터 이로운 것을 좋아하기 때문에 그것을 차지하기 위해서 싸우고 사양할 줄 모른다고 했다. 맹자가 성선설을 주장하면서 예로 들기를, 우물에 아무것도 모르고 기어가서 빠지려고 하는 아이를 구하는 이의 본성에는 어떠한 이익을 요구하거나 다른 의도에서가 아니라 본디 남의 어려운 처지를 보고 측은해 하는 마음이 있기 때문에 인간의 선한 품성은 본디 타고나는 것이라고 했다.

순자는 거꾸로 인간이 태어나면서부터 좋은 것만 가지려는 속성은 타고나는 것이며, 그 때문에 악해진다고 했으니, 맹자나 순자가 똑같이 아이를 비유로 들었으면서도 입장이 서로 다르다.

두 사람의 이러한 견해차로부터 성선설과 성악설의 주요 논쟁이 시작된다. 인간의 본성에 관한 이들이 내린 정의에서 맹자가 지나치게 관념적이며 이상주의에 치우쳐 있다면, 순자는 매우 현실적이다. 『순자』 「영욕(榮辱)」편에는 인간의 원초적인 욕망에 대하여 다음과 같이 기술하였다.

> 배고프면 먹으려 하고, 추우면 따듯해지려 하고, 힘들면 쉬려 하고, 이로운 것을 좋아하고, 해로운 것을 싫어하니, 이것은 사람이 타고나면서 그러한 것이지, 다른 무엇에 의해서가 아니라 본디 그러한 것이다.(飢而欲食, 寒而欲煖, 勞而欲息, 好利而惡害, 是人之所生而有也, 是無待而然者也.)

이것은 마치 고자(告子)가 인간이란 음식을 먹고 마시며 남녀 사이에 관계를 갖는 것이 본성일 뿐이라고 해서 "식색성야(食色性也)"라고 말한 것처럼 인간이 다른 동물들과 크게 다를 것이 없다고 한 것과 같은 취지라고 할 수 있다.

맹자 역시 이와 같은 고자의 의견에 반대하거나 거부할 수는 없었다. 그렇지만 인간이 그와 같은 동물적인 본성만을 가지고 있다고는 할 수 없으며, 인간만이 인의(仁義)를 가지고 있기 때문에 역시 인간이 동물만은 아니라고 하였다.

맹자는 인간이 본래 선한 본성을 하늘로부터 부여받아 태어났기 때문에 그것의 선함은 변하지 않는 것이라고 한 반면에 순자에게 있어서 하늘은 어떠한 도덕적 원리나 가치를 부여해주는 것이 아니며, 단순히 자연만물의 기능적인 운행을 하는 존재일 따름이라고 하였다.

악하다는 것에 대해서도 우리가 일반적으로 알고 있는 서양(西洋)의 악마(惡魔)라는 의미라기보다 순자가 말하는 악이란 사람이 처음 태어나 아무런 학습이나 절제가 가해지지 않은 매우 거칠고 미숙한 상태를 말하는 것이다.

오늘날 우리들은 성선설과 성악설을 놓고 비교하면서 단순하게 인간의 본성이 선한지 악한지에만 치중하여 따지는 경향이 있다. 그러나 이 두 설은 과학적으로 증명할 수 있는 것이 아니며, 그들이 완전히 상반된 견해를 가지고 있는 것처럼 보이지만, 맹자와 순자가 정작 중시한 문제는 진정 인간답게 살기 위해서는 어찌 해야 하는가에 달려 있다고 하겠다.

맹자가 성선의 증거라고 여긴 사단(四端)은 누구나 타고나지만 계발하지 않으면 안 되는 것이니 열심히 갈고 닦아야 한다고 한 것이며, 순자도 예법과 교화로서 인간을 바른 길로 이끌어야만 한다고 한 것이다. 인성론에 관해서 순자와 맹자는 인간을 보는 시각이 다를 뿐이며 인간이 열심히 노력해서 착하게 살아야 한다는 것은 서로 같다는 점에 유의해야 한다.

(2) 성(性)은 변할 수 있는 것

『순자』「유효(儒效)」편에서 "성이라고 하는 것은 자신이 만들어 낼 수는 없지만 변화시킬 수는 있다.(性也者, 吾所不能爲也, 然而可化也.)"라고 하였다. 순자는 인간이 태어나면서부터 악하기 때문에 그러한 욕망대로 살아가려 하지만 세상의 물질이 충분하지 못해 욕구를 다 충족시킬 수 없으므로 싸움이 일어나니 예로써 인간의 욕망을 다스리지 않으면 안 된다고 한다.

그렇다면 인간이 무리를 짓지 않고 각자 살아가면 될 터인데 인간은 소보다 힘이 약하고 말보다 빨리 달리지도 못하는 존재이지만 그들을 부릴 수 있는 것은 인간들이 함께 모여 살며 지혜를 쓸 줄 알기 때문이며 배움을 통해서 사회를 유지하는 예법과 지혜를 얻을 수 있기 때문이라고 한다.

인간의 본성이 악하지만 그가 선해 보이는 것은 인간의 인위적인 행위 즉 '위(僞)'를 통해서 가능하다고 하였으니, 악하게 타고나는 성(性)은 어찌 할 수 없지만, 성인이 제정한 예의(禮義)와 사법(師法)에 의해서 악한 본성을 강제로라도 선한 데로 이끌고 갈 수 있다는 것이다.

마치 『순자』「권학(勸學)」편에서 "흙을 쌓으면 산이 되고, 물을 모으면 바다가 된다.(積土而爲山, 積水而爲海.)"라고 한 것처럼, 꾸준히 노력하면 질적 변화까지도 이루어낼 수 있다고 말한다. 그러므로 『순자』「성악」편에서 악하게 타고난 본성을 바꾸는 방법에 대하여 다음과 기술하였다.

무릇 성이라고 하는 것은 하늘이 내려준 것이니, 배울 수도 힘쓸 수도 없는 것이다. 예의(禮義)라고 하는 것은 성인이 만든 것으로 사람이 배워서 할 수 있는 것이며, 힘써서 이룰 수 있는 것이다. 배울 수 없고, 행할 수 없는데 사람에게 달려 있는 것을 성(性)이라 이른다. 배워서 할 수 있고, 힘써서 이룰 수 있는 것인데 사람에게 달려 있는 것을 위(僞)라고 이른다. 이것이 성과 위의 구분이다.(凡性者, 天之就也. 不可學, 不可事. 禮義者, 聖人之所生也. 人之所學而能, 所事而成者也. 不可學, 不可事而在人者, 謂之性. 可學而能, 可事而成之在人者, 謂之僞. 是性僞之分也.)

맹자는 사람이 학문을 하는 것은 천성이 선하기 때문이며, 학문은 그 선한 천성을 완성하는 근거가 된다고 했다. 이에 대해 순자는 맹자가 성(性)과 위(僞)를 구분하지 못해서 생긴 오해라고 논박하였으며, 순자는 사람이 학문을 하는 이유는 본성이 악하기 때문에 그 악함을 제재하기 위한 것이니, 만약에 본성이 선하다면 어째서 악해지냐고 반박한다. 이것이 맹자와 순자가 생각한 성(性)과 위(僞)에 대한 견해 차이이다.

순자는 사람이 눈으로 사물을 보고 귀로 소리를 듣는 것은 타고나면서부터 아무런 배움이 없이도 가능한 것이고, 사람의 의지로는 보려고 하지도 들으려 하지도 않을 수 없는 것이니 바로 성(性)인 것이고, 예의(禮義)는 성인이 만든 것으로 보통 사람들이 배워야 하는 대상이니 인위적으로 배우고 익혀야 할 대상으로서 위(僞)라고 하는 것이다.

또 순자는 누구나 군자가 될 수 있다고 하였다. 그렇지만 누구나 성인이 될 수는 없는 것이니, 그 이유에 대하여 『순자』「성악」편에서는 다음과 같이 기술하고 있다.

> 성인이 힘써서 될 수 있는 것이라고 하는데, 그렇다면 모두 힘써서 될 수 없는 것은 어째서인가? "될 수는 있는데 시킬 수는 없다."라고 하였다. … 소인과 군자는 일찍이 서로 될 수 없는 것은 아니었다. 그런데 서로 되지 않는 것은, 될 수는 있지만 시킬 수는 없어서이다.(聖人可積而致, 然而皆不可積, 何也? 曰, 可以而不可使也. … 小人君子者, 未嘗不可以相爲也. 然而不相爲者, 可以而不可使也.)

공자나 맹자 역시 사람들은 누구나 요순과 같은 성인이 될 수 있다고 하였던 것처럼, 이것은 누구나 노력하면 성인이 될 수 있다는 것인데, 다만 스스로 노력하지 않아서 할 수 없는 것일 뿐이라는 것이다. 맹자와 순자의 차이점이라면, 맹자가 인간의 타고난 본성이 모두 선하기 때문에 학습을 통해서 그것이 가능한 것이라고 했다면, 순자는 후천적인 학습을 통해서 타고난 악한 성을 제거함으로써 가능하다고 한 점이 다르다.

3. 인간은 배워야

(1) 청출어람(靑出於藍)

인간이 태어날 때에는 대체로 비슷하였지만, 해를 거듭하면서 각각 여러 모로 달라지게 마련이다. 그렇게 각기 달라지는 것은 그들이 후천적인 학습 때문이라고 할 수 있다. 『순자』 「권학(勸學)」편에서 다음과 같이 인간이 배워야 하는 이유를 기술하였다.

> 배우는 것은 그만 둘 수 없다. 청색은 남색에서 취한 것이지만, 남색보다 푸르다. 얼음은 물이 그것으로 된 것이지만, 물보다 차다. … 그러므로 나무는 줄자를 대어야 곧게 되고, 쇠는 숫돌에 갈아져야 날카로워진다. 군자는 널리 배우고 하루에 세 번 스스로를 살피면, 지혜가 밝아지고 행동에 허물이 없게 된다.(學不可以已. 靑, 取之於藍而靑於藍. 冰, 水爲之而寒於水. … 故木受繩則直, 金就礪則利, 君子博學而日參省乎己, 則智明而行無過矣.)

공자나 맹자도 학문의 중요성을 밝히고 배워야 할 것을 강조했는데, 순자 역시 인간의 악한 본성을 제어하여 선으로 나아가게 하기 위해서 학문이 필요하다고 했다. 공자나 맹자 모두 어려운 가정환경에서 자라 매우 궁핍한 생활을 하느라 사는 것이 매우 고되었을 것이지만, 그들이 공부를 통해서 인류의 선생이 되었던 것처럼, 순자는 그의 책 맨 앞에 「권학」편을 두어 학문을 권장한 것만 보더라도 공자나 맹자처럼 학문의 중요성을 반영하였던 것이라고 할 수 있다.

(2) 유가의 경전을 배워야

순자는 배워야 하되 무엇을 어찌 배워야 하는지에 대해서도 『순자』 「권학(勸學)」편에 다음과 같이 기술하였다.

> 배우기를 어찌 시작하나? 어찌 끝내나? "그 방법은 경전(經典)을 공부하는 것에서 시작하고, 예를 읽는 것에서 마친다. 그 뜻은 사(士)가 되는 것에서 시작하여 성인(聖人)이 되는 것에서 마친다. 참으로 힘써 오래도록 하면 경지에 들 것이다. 배움은 죽음에 이르고 나서야 그만 두는 것이다."라고 하였다.(學惡乎始? 惡乎終? 曰, 其數則始乎誦經, 終乎讀禮. 其義則始乎爲士, 終乎爲聖人. 眞積力久則入, 學至乎沒而後止也.)

이 대목은 우선 학문을 하는 순서에 대해서 말하기를, '송경(誦經)' 즉 시서(詩書)와 같은 유가 경전의 학습에서부터 시작하여 예(禮)를 닦는 것에서 마친다고 하였다. 그 다음으로는 학문을 하는 목표는 '사(士)'가 되는 것에서부터 시작해서 성인(聖人)이 되는 것으로 완성된다고 했다.

인간이 경전의 공부를 통해서 사에서부터 성인의 단계에까지 오르되 만약에 예로써 마무리하지 못한다면 그것은 박학다식한 지식인이 되는 것에 불과할 뿐인 것이므로 단순하게 지식만을 습득하는 것이 아니라 인간이 가지는 욕망의 발산을 제어할 수단으로서 예를 갈고 닦지 않으면 안 된다고 한 것이다.

그러므로 순자는 학문을 권장하여서 인간이 가지고 태어난 악한 본성을 씻어야 사회의 질서를 유지할 뿐만 아니라 개인으로서도 성인과 같은 이상적인 단계에 오를 수 있다고 하였다.

여기에서 공자나 맹자는 원론적인 측면에서 인간이 지녀야 할 것으로 인의(仁義)를 갈고 닦을 것을 강조하였지만, 순자는 인간이 사회에서 다른 사람들과 생활하는 가운데 드러나는 부작용들에 대한 제재의 수단으로 예와 학습을 강조한 것이 그들의 차이라고 할 수 있다.

4. 순자의 자연관, 하늘은 하늘일 뿐

공자의 유가사상을 이상적이고도 관념적인 측면에서 계승한 맹자가 하늘을 인간의 도덕 기초를 이루는 근원이라고 하였던 것에 반하여 순자는 이를 부정하고 하늘은 인간의 도덕적 기준과는 아무런 관계가 없는 자연물에 불과하다고 하였다.

(1) 하늘은 스스로 존재하는 것

『순자』 「천론」편에는 순자의 하늘에 대한 인식을 다음과 같이 설명하고 있다.

하늘의 운행에는 한결같음이 있다. 요임금을 위해서 존재하는 것이 아니고, 걸임금 때문에 없어지지도 않는다. 그것에 대응하여 잘 다스리면 길할 것이고, 그것에 대응하여 어지럽히면 흉해질 것이다. 근본에 힘쓰고 절약하면 하늘도 가난하게 할 수 없으며, 잘 길러서 갖추어 때에 맞게 적절히 하면 하늘도 병들게 할 수 없을 것이다. … 그러므로 하늘과 인간의 구분을 잘 깨우치면 지인(至人)이라고 일컬을 수 있다.(天行有常, 不爲堯存, 不爲桀亡. 應之以治則吉, 應之以亂則凶. 彊本而節用, 則天不能貧. 養備而動時, 則天不能病. … 故明於天人之分, 則可謂至人矣.)

이 대목은 하늘이 인간사회를 다스리는 주재자가 아님을 분명히 말한 것이다. 즉 하늘은 인간이 살아가는 가치의 절대기준이 될 수 없다는 것이며, 오로지 대응하기를 잘 하고 못함에 따라 인간의 행복과 불행에 영향을 줄 뿐이라고 하였다. 이와 같은 하늘에 대한 생각은 공자나 맹자가 천도(天道)와 천명(天命)을 언급하여 하늘과 사람이 하나가 되어야 한다고 하였고, 노자는 하늘에서 무위자연의 이치를 보고 인간은 그것에 조화롭게 대응하여 실천해 가야 한다고 강조한 것에 반하여 순자는 하늘과 인간이 하나가 아닌 별개의 운행 원리를 가지고 있을 뿐이라고 하였다.

또 순자는 하늘의 별이 떨어지는 것조차 인간 사회와는 아무런 상관이 없는 것인데, 이런 기이한 현상을 두고 미신에 빠져 버리는 것을 역시 같은 편에서 다음과 같이 경계하였다.

별이 떨어지고 나무가 울면 세상 사람들은 모두 두려워한다. "이것은 어째서인가?"라고 하자, "아무것도 아니다. 이것은 하늘과 땅의 특이한 현상이며, 음양의 변화로서 사물에 지극히 드물게 일어나는 것이다. 이상히 여길 수는 있으나, 두려워할 것은 아니다."라고 하였다.(星隊木鳴, 國人皆恐. 曰, 是何也? 曰, 無何也. 是天地之變, 陰陽之化, 物之罕至者也. 怪之可也, 而畏之非也.)

예나 지금이나 많은 사람들은 하늘이 인간의 길흉화복을 결정한다고 믿는 경향이 있다. 그래서 하늘에 기이한 현상이 나타나면 제각기 나름대로 풀이하여서 좋아하기도 하고 두려워하기도 한다. 그것은 기이한 현상을 좋거나 나쁜 징조라고 이유없이 믿기 때문이다. 그러므로 순자는 비가 오지 않아 기우제를 지낸다고 해서 비가 오는 것은 아니라고 할 만큼 합리적이다.

특히 이 대목에서 말한 하늘의 별이 떨어지거나 나무가 괜히 웽웽 울어댄다면 이것들이 죄를 지은 인간들에 대한 경고 같은 것이 아닌가 두려워하며 조심하게 되기도 하지만 순자는 이러한 하늘의 이상스런 현상이 무슨 의도나 이유가 아니라 음양의 변화 때문에 생겨난 매우 기이한 것으로서 그저 자연스러운 현상일 뿐이니 그것에는 누구에게 어찌 벌을 주려고 하는 어떠한 의지가 있어서 그런 것이 아니라는 것이다. 이런 생각은 그때까지 하늘이 가졌던 권위를 한순간에 부정하는 것이라고 할 수 있다.

(2) 순자의 군주론

『순자』「왕제(王制)」편에는 군주라는 이가 나라 정치를 바르게 하기 위해서는 어찌 해야 하는지 아래와 같이 밝혔다.

> 나라가 잘 다스려지는가 아닌가는 하늘에 달린 것이 아니다. … 시에 "하늘이 높은 산을 만들었고, 태왕께서 그것을 개간하시었다. 저 분이 일으키시고, 문왕께서 평안케 하시었다."라고 하였으니, 이것을 이른 것이다.(治亂非天也, … 詩曰, 天作高山, 大王荒之. 彼作矣, 文王康之. 此之謂也.)

순자가 인용한 이 시는 『시경(詩經)』 「주송(周頌)」에 나오는 시구이다. 여기에서 태왕(太王)은 고공단보(古公亶父)로서 주나라를 건국하는 기틀을 세우고 죽은 문왕(文王)의 할아버지이다. 그가 처음으로 기산(岐山)으로 이주해 가서 덕을 많이 쌓아 백성들에게 인심을 얻어 이후 문왕에 의해서 주나라를 세울 수 있게끔 기초를 다졌다는 것이다.

이처럼 주나라의 건국 역시 하늘의 의지나 명령에 의해서가 아니라 문왕의 조상으로부터 백성들에게 좋은 덕을 쌓아서 주나라 건국이 가능하였다는 것이다. 이것은 하늘이 만물을 생성하고 길러준 것은 어디까지나 본디 그렇게 되도록 되어 있는 자연현상일 뿐이며, 오로지 인간만이 이 세상에서 목적과 의식을 가지고 삶을 스스로 결정해 나아가는 존재임을 밝힌 것이기도 하다.

또 같은 편에는 임금이라는 이가 백성을 어떻게 보아야 하는지에 대하여, "임금은 배와 같고, 백성은 물과 같다. 물은 배를 싣기도 하고, 물은 배를 뒤집기도 한다.(君者舟也, 庶人者水也. 水則載舟, 水則覆舟.)"라고 하였다.

이 대목은 마치 하늘의 뜻을 거역하면 백성들에게 쫓겨날 수 있다는 맹자의 혁명사상과 닮았다. 다른 점이라면 맹자는 혁명의 주체를 하늘의 관리인 천리(天吏)라고 하였지만, 순자는 백성들의 의지를 좀 더 중시하였다는 것이다. 그리고 맹자가 임금과 백성의 관계를 마치 부모 자식의 관계와 같아야 한다고 한 것과 유사하게 순자 역시 임금은 시내의 윗물처럼 백성들의 바람직한 모범이 되어야 하며, 임금은 백성에 대해서 그릇과도 같은 존재라서 그릇이 생긴 대로 담기는 물의 형태가 네모나고 둥글듯이 임금은 백성의 본보기가 되어야 한다고 했다.

그렇지만 순자가 인간을 다스리는 주재자는 하늘이 아니라 인간 스스로라고 한 만큼 임금의 존폐 역시 직접적으로 백성의 의지에 의해 결정된다고 한 것은 순자 사상에 매우 진보적인 의식이 담겨 있다는 것을 의미한다.

그러므로 하늘과 인간의 구분을 잘 알아야 한다는 순자의 생각은 유가에서 모든 가치 기준을 하늘에 두는 관념론적인 세계관이나 도가에서 무위자연의 이치를 강조한 소극적인 자연관을 모두 비판한 것이며 하늘의 모든 현상은 그저 스스로 그럴 뿐이라서 자연의 한 일부인 인간이라도 자연을 다스려 변화시킬 만한 능력을 가지고 있다고 여겼다는 것은 순자 사상에 있어서 매우 의의 있는 대목이다.

관자(管子)와 상앙(商鞅), 법가의 선구자

11. 관자(管子)와 상앙(商鞅), 법가의 선구자

관자는 법가(法家)의 선구자라고 할 수 있지만, 그는 공자에 비해서 대략 150여 년이나 이른 시기를 살았으니, 춘추와 전국시대에 펼쳐졌던 자유로운 학술사상의 시대 분위기가 당시까지는 무르익지 않았기 때문에 제자백가의 한 사람으로 거론되지 않는다. 또 중국 고대 사상의 주류라고 할 수 있는 유가학파의 공자로부터 정치적인 역량에 대한 칭찬과 더불어서 군자답지 못하다는 비난을 동시에 받았다.

1. 관중(管仲)

(1) 관포지교(管鮑之交)

관포지교로 유명한 관중은 흔히 법가의 시조라고 할 수 있다. 좋은 친구인 포숙을 만나 자신의 재능을 펼 수 있었던 관자는 제환공(齊桓公)을 도와 부국강병의 정책을 펴서 제나라를 당시 패자(霸者)로 만들었다. 공자나 맹자처럼 이후 제자백가들이 대개는 정치적으로는 성공하지 못한 채 자신들의 사상만을 후세에 남겼다고 할 수 있는데, 이런 면에서 관자는 사상과 정치의 두 방면에서 모두 성공한 삶을 살았다고 할 수 있다.

『사기』「관중열전(管仲列傳)」에는 그의 전기가 다음과 같이 실려 있다.

> 관중 이오는 영상(潁上) 사람이다. 어렸을 때 늘 포숙아(鮑叔牙)와 어울렸는데, 포숙은 그가 뛰어나다는 것을 알았다. 관중은 빈곤하여 항상 포숙을 속였는데, 포숙은 끝내 그를 잘 대해주었고, 거론하지 않았다.(管仲夷吾者, 潁上人也. 少時常與鮑叔牙遊, 鮑叔知其賢. 管仲貧困, 常欺鮑叔, 鮑叔終善遇之, 不以爲言.)

관자(? ~ B.C. 645)는 춘추시대 초기의 정치가로서 이름은 이오(夷吾)이고, 영상(潁上, 지금의 安徽省) 사람으로 가난했던 소년시절부터 평생토록 변함이 없었던 포숙아(鮑叔牙)와의 깊은 우정을 다룬 관포지교(管鮑之交)로 유명하다. 관중(管仲)과 포숙(鮑叔)에서 중(仲)과 숙(叔)은 집안 형제 가운데 각각 둘째와 셋째라는 뜻이다. 『사기』「관중열전」에는 관중과 포숙이 어떤 관계인지 알 수 있는 대목이 더 나온다.

> 얼마 후에 포숙은 제나라 공자(公子) 소백을 섬기게 되었고, 관중은 공자 규를 섬기게 되었다. 소백이 즉위하여 제환공(齊桓公)이

되고 규가 죽자 관중은 옥에 갇히게 되었다. 포숙이 관중을 곧 천거하니 관중은 등용되어 제나라에서 국정을 맡게 되었다. 제환공은 천하의 패자가 되어 제후들을 아홉 차례 회맹하게 하고 천하를 크게 바로잡았으니, 이는 모두 관중의 계책에 의한 것이었다.(已而鮑叔事齊公子小白, 管仲事公子糾. 及小白立爲桓公, 公子糾死, 管仲囚焉. 鮑叔遂進管仲. 管仲旣用, 任政於齊, 齊桓公以霸, 九合諸侯, 一匡天下, 管仲之謀也.)

관중이 원래 정치적인 노선에 있어서 제환공의 이복동생인 규(糾)의 편에 섰다가 패하여 죽을 지경에 처했으나, 포숙의 추천으로 기용되어서 제환공을 도와 상업과 수공업을 육성하여 부국강병을 꾀하였으며, 대외적으로는 중원(中原)의 제후(諸侯)를 불러모아 9번이나 회맹(會盟)을 주선하여 제환공이 당시 패권(霸權)을 차지하게 하였다. 이리하여 제환공이 춘추오패(春秋五霸) 가운데 첫 번째 인물이 되게 하는 데에 결정적인 공을 세웠다.

그런데 흔히 알려지기로 관포지교라고 하면 매우 절친한 친구사이라고 하지만, 실제로는 관중과 포숙의 관계는 일방적이었다. 『사기』「관중열전」에는 관중이 포숙과의 젊은 시절을 회상한 내용이 아래와 같이 나온다.

내가 처음 빈곤했을 때, 일찍이 포숙과 함께 장사를 하였는데, 이익을 나눌 때 내가 더 많이 가져갔다. 포숙이 나를 탐욕스럽다고 여기지 않았으니, 내가 가난하다는 것을 알았기 때문이다. 내가 일찍이 포숙과 어떤 일을 도모하였는데, 일이 더욱 어렵게 되었다. 포숙은 내가 어리석어서 그렇게 된 것이 아니라고 하였으니, 때대로 일이 유리하기도 하고 불리하기도 한 것이 있다는 것을 알아주었다. 내가 일찍이 군주에게 3번 발탁되어 나아갔다가 3번 모두 쫓겨났지만 포숙은 내가 못나서가 아니라고 하고, 내가 때를 만나지 못해서라는 것을 알아주었다. 나를 낳아준 이는 부모님이지만, 나를 알아 준 이는 포숙이다.(吾始困時, 嘗與鮑叔賈, 分財利多自與, 鮑叔不以我爲貪, 知我貧也. 吾嘗爲鮑叔謀事而更窮困, 鮑叔不以我爲愚, 知時有利不利也. 吾嘗三仕三見逐於君, 鮑叔不以我爲不肖, 知我不遭時也. 生我者父母, 知我者鮑子也.)

포숙이 관중의 허물을 이해하고 감싸주었던 예로 두 가지를 더 들었다. 전쟁이 나갔다가 매번 도망만 치는 관중을 비겁하다고 여기지 않았던 것은 자신이 늙은 어머니를 모셔야 하기 때문이라고 하여 인정해 주었고, 공자 소백과 규가 싸울 때에 자기가 모시던 규가 패하였으면 마땅히 죽었어야 하는데 구차하게 살아남았던 것이 앞으로 세상에서 큰일을 하기 위해서였다는 것을 이해해 주었다고 하는 등 평생토록 포숙은 관중을 믿고 후원해 주었다.

그래서 당시 "세상 사람들은 관중의 재주가 뛰어났던 것을 칭찬하지 않고 사람을 잘 알아본 포숙을 더욱 칭찬하였다.(天下不多管仲之賢而多鮑叔能知人也.)"라는 말이 있었다. 세상에서 관중처럼 자신의 능력을 펼치는 것도 중요하겠지만 포숙처럼 다른 사람의 능력을 알아주는 사람도 필요하다는 교훈이라고 할 것이다.

공자가 "다른 사람이 나를 알아주지 않는 것을 걱정하지 말고 내가 다른 사람을 모르는 것을 걱정한다.(不患人之不己知, 患不知人

也.)"라고 하였지만, 공자는 당시 알아주는 제후가 없었기 때문에 천하를 떠돌다가 노년에는 고향이 돌아와 책을 쓰고 제자를 키우다가 일생을 마쳤다. 이러한 사정은 당시 대다수 제자백가들의 사정이 비슷하였다고 할 수 있는데, 관중만은 정치적으로나 경제적으로나 그리고 사상 방면에서도 커다란 자취를 남겼다는 점이 독특하다.

공자는 관중의 정치적인 능력을 높이 평가하기도 하였지만, 한편으로는 "관중의 그릇이 작도다.(管仲之器小哉.)"라고 하여 폄하하였고, 이어서 관중이 검소하지도 않으며, 예(禮)를 알지도 못한데다가 외람되게도 군주의 권력을 넘보기까지 하였다고 비판하였다.

맹자 역시 "관중이 임금의 신임을 얻어 그처럼 독차지하였으며, 국정을 시행하는 것을 그처럼 오래 지속하였는데도, 공적이 그처럼 보잘 것 없다.(管仲得君, 如彼其專也, 行乎國政, 如彼其久也, 功烈, 如彼其卑也.)"라고 비난하였고, 자신을 관중과 비교하는 것에 몹시 불쾌하게 여겼다. 이렇듯 공자와 맹자의 인색한 평가는 이후 시대까지 관자에 대한 평가를 낮게 하는 계기가 되었다고 볼 수 있다.

(2) 관자의 저작

『사기』「관중열전」에는 관중이 따로 책을 지었다고 기술되어 있지 않다. 그래서 그의 저작으로 알려진 『관자(管子)』는 후세 사람들에 의하여 가필된 것으로 여겨진다. 현재 전해지는 관자의 저작은 전국시대 후기 혹은 한(漢)나라 때 지어졌다고 보이며, 다만 관자의 이름을 따서 지어진 것이라고 추정한다. 전한(前漢)의 학자 유향(劉向)이 편찬한 머리말에는 그의 저작이 86편이라고 되어 있는데, 현재 전해지는 것에는 10편과 1도(圖)가 빠져 있다.

『관자』는 당시 법가(法家)에 관련된 사상을 위주로 하고 기타 여러 학파의 학술사상 논문을 모아 내용이 잡다하여 법가, 도가, 명가(名家)의 사상과 천문(天文), 역수(曆數), 지리, 경제, 농업 등의 과학지식 등을 다양하게 포함하고 있다. 『한서(漢書)』「예문지(藝文志)」에는 도가류(道家類)에 들어 있지만, 『수서(隋書)』「경적지(經籍志)」, 『사고전서(四庫全書)』, 청(淸)대 장학성(章學誠) 등은 법가로 분류하였다.

주요 편명인 「목민(牧民)」, 「형세(形勢)」 등 편에서는 정치를 장악하는 술법을 논하고 있고, 「칠법(七法)」, 「병법(兵法)」 등 편에서는 병사와 전쟁에 관한 것을 논하고 있고, 「주합(宙合)」, 「추언(樞言)」 등 편에서는 철학과 음양오행(陰陽五行) 등에 대해 논하고 있고, 「치미(侈靡)」, 「치국(治國)」 등 편에서는 경제사상에 대하여 논하고 있는 것이 『관자』 가운데 가장 특출하다는 평가를 받는다.

정약용(丁若鏞)의 『목민심서(牧民心書)』 역시 『관자』의 첫 번째 편명인 「목민(牧民)」을 따와서 이름붙인 것이며, 내용도 많이 참조하여 지었다고 알려져 있다.

이밖에도 『관자』 「지수(地數)」편에는 "연(燕)땅에는 요동(遼東)지방의 구운 소금이 있다.(燕有遼東之煮.)"라는 기사가 나온다. 이때 요동이 요수(遼水)의 동쪽으로서 우리의 고조선을 가리키며, 아마도 이 기사가 고조선에 관한 최초의 믿을 만한 기록이라고 추정하고 있다.

2. 관자의 정치경제사상

(1) 신의와 감동의 정치를 펴야

일찍이 제환공이 가(柯, 지금의 山東省 東阿縣)라는 곳에서 노(魯)나라 장공(莊公)과 회맹을 하고 있었다. 그때 노나라 장수인 조말(曹沫)이 칼을 품고 회담 장소에 뛰어 올라서 제환공을 위협하였다. 지난 시절 제환공이 노나라에게 빼앗아 갔던 땅을 돌려달라는 것이었다. 이때 제환공은 두려워서 별수 없이 땅을 돌려주기로 약속했다. 나중에 제환공은 조말과의 약속을 파기하려 하였다.

이때 관자는 억지로 맺은 약조라고 하더라도 그것을 지켜야 한다고 진언하였다. 왜냐하면 이번 일로 인하여 다른 제후들에게 제나라가 한 번 약속한 것은 반드시 지킨다는 것을 보여주어야 한다는 것이었다. 그래야 앞으로 제후들이 제나라에 복종할 것이라고 하였다.

그리고는 『도덕경』에서 "얻으려거든 반드시 주는 것이 있어야 한다.(將欲取之, 必固與之.)"라는 말을 인용하여서 "주는 것이 얻는 것임을 아는 것이 정치에서 보배로운 것입니다.(知與之爲取, 政之寶也.)"라고 하였다.

관자는 실용주의적인 정치 감각을 매우 중시하였던 것을 알 수 있다. 그래서 『관자』「목민(牧民)」편에는 다음과 같이 백성의 마음을 잘 사로잡는 감동의 정치를 해야 한다고 하였다.

> 정치가 흥하는 것은 백성의 마음을 따르는 데에 달려 있고, 정치

가 망하는 것은 백성의 마음을 거스르는 데에 달려 있다. 백성들은 걱정하고 힘쓰는 것을 싫어하니, 내가 그들을 편안하고 즐겁게 해주고, 백성들은 가난하고 천한 것을 싫어하니, 내가 그들을 부유하고 귀하게 해주고, 백성들은 위험스런 상황에 빠지는 것을 싫어하니, 내가 그들을 지켜서 안정되게 살게 해준다. 백성들은 죽고 자손이 끊기는 것을 싫어하니 내가 그들을 먹고 살게 해준다. 백성들을 편안히 즐길 수 있게 해주면 그들은 왕을 위해서 걱정하고 힘쓴다. 백성들을 부귀하게 해줄 수 있으면 그들은 왕을 위해서 빈천해지기도 한다. 백성들을 편안히 지켜줄 수 있으면 그들은 왕을 위해서 위험한 데에 떨어지기도 한다. 백성들을 먹고 살게 해줄 수 있으면 그들은 왕을 위해서 죽고 자손을 끊기도 한다.(政之所興, 在順民心, 政之所廢, 在逆民心. 民惡憂勞, 我佚樂之. 民惡貧賤, 我富貴之. 民惡危墜, 我存安之. 民惡滅絶, 我生育之. 能佚樂之, 則民爲之憂勞. 能富貴之, 則民爲之貧賤. 能存安之, 則民爲之危墜. 能生育之, 則民爲之滅絶.)

관자는 군주가 정치를 잘 하는 조건으로 백성의 마음을 잘 헤아리는 것이 정치가 성공하느냐 하는 관건이라고 하였다. 정치를 잘 한다는 것이 백성들의 마음에 잘 따르고 그들을 잘 먹고 잘 살 수 있도록 해주어야 한다는 것은 어느 학파에서나 주장하는 말이라고 할 수 있다.

그렇지만, 관자가 말하는 훌륭한 정치의 전제조건은 좀 다르다. 군주가 백성들을 잘 먹고 잘 살아가게 해 줄 수 있다면 "백성들은 군주를 위해서 목숨을 바친다.(民爲之滅絶.)"라고 한 것이다. 이것은 군주가 백성을 자식 대하듯이 하는 사랑에 의한 어진 정치를 말하는 것이 아니라 거꾸로 나라 정치가 잘 되게 하기 위해서 백성들에게 잘 대해준다는 것이다. 어찌 보면 백성들을 정치에 이용한다는 의미이기도 하고 긍정적으로 평가한다면 인간의 이기적인 심성을 정치에 이용해야 한다는 실용적인 정치술이라고도 할 수 있다.

유가(儒家)에서 말하는 충효사상은 인륜에 바탕을 두어 효자야말로 어려운 상황에서 군주를 자신의 아비 대하듯이 목숨을 바치는 충신이 될 수 있다고 한 것인 데 비하여 관자는 거꾸로 군주가 백성들에게 잘 대해주는 것에 따라서 백성들이 군주를 위해서 목숨을 바치는 것이니, 백성의 마음을 얻어야 나라가 흥할 수 있다는 매우 현실적이며 공리(公利)적인 입장을 펴고 있다.

(2) 관자의 경제사상, 백성은 배가 불러야

관자는 젊은 시절에 포숙과 함께 장사를 하기도 하였으며, 포숙 몰래 이익금을 빼돌리기까지 하였던 만큼 이윤을 추구하는 경제 감각도 뛰어나다는 것을 알 수 있다. 나중에 재상에 오른 관자는 부국(富國)과 강병(强兵) 이외에도 정치를 성공하기 위한 전제조건이 어떻게 해야 백성들의 먹고사는 문제가 해결될 수 있느냐에 달려 있다는 것을 잘 알고 있었다.

특히 『관자』 「수지(水地)」편에서는 세상을 잘 다스리기 위해서는 땅과 물의 속성을 잘 이해해야 한다는 취지에서 땅은 만물의 본원으로서 모든 생명체가 뿌리를 내려 살고 있는 곳이며, 물은 땅의 혈기로서 사람에게 혈맥이 흐르는 것과 같아서 "물이란 모든 재화를 이루는 근원(水, 具財也)"이라고 하였다.

물이 한결같으면 백성의 마음도 바르고, 물이 맑으면 백성들의 마음도 단순해지는 것이고, 백성의 마음이 단순하면 사악한 행동을 짓지 않으니, 성인이 세상을 다스리는 데에는 따로 백성을 깨우치려 하거나 집집마다 찾아다니면서 하나하나 설명할 필요가 없이 그저 물을 잘 살피기만 하면 된다고 하였다. 물론 오늘날과 같이 자연생태 환경과 물의 소중한 가치를 일깨우기 위한 것은 아니었지만, 자연환경이 인간 생활에 얼마나 중요한지를 일깨운 대목이라고 할 수 있다.

관자의 경제사상은 무엇보다도 백성들을 먹고 살 수 있게 해주어야 한다는 것이다. 그래서 임금이 진정 백성들을 이해하고 힘쓴다면 백성들은 임금을 위해서 스스로의 목숨까지도 아까워하지 않을 것이라고 한다. 이것은 마치 맹자가 인의(仁義)에 바탕을 두어서 임금과 백성들 사이의 관계가 아비와 자식 사이와도 같아야 백성들이 임금을 제 부모 대하듯이 할 것이라고 한 것과 같다. 그렇지만 맹자는 임금과 백성의 관계가 타고난 인륜에 바탕을 둔 필연적인 관계로 나아갈 것을 말한 것이지만, 관자는 어디까지나 공리적인 입장에서 그렇게 말한 것이 다르다고 할 수 있다.

「목민(牧民)」은 『관자(管子)』의 첫 편으로서 관자 사상의 대표성을 가지고 있다고 할 수 있는데, 다음과 같이 그의 경제사상을 기술하고 있다.

> 무릇 나라의 백성을 다스리는 이는 사계절의 때를 살피는 것에 힘써 창고를 잘 관리하여야 한다. 나라에 재물이 많으면 멀리 있

는 자들이 모여들고 땅이 잘 개간되어 있으면 백성들이 한 곳에 머물러 잘 지내게 된다. 창고 안이 가득하면 예절을 알고, 의식이 충분하면 영예와 욕됨을 알게 된다.(凡有地牧民者, 務在四時, 守在倉廩. 國多財, 則遠者來, 地辟擧, 則民留處. 倉廩實則知禮節, 衣食足則知榮辱.)

이 대목은 백성들이란 먹고 입는 것이 넉넉한 다음에야 영예와 치욕을 알듯이 이상적인 도덕의 당위성만을 가지고는 백성들을 올바른 길로 나아가게 할 수 없다는 것이다. 어디까지나 도덕 가치는 물질적인 욕구가 해결된 다음에야 가능하다고 한 것이다. 먹을거리보다는 예의염치와 같은 덕목을 강조하였던 공자와 맹자에 비하여 관자는 이 대목에서 좀 더 현실적인 인간됨의 본질을 설파한 것이라고 할 수 있다.

관자의 이상 정치는 『논어』 「자로(子路)」편에서 엽공(葉公)이 정치를 어찌 해야 하는지 묻자 공자가 "가까이에 있는 이들은 기쁘게 하고 먼 곳에 있는 이들은 오게 하는 것이다.(近者悅, 遠者來.)"라고 하였던 것과는 전제 조건이 좀 다르다. 공자는 군주가 어진 정치를 펴면 백성들이 자연스레 탄복하여 군주에게로 모여든다고 한 것인데 비하여 관자의 경우는 군자가 정치를 하기 위해서는 백성들을 기쁘게 하거나 몰려들게 하는 정책을 인위적으로라도 펴야 한다는 것이다. 즉, 공자의 정치 이상이 이상적인 군주의 정치를 말한 것이라면 관자는 이 역시 매우 실용적인 측면에서의 접근이라는 점이 그들의 차이라고 할 수 있다.

관자가 땅과 물의 존재를 중시하고 백성들에게 먹을거리를 충족시켜야 한다고 한 것으로 보아 농업을 중시하는 정책에만 매진했을 것처럼 보이지만, 관자는 농업과 더불어서 나라 재정의 축적과 물가의 조절 정책이나 상업의 역할 역시 매우 중시하였다.

그렇지만 백성들이 열심히 노력하여 풍년을 이루는 것만 능사가 아니라고 하였다. 식량은 백성의 생명을 지키는 관건이지만, 풍년이 들기도 하고 흉년이 들기도 하는 것이 자연의 이치이니, 조정에서는 곡식이 남고 부족할 때 대비하여서 조절할 필요가 있다고 하였다. 만약에 군주가 곡물가격의 조정에 실패하면 부유한 상인들이 그러한 틈새를 이용해서 100배의 이익을 얻어가게 되니, 황금과 화폐의 유통 수단을 통한 경제 정책이 성공하느냐 실패하느냐에 따라서 백성들의 재산이 10배나 차이가 날 수도 있다고 했다. 그러므로 군주가 유통수단을 장악하면 백성들도 역시 나라를 위해서 최선을 다할 것이라고 하였다.

위와 같은 정치경제 사상 내용이 춘추전국시대 다른 제자백가들에 비하여 매우 구체적이고 실용적이라고 할 수 있으며, 백성의 살림을 넉넉히 하는 것을 통해서 나라를 부강하게 하고자 했던 것이 관자 경제사상의 요점이라고 할 수 있다.

3. 관자의 법치사상

관자는 인의(仁義), 예악(禮樂)과 같은 도덕의 기초 역시 법에 두어야 한다고 하여 법치를 더욱 중시하였다. 『관자』 「임법(任法)」편에서 "이른바 인의예악이라고 하는 것은 모두 법에서 나온 것이다. 이것은 옛날 성인이 백성들을 하나 되게 하는 근원인 것이다.(所謂仁義禮樂者, 皆出於法. 此先聖之所以一民者也.)"라고 하였고, 『관자』「명법(明法)」편에서는 "선왕은 나라를 다스리는 데에 있어서 법 밖에서 멋대로 하지 않고, 법 안에서 은혜를 베풀지 않는다.(先王之治國也, 不淫意于法之外, 不爲惠于法之內也.)"라고 하였다.

관자는 나라 정치가 형벌과 같은 법률로부터 나와야 한다고 하였다. 『관자』「목민」편에서 군주가 정치를 펴는 데에 있어서 법률에 의거하는 것이 중요하다는 것을 다음과 같이 밝히고 있다.

> 그러므로 형벌이 번잡하고 중하더라도 백성들이 두려워하지 않는다면 나라의 법령이 행해지지 않을 것이다. 사람들이 죽고 죽이는 일이 많은데도 마음으로 복종하지 않는다면 윗자리에 있는 자들이 위태로워질 것이다. … 그러므로 백성들에게 주고자 하는 것이 바로 그들에게 얻는 것이라는 것을 아는 것, 이것이 정치의 보배이다.(故刑罰繁而意不恐, 則令不行矣. 殺戮衆而心不服, 則上位危矣. … 故知予之爲取者, 政之寶也.)

그렇다고 해서 관자가 도덕 가치를 완전히 부정하지는 않았으며, 다만 다른 것이 있다면, 법이란 것을 윗사람부터 잘 지켜야만 사회의 기초 단위인 가정이 살고, 예의와 염치가 서야 임금의 명령이 세상에 펴져서 잘 다스려지게 된다고 했다.

관자는 법가사상의 시조라고 할 만하다. 관자는 군주가 법을 중히 여겨야 하며, 법을 군주가 장악하고 있어야지 신하에게 주어진다면 나라는 곧 멸망한다고 했다. 법이란 자연의 법칙처럼 하늘과 땅에 아무런 의지도 없고 감정도 없이 오로지 자연의 법칙이 있는 것처럼, 법 역시 필연적으로 반드시 존재해야 하는 것이며, 모든 것은 법에 의해 판가름하되 인정 같은 것에 얽매여서도 안 된다는 것이다.

이외에도 관자는 법가(法家)사상의 시조로서 법가의 핵심이론인 신상필벌(信賞必罰)에 대하여 『관자』「구수(九守)」편에서 다음과 같이 언급하였다.

> 상을 내리는 데에는 진실되어야 할 것을 귀히 여기고, 형벌을 내리는 데에는 반드시 할 것을 귀히 여긴다. 형벌과 상을 내리는 것이 직접 눈으로 보고 귀로 듣는 이들에게 반드시 행해진다면 직접 보려고 하는 이도 없게 되고 누구나 모르는 사이에 자연스레 익숙하게 될 것이다.(用賞者貴誠, 用刑者貴必. 刑賞信必於耳目之所見, 則其所不見, 莫不闇化矣.)

법의 이념은 신상필벌(信賞必罰)이어야 한다는 것이니, 법의 집행은 상하의 차별이 있어서는 안 된다고 했다. 그 뿐만 아니라 법에는 신분이나 빈부의 차별이 있어서는 안 되는 것이라서 예전의 훌륭한 왕들이 나라 다스리는 것 역시 법의 범주를 벗어난 적이 없었다고 하였다.

4. 상앙(商鞅)

진(秦)나라의 중국 통일은 진시황제(秦始皇帝)와 이사(李斯)에 의해서 이루어졌다고 할 수 있지만, 실제로는 상앙(商鞅) 이후 진나라에 법제나 여러 방면에서의 부국강병책들이 완비되면서부터 가능했다고 할 수 있다.

(1) 상앙의 입법(立法)

『사기』「상군열전(商君列傳)」에는 상앙이 진나라에서 법을 제정하게 된 과정을 다음과 같이 기술하고 있다.

> 법령은 이미 제정되었으나, 아직 반포하지 않았다. 백성들이 미더워하지 않을까 걱정해서였다. 이에 길이가 3장(丈)이 되는 나무를 수도의 거리 남문에 세워놓고는 백성들을 모아서 북문에 옮겨 세울 수 있는 자에게는 10금(金)을 주겠다고 했다. 백성들은 이상히 여겨 아무도 옮기지 못했다. 다시 "옮길 수 있는 자에게는 50금(金)을 주겠다."라고 말하였다. 어떤 이가 그것을 옮기자 바로 50금을 주어서 속이는 것이 아니라는 것을 분명히 했다. 마침내 법령을 내렸다.(令既具, 未布, 恐民之不信, 已乃立三丈之木於國都市南門, 募民有能徙置北門者予十金. 民怪之, 莫敢徙. 復曰, 能徙者予五十金. 有一人徙之, 輒予五十金, 以明不欺. 卒下令.)

상앙(商鞅, ? ~ B.C. 338)은 위(衛)나라의 귀족출신으로 위앙(衛鞅)

또는 공손앙(公孫鞅)이라고 하였다. 나중에 상(商)땅에 봉해져서 상군(商君)이라고 부르기도 한다. 진(秦)나라 통일의 기틀을 세우는 데에 공헌을 한 인물이다. 진나라의 효공(孝公)이 인재를 모은다는 말을 듣고 가서 좌서장(左庶長)이 되었다.

상앙이 진나라에서 부국강병을 위해서는 도덕적 가치보다 오직 권력으로만 나라가 유지될 수 있고, 그 권력은 대규모 군대와 충분한 식량에서 나온다고 믿었다. 그래서 상앙은 중앙에서 임명한 관리가 지방을 다스리는 군현제(郡縣制)를 강화하였고, 새로운 법을 엄격하게 시행할 것을 강조했다. 그런데 처음에 백성들이 그러한 법에 대한 이해가 부족한 것을 걱정하여 법이란 것이 지키면 바로 이익이 된다는 것을 보이기 위해 이처럼 법의 개념을 이해시켰던 것이다.

(2) 농사와 전쟁을 일으켜야

상앙은 당시 보수 귀족들을 억압하면서 왕의 권력을 강화하는 데에 힘썼다. 특히 농업과 전쟁이 나라를 부강하게 하는 것이 정치의 핵심이라고 여겨서 『상군서(商君書)』 「농전(農戰)」편에서 다음과 같이 기술하였다.

> 무릇 임금이 백성을 권면하는 것은 벼슬에 의해서이다. 나라가 흥하는 것은 농사와 전쟁에 의해서이다. 오늘날 백성들이 벼슬을 구하는데, 모두 농사와 전쟁을 하지 않고, 교묘한 말에다가 헛된 도리로써 하니, 이것은 백성을 수고롭게 하는 것이다. 백성을 수고

롭게 하면 그 나라가 반드시 힘을 잃을 것이고, 힘을 잃으면 그 나라가 반드시 쇠락할 것이다.(凡人主之所以勸民者, 官爵也. 國之所以興者, 農戰也. 今民求官爵, 皆不以農戰, 而以巧言虛道, 此謂勞民. 勞民者, 其國必無力. 無力者, 其國必削.)

상앙은 진나라의 형법(刑法), 가족법, 토지법 등 여러 방면에 걸친 대개혁을 단행하였는데, 특히 모든 사람들에게 농사나 군역에 힘쓸 것을 강조했고, 상업을 억제했다. 전쟁은 사람들이 싫어하는 것이지만, 임금은 부자가 되고 귀해지려면 달리 방도가 없다는 것을 백성들에게 인식시키고 이를 거부하면 엄벌에 처하였다.

이처럼 상앙은 사상가라기보다는 부국강병에 치중한 정치가라고 할 수 있는데, 그의 통치이론의 근본은 다른 법가들과 마찬가지로 임금이 자신의 권력을 행사할 수 있는 근거가 법에 의거한 엄격한 상과 벌이라고 한 만큼 법가 가운데에서도 매우 과격한 부류에 속한다고 할 수 있다.

(3) 상군은 죽어 갔지만

상앙이 10여 년 동안 진나라의 재상으로 있으면서 신분의 높고 낮음에 차별을 두지 않고 엄격한 법치주의 정책을 폈기 때문에 특히 귀족문벌들에게 큰 원한을 샀다. 그의 강력한 후원자였던 효공(孝公)이 죽자 반대파들에게서 모함을 받고 도망을 쳐야 하는 처지가 되었다.

『사기』 「상군열전」편에는 그의 비참한 말로가 다음과 같이 소개되어 있다.

> 상군이 도망쳐서 국경 관(關)에 도착하여 여관에 묵으려고 하였다. 주인은 그가 상군인지를 모르고 "상군의 법에 의하면 사람을 묵게 하는 데에 허가증이 없으면 함께 처벌된다."라고 말하였다.(商君亡至關下, 欲舍客舍. 客人不知其是商君也, 曰, 商君之法, 舍人無驗者坐之.)

공교롭게도 그 자신이 만든 법에 의해서 국경에서 붙잡혀 결국 수레에 달려 찢겨지는 형벌인 거열형(車裂刑)에 처해졌다. 이렇듯 진나라의 부국강병을 위해 힘썼던 상앙은 오히려 자신이 만든 법에 의해서 처형되는 비운을 맞았다. 그렇지만 그의 이러한 그의 법치주의 정책은 이후 진나라가 전국시대를 통일하는 기반을 세웠던 것이다.

진나라의 통일국가 형성기에 관한 귀중한 사료인 그의 저서 『상군서(商君書)』는 그의 사상과 저작을 수록한 것으로 매우 실용적이며, 법가를 소개한 권위 있는 저작이지만, 각 편마다 성립연대가 달라 전국시대 말기 여러 법가들에 의해서 이루어졌던 것으로 보이며, 지은이가 어떤 사람인지는 확실하지 않다.

한비자(韓非子), 법가를 집대성하다

人文時代
諸子百家

12. 한비자(韓非子), 법가를 집대성하다

한비자는 법령으로서의 법을 중시했던 상앙(商鞅), 통치자가 신하를 통솔하는 용인술(用人術)로서의 술(術)을 중시했던 신불해(申不害), 통치자의 통치 권력인 세(勢)를 중시했던 신도(愼到)의 사상을 결합하여 법가사상 체계를 집대성하였다. 즉 한비자는 일정한 조문에 의해 공포된 법은 반드시 지켜야 하는 표준이 되어야 하고, 임금은 신하의 재능에 따라 관직을 주고 그들을 통솔할 수 있는 능력의 중요성을 강조했고, 법과 용인술이 있다고 하더라도 권력을 유지할 수 없으면 아무 소용이 없듯이 군주로서의 힘을 중시하여 법(法), 술(術), 세(勢)의 세 가지 요소를 결합한 유기적인 정치사상 체계를 만들었다.

1. 한비자(韓非子)

(1) 말더듬이였던 한비

『사기(史記)』「한비(韓非)열전」에는 한비자의 전기가 다음과 같이 소개되어 있다.

> 한비는 한나라 여러 공자(公子) 가운데 한 사람이었다. 형명(刑名)과 법술(法術)의 학문을 좋아하였고, 황노사상에 바탕을 두었다. 한비는 말더듬이여서 말은 잘 하지 못했지만 글은 잘 지었다.(韓非者韓之諸公子也. 喜刑名法術之學, 而其歸本於黃老. 非爲人口吃, 不能道說, 而善著書.)

한비자(? ~ B.C. 233)는 전국시대의 약소국이었던 한(韓)나라의 공자(公子) 출신이었다. 호칭에 있어서 다른 사상가들은 대체로 이름과 선생의 존칭인 자(子)를 붙이는데, 한비는 이름까지 덧붙여서 한비자라고 한다. 한비자는 유가인 순자(荀子)의 문하에서 공부하였지만, 유가에 머무르지 않고 법가의 여러 사상을 집대성하였다. 그가 좋아했던 형명(刑名)의 학문은 이름과 실질이 들어맞는지를 잘 살펴서, 상(賞)과 벌 내리는 것을 신중히 할 것을 내용으로 하는 것이었다.

나중에 진시황제가 되는 진왕(秦王)이 그의 법가사상을 근간으로 부국강병에 매진하고 중국에 최초의 통일왕조를 세운 다음 분서갱유(焚書坑儒)를 실시해서 유가를 탄압하였다는 죄악을 함께 뒤집어쓰게 되었다. 이 때문에 한비자는 유가의 비난을 받은 데다가 당(唐)나라 때 유가의 정통을 계승하였다고 자부하던 한유(韓愈)가 '한자(韓子)'라고 자처하면서 한자라는 호칭을 빼앗긴 꼴이 된 것이다.

(2) 친구 이사(李斯)

한비자는 젊은 시절 함께 순자에게서 학문을 닦았던 이사에 의해서 죽음을 맞는다. 『사기』「한비열전」에는 그 과정을 다음과 같이 기술하고 있다.

> 이사와 함께 순경을 섬겼으나, 이사는 자신이 한비만 못하다고 생각했다. … 진왕(秦王)이 한비자의 「고분」, 「오두」편의 글을 보고는, "아하, 과인이 이 사람을 만나 함께 어울릴 수 있다면, 죽어도 여한이 없겠다."라고 하였다. … 이사는 사람을 시켜 한비에게 사약을 보내 스스로 죽게 했다.(與李斯俱事荀卿, 斯自以爲不如非. … 秦王見孤憤五蠹之書, 曰, 嗟乎, 寡人得見此人與之遊, 死不恨矣. … 李斯使人遺非藥, 使自殺.)

한비자는 본디 말솜씨가 별로 없었기 때문에 한(韓) 왕에게 인정을 받지 못하자 자신의 생각을 글로 써서 『한비자』를 완성했다. 대개의 제자백가들이 노년에 자신의 저작을 지었던 것과 달랐다. 진왕(秦王) 정(政)은 한비자의 글을 읽고 그를 높이 평가하였다. 특히 '세상에 쓰이지 못해 분개한다'는 뜻의 「고분(孤憤)」편과 '나라를 좀 먹는 다섯 종류의 좀벌레'에 대해서 쓴 「오두(五蠹)」편은 부국강병에 관심이 많았던 진왕에게 흥미를 일으키기에 충분했다. 그리하여 진왕은 한비자를 만나 보기 위해서 한(韓)나라를 공격하려 한다고 거짓 소문을 냈고, 한왕은 한비자를 진나라에 파견하여 평화협상을 하려고 하였다.

진왕은 한비자를 보고 매우 기뻐하며 그에게 높은 직위를 주려고 했다. 그런데 이미 진나라에 와서 승상이 되어 중책을 맡고 있던 이사는 한비자와 같이 순자 밑에서 공부하면서 한비자가 자신보다 더 뛰어나다는 것을 이미 인정하고 있었다. 그 때문에 한비자에게 진왕의 총애를 잃을까 두려워하고 있었다.

한비자를 만난 진왕이 말더듬이였던 한비자를 보고 바로 등용하지 않자 이사는 한비자가 끝내 진나라를 위해서 일하지 않을 것이라고 모함하였다. 결국 이사는 한비자가 스스로 독약을 마시고 자살하게 한다. 최후의 순간에 한비자는 진왕을 만나게 해달라고 거듭 애원하지만 친구 이사는 매정하게 거절하였다. 이사는 한비자가 다시 진왕을 만나 신임을 받는 것이 가장 두려웠기 때문이다.

(3) 유자는 왜 나라를 어지럽힌다고 했을까?

한비자는 공자의 뒤를 이었다고 자부하였던 순자에게 배웠지만 유가의 이상적인 인의(仁義)사상을 거부하였다. 『사기』 「한비열전」에서 다음과 같이 그 이유를 기술하고 있다.

> 한비는 나라를 다스림에 법제를 밝히고, 권력을 잡아 신하를 부

리고, 부국강병하여 사람들을 뽑아 인재를 등용하는 데에 힘쓰지 않고, 거꾸로 실속 없는 벌레 같은 이들을 등용하여 공이 있는 이들보다 위에 두는 것을 싫어했다. 유자들이 그들 전적을 가지고 법도를 문란하게 하고, 유협의 무리들이 무력으로 나라에서 금하는 것을 어지럽힌다고 생각했다.(韓非疾治國不務修明其法制, 執勢以御其臣下, 富國彊兵而以求人任賢, 反擧浮淫之蠹而加之於功實之上. 以爲儒者用文亂法, 而俠者以武犯禁.)

한비자는 한나라가 자기와 같은 인재를 제대로 등용하지 않으며, 당시 유가의 인사들이 크게 인정을 받아 중책을 맡는 것 등에 불만을 품었다. 정치제도란 반드시 역사적 상황과 함께 변화되어야 하며, 유가처럼 과거의 낡은 전적에 집착해서는 안 된다고 주장했다. 사회의 풍습이나 제도는 이상적인 유가의 도덕 가치가 아니라 그 사회의 경제적 여건에 의해 변화하며, 정치제도 역시 당연히 이것에 따라 조정되어야 한다고 했다.

2. 삶은 오로지 이익을 위하여

하늘에 도(道)와 명(命)이 있다고 한 유가나 세상을 고르게 사랑하라는 것이 하늘의 뜻이라고 한 묵가(墨家)의 무리는 이상주의자들이라고 한비자는 반대하였다. 오로지 인간의 세상은 이익을 추구하는 욕구의 관계에 의해서 결정된다고 하였다.

(1) 인간이 착해지려면

맹자가 성선설을 말하였고, 순자가 성악설을 주장하였다면 한비자는 그의 스승이었던 순자의 견해를 따라 성악설에 찬동하였다. 성선이든 성악이든 무조건적으로 인간이 본성이 선하고 악하다는 것은 아니듯이, 한비자 역시 인간이 착해지기 위해서는 무엇보다도 후천적인 학습이 중요하다고 하였다.

『한비자』「현학(顯學)」편에서 인간에게 학습이 왜 중요한지 다음과 같이 기술하였다.

> 무릇 반드시 스스로 곧아지는 화살이 있다고 믿는다면, 백 세대가 지나도 그런 화살을 얻지 못한다. 스스로 둥글게 되는 나무가 있다고 믿는다면, 천 세대가 지나도 그런 바퀴를 얻지 못한다. 저절로 곧아지는 화살, 스스로 둥글게 되는 나무는 백 세 동안 하나도 없었다.(夫必恃自直之箭, 百世無矢. 恃自圜之木, 千世無輪矣. 自直之箭, 自圜之木, 百世無有一.)

이 대목은 화살과 바퀴를 인간에 비유하여 말한 것이다. 화살과 바퀴가 만들어지는 공정을 보면 나무를 베어서 그대로 화살이나 수레바퀴로 직접 쓸 수 없듯이 인간은 특정한 학습에 의해서 새로이 만들어지는 존재가 되어야 한다는 것이다.

맹자가 말하기를, 인간은 타고나면서부터 인의예지(仁義禮智)와 같이 어진 실마리로서 사단(四端)을 가지고 태어났으니, 그 스스로 착한 데로 나아가게 되어 있다고 한 것에 대한 반론이라고 할 수 있다. 한비자는 인간이 본디 착한 것이 아니므로 임금은 백성들에 대하여 일정한 수단을 이용하여 개조하거나 통제를 하여야 임금이 의도하는 규범에 의거하도록 할 수 있다는 것이다. 이러한 생각은 맹자의 관념적인 인의관(仁義觀)에 대해서 비판한 것이다.

맹자 역시 인간이 태어나 가만히 있기만 하면 착한 사람이 되는 것이 아니라 학습과 계발에 의해서 가능하다고 했다. 맹자가 인간이 타고나는 사단(四端)을 중시하여 말한 것이라면, 한비자는 순자의 성악설(性惡說)을 따라서 인간이 나면서부터 이익을 추구하려는 본성을 후천적인 학습을 통해서 제어해 나아가는 것은 물론 법에 의해서 강력하게 제재하여야 한다고 했다.

(2) 사내아이를 낳으려는 이유

한비자는 인간이 살아가는 데에 있어서 가장 중요한 가치 기준은 오로지 이익이 되는지 아닌지가 관건이라고 여겼다. 이것 역시 스승인 순자가 인간은 이익을 좋아하기 때문에 인간이 악하게 되는 것이라고 하였던 것을 따른 것이다. 한비자는 순자보다 한층 더 나아가서 일반 가정에서 자식을 낳아 기르는 것까지도 이익이 되느냐 안 되느냐가 중요한 결정 요인이라고 하여 『한비자』「육반(六反)」에서 다음과 같이 서술하였다.

> 부모는 자식에 있어서, 사내아이를 낳으면 서로 축하하고, 여자아이를 낳으면 죽인다. 이들은 모두 부모의 품안에서 나온 것인데, 사내아이는 축하를 받고, 여자아이는 죽음을 당하는 것은 나중

에 편해질까를 생각하고, 오래 이익이 될 것이라고 계산해서이다. 그러므로 부모는 자식에 대하여 오히려 이익을 따지는 마음으로써 그렇게 기대하는 것이다.(父母之於子也, 産男則相賀, 産女則殺之. 此俱出父母之懷衽, 然男子受賀, 女子殺之者, 慮其後便, 計之長利也. 故父母之於子也, 猶用計算之心以相待也.)

유가에서의 삼강오륜(三綱五倫)이란, 부자유친(父子有親)처럼 특히 가족 간에 사랑의 덕목을 이미 타고나는 것이라서 인간 세상에서 인륜(人倫)이 중대한 덕목이라고 주장한다. 그런데 한비자는 부모와 자식 간의 사랑조차 이익이 되는지가 가치기준이라고 하였다.

한비자는 부모가 자식을 낳아 키우는 것은 타고난 인륜의 정에 의한 것이 아니라 늙어서 자기가 키운 자식의 봉양을 받기를 바라는 마음에서이며, 아내가 남편을 사랑하는 이유는 오로지 돈을 벌어다 주기 때문이므로 남편이 돈 벌 능력이 다되면 빨리 죽기를 바란다고 하는 것도 그런 뜻에서 말한 것이다.

(3) 오로지 이익을 위해서

한비자는 가족관계뿐만 아니라 인간사회에서 먹고 살아가는 기준이 오로지 이익과 관련되어 있다고 한다. 『한비자』 「비내(備內)」 편에는 그와 같은 실정을 매우 실증적인 예로 설명하고 있다.

수레 만드는 장인이 수레를 만드는 것인 즉, 사람들이 부귀해지기를 바라는 것이다. 관을 짜는 장인이 관을 만드는 것인 즉, 사람들이 일찍 죽기를 바라는 것이다. 수레 만드는 장인이 어질고 관 짜는 장인의 성격이 나빠서 그런 것이 아니다. 사람들이 부귀하지 않으면 수레가 팔리지 않고, 사람이 죽지 않으면 관이 팔리지 않아서이다. 마음으로 사람들을 미워하는 것이 아니라 이익이 사람들의 죽음에 달려있기 때문이다.(輿人成輿, 則欲人之富貴. 匠人成棺, 則欲人之夭死也. 非輿人仁而匠人賊也. 人不貴, 則輿不售. 人不死, 則棺不買. 情非憎人也, 利在人之死也.)

수레 만드는 장인은 세상 사람들이 모두 부자가 되어야 자신의 장사가 잘 되고, 장의사는 사람들이 모두 죽어야 역시 자신의 관이 잘 팔려 돈을 많이 벌듯이 인간 사회의 구조는 오로지 이익을 매개로 하여 돌아가는 구조라는 것이다.

이밖에도 하인을 부리는 주인이 하인에게 잘 대해주는 것은 하인에게 좀 더 열심히 일하도록 감동을 주기 위한 것이며, 하인 역시 자신이 받는 만큼보다 더 열심히 일하는 것은 자신의 성실함을 주인에게 보여 혹시라도 품삯을 좀 더 올려주지나 않을까 하는 기대에서 그러는 것이지 결코 마음 속 깊이 우러나오는 진실된 마음에서 그토록 열심히 일하는 것이 아니라는 것이다.

위험에 처한 주인을 구하다가 개가 죽었다는 보도가 가끔 나오곤 한다. 흔히 우리는 그 개를 의견(義犬)이라고 부른다. 그 개가 주인에 대한 의리 때문에 목숨을 걸고 주인을 구해주었다고 생각하기 쉽지만, 그것이 아니라 한비자는 자신에게 밥을 주는 주인이 죽으면 자신도 어차피 죽을 것이라는 두려움 때문에 목숨을 걸고 주인을 구했다고 볼 것이다.

(4) 본성은 바뀌지 않는 법

한비자는 순자의 성악설에 근거하여, "사람의 본성은 악하여, 악하지 않은 사람이 없다(人性惡, 無人不惡.)"라고 한 것을 계승한데다가 사람들은 "밥을 먹지 않고는 살 수 없기 때문에 이롭고자 하는 마음에서 벗어나지 못한다.(不食則不能活, 是以不免於欲利之心.)"라고 하였다. 이처럼 인간이 태어나면서부터 가진 욕구가 바로 사람을 악하게 하는 근원이라고 여겼다.

인간이 자신의 이기적인 욕망 때문에 악하다고 한 순자는 윤리적인 제재 수단인 예(禮)로써 그러한 인성을 바로잡아야 한다고 했지만, 한비자는 학습과 교화를 가지고서도 인간이 타고나는 본성과 죽음과 같은 숙명을 변화시킬 수 있다는 것에 반대하여 『한비자』「현학」편에서 다음과 같이 말했다.

> 지금 어떤 이가 다른 사람에게, "자식에게 반드시 지혜롭고 오래 살게 해라."라고 한다면 세상에서 반드시 미쳤다고 여길 것이다. 무릇 지혜는 타고나는 것이며, 오래 사는 것은 운명이다. 인간이 타고나거나 오래 사는 것은 사람에게 있어서 배워서 되는 것이 아니다. 그런데 사람이 할 수 없는 것을 다른 사람에게 말한다면, 이것을 세상에서 미쳤다고 여기는 것이다.(今或謂人曰, 使子必智而壽, 則世必以爲狂. 夫智, 性也. 壽, 命也. 性命者, 非所學於人也, 而以人之所不能爲說人, 此世之所以謂之爲狂也.)

그리하여 한비자는 후천적인 학습이나 교화가 아니라 오로지 법률적인 제재 수단을 써야 한다고 주장하였다. 유가와 묵가의 덕치는 마치 수주대토(守株待兎)하는 농부와 마찬가지로 어리석은 것이며, 못난 아들은 아무리 꾸짖어도 그의 잘못을 고칠 줄 모르는 것처럼, 관리는 법을 가지고서 세상의 악한 현상이나 행실을 바로 잡아야 한다고 하였다.

3. 오로지 법

한비자는 법이 나라를 통치하는 근거가 되어야 한다고 했다. 그런데 선왕의 옛 법도가 아닌 지금 이 시대에 사는 백성들에게 적절한 법이 시행되어야 한다고 하였다. 여기에다가 신분 귀천의 차별이 역시 있어서는 안 된다고 하였다. 이것은 유가가 '선왕의 그늘'에서 자신들의 이념을 주장해 왔던 것에 비하여 한비자는 선왕에 대한 전설을 타파하고 당시 유행하는 언어를 써서 시대 상황에 어울리는 가치기준을 말했다는 점에서 매우 진보적이라고 할 수 있다.

(1) 유가의 인의(仁義)는 나라를 해칠 뿐

한비자가 유가의 일파라고 할 수 있는 순자에게 배웠으면서도 제자백가 가운데 가장 강하게 비판한 학술은 유가이다. 유가의 이상이 너무 과거 지향적이기 때문이라고 하였다. 특히 유가에서 내세우는 인의를 『한비자』 「설의(說疑)」편에서 다음과 같이 비판하였다.

> 오늘날 세상 사람들은 모두 군주를 높이고 나라를 안정케 하는 것은 반드시 인의(仁義)와 지능(知能)으로써 한다고 말하는데, 임금을 낮추고 나라를 위태롭게 하는 것이 분명 인의지능 때문이라는 것을 모른다. 그러므로 도리를 아는 군주는 인의를 멀리하고, 지능을 제거하고 법으로 백성을 복종시킨다. 이로써 명예는 널리 퍼지고, 이름이 드날리며, 백성은 다스려지고 나라는 안정되며, 백성을 부리는 방법을 알게 된다.(今世皆曰, 尊主安國者, 必以仁義智能, 而不知卑主危國者之必以仁義智能也. 故有道之主, 遠仁義, 去智能, 服之以法. 是以譽廣而名威, 民治而國安, 知用民之法也.)

이 대목의 편명인 「설의(說疑)」는 의심나는 것을 명확하게 한다는 뜻이다. 한비자는 인의와 지능은 믿기 부족하니 군주는 오로지 법으로써만 통치의 수단으로 삼아야 한다고 했다. 유가에서는 오직 덕이 있는 군주만이 세상을 다스릴 수 있으며, 덕이 없는 군주는 그 지위를 잃게 된다고 한 것에 한비자는 반대하는 것이다.

한비자는 통치자의 도덕적 품성이 어떻든, 또 그가 나라를 어떻게 다스리든 상관없이 권력을 가졌다는 것은 자신에 대하여 절대 복종할 것을 요구할 권리도 가지고 있는 것이라고 한다. 신하가 군주에게 복종하며, 아들이 아비에게 복종하는 것은 절대 불변의 가치기준으로서 군주가 비록 그 역할을 제대로 하지 못해도 신하는 군주의 자리를 감히 넘보아서는 안 되며, 신하로서 갖는 정치적인 의무는 다른 모든 의무보다 우선되어야 한다고 한다.

어떤 병졸이 죽음을 두려워해서 싸움터에서 도망치는 것을 보고 한비자는 이처럼 목숨을 보전하여 부모에 효도하려는 자는 그 군주를 배반하는 신하가 될지도 모른다고 평했다. 유가에서 충과 효를 둘 다 강조하여 모두 갖출 것을 요구하지만 한비자는 나라에 대한 충성과 부모에 대한 효도를 모두 실현하는 것은 불가능하다는 현실적인 안목을 가지고 있었다.

(2) 법이란 물이 흘러가듯이

한비자는 나라를 제대로 잘 다스리기 위해서는 성문화된 합리적인 법률이 필요하다고 하였는데, 법의 원리에 대해서 『한비자』「정법(定法)」에서 다음과 같이 설명하였다.

> 법이란 나라의 조정에서 법령을 제정하여 펴는 것이며, 형벌은 백성들의 마음에까지 반드시 가해지는 것이고, 상이 주어지는 것은 법을 신중히 지켰기 때문이며, 벌이 가해지는 것은 법을 함부로 어겼기 때문이다.(法者, 憲令著於官府, 刑罰必於民心, 賞存乎愼法, 而罰加乎姦令者也.)

법이란 나라에서 제정하여 공포한 법률 조문으로서 이것이 백성들에게 상과 벌이 주어지는 데에 있어서 정확한 기준이라는 인식을 갖게 해야 하며, 상은 법을 잘 지켰기 때문에 주어지며, 벌을 받는 것은 법을 어겼기 때문이라고 한다.

법(法)자를 분석하면 '물 수(水)'자와 '갈 거(去)'가 합성되어 있다. 그래서 흔히 법(法)이란 마치 물이 흘러가듯이 자연스러워야 한다는 뜻으로 해석하는 경우가 많이 있지만, 이것은 정확한 해석이 아니다. 왜냐하면 '거(去)'자는 본래 '간다'는 의미보다는 '제거한다'는 뜻이니, 법(法)자를 '물이 간다'는 뜻으로 새기는 것은 적절하지 않다.

물 수(水)자는 물이 항상 고르게 있으려고 하는 속성 때문에 공평(公平)의 의미를 가지고 있고, 갈 거(去)자는 제거(除去)한다는 뜻으로 악을 제거한다는 뜻이다. 그러므로 법(法)자는 공평(公平)하고 바르게 죄를 조사해 옳지 못한 자를 처벌한다는 뜻이다.

그런데 본디 법자는 법(法)자에 '외뿔양 치(廌)'자가 붙어 있는 '灋(법)'이었다. 이 외뿔양은 중국의 신화에 나오는 신성한 동물로서 죄를 지은 나쁜 사람을 보면 잡아먹는다고 한다.

즉, 법(灋)자는 물 수(水), 갈 거(去), 외뿔양 치(廌)자가 합하여진 글자였는데, 처벌한다는 뜻의 거(去)자와 나쁜 자를 잡아먹는 외뿔양의 의미가 겹치기도 하니까 어느 순간 글자가 간편하게 법(法)으로 되었다고 할 수 있다.

그러므로 법이란 누군가가 죄를 저질렀는지 공정하게 판단하고 그를 처벌한다는 뜻을 가지고 있듯이, 한비자가 생각한 신상필벌(信賞必罰)의 개념을 한 글자에 담고 있다고 할 수 있다.

(3) 벌은 무거워야

공자의 유가에서는 성선설을 주장하다 보니, 사람들이 혹시 죄를 저지르더라도 스스로 반성하고 깨우쳐서 다시는 죄를 짓지 않게 된다고 한다. 세상 사람들이 다 그러하다면 한비자가 말하는 법은 필요가 없을 것이다. 이 때문에 한비자는 유가에서 말하는 인의 자체가 나쁘다고 하는 것이 아니라 그런 도덕규범은 아주 먼 옛날 작은 규모로 사회를 이루고 살던 때나 가능했던 것이지, 많은 사람이 모여서 큰 규모로 사람들이 모여 사는 사회에서는 어림도 없다고 비난한다. 게다가 법이란 일벌백계 식의 교훈을 다른 사람에게 보여야 하는 것이기 때문에 엄하게 집행해야 한다고 하여서 『한비자』「현학」편에서 다음과 같이 주장을 펴고 있다.

> 오늘날 군주가 백성들에게 밭을 갈고 풀을 뽑기를 재촉하는 것은 백성의 재산을 두터이 하기 위한 것인데, 백성들은 군주가 가혹하다고 여긴다. 군주가 형벌을 만들어 무겁게 다스려 사악함을 막으려 하는데, 백성들은 임금이 엄하다고 여긴다. … 이 4가지는 편안하게 다스리기 위한 것인데, 백성들은 그것이 기쁜 것인 줄 모른다.(今上急耕田墾草以厚民産也, 而以上爲酷. 修刑重罰以爲禁邪也, 而以上爲嚴, … 此四者, 所以治安也, 而民不知悅也.)

한비자는 법에 근거한 신상필벌을 강조하였지만, 임금이 펴야 할 통치방법[術]을 거론하였다. 첫째는 '중단참관(衆端參觀)'으로 여러 가지 단서를 잘 살피고, 둘째는 '필벌명위(必罰明威)'로 반드시 벌을 내려 위엄을 밝히고, 셋째는 '신상진능(信賞盡能)'이라 하여 틀림없이 상을 주어 능력을 다하게 한다고 했다. 한비자가 이 가운데 무엇을 반드시 먼저 해야 한다고는 하지 않았으나, 상을 주는 것보다 벌을 주는 대목이 먼저 나온 것을 보더라도 상과 벌에 있어서 한비자는 형벌을 무겁게 해야 한다는 중형론(重刑論)을 펴고 있다.

마치 길거리에 비단 한 자락이 떨어져 있으면 누구나 그것을 집어 가지만, 지글지글 끓는 용광로에 금이 있다면, 그 속의 금을 누구도 가지고 갈 수 없으니, 그것을 가지고 가면 손이 다칠 수 있다는 것을 알기 때문이라는 것이다. 그러므로 형벌을 가혹하게 함으로써 악인을 벌하게 되면 그것으로 일반인들을 일깨워 이로움이 될 수 있으니, 마치 밭에서 잡초를 뽑아내야 곡식들이 잘 자라도록 하는 것과도 같다고 한다.

그런데 법이 아무리 잘 갖추어져 있어도 나라가 넓고 백성들이 많기 때문에 군주 한 사람이 나라를 다스리는 것은 불가능하므로 반드시 인재를 잘 등용하여야 한다고 한다. 한비자가 생각하는 신하란 역시 남의 나라에 와서 '반드시 개인적으로 재물을 가져가려는(必私積取)' 무리들이라서 군주에게 잘 보여 높은 벼슬을 얻으려 하므로 군주는 그들을 절대 믿어서는 안 되며, 허정(虛靜)한 마음 상태에서 그들의 능력을 잘 살펴 적재적소에 잘 배치해야 한다고 한다.

그리고 신하의 권력이 지나치게 많으면 반드시 군주를 해치고 나라를 어지럽힐 것이므로 군주는 늘 신하와 직위상의 구분을 분명히 두고 적절하게 견제하는 권모술수 같은 통치기술도 잘 익혀야 한다고 하였다.

4. 재미있는 우언 모음

다른 제자백가들과 마찬가지로 한비자도 우언(寓言)의 형식을 빌어서 자신의 논의주장을 폈다. 한비자의 우언 역시 자신의 정치와 역사 등의 이념을 펴기 위해서 이용된 것이라고 할 수 있으며, 한비자만의 독특한 화법이 돋보인다.

(1) 수주대토(守株待兎)

> 송나라에 밭을 가는 자가 있었다. 밭에 나무 그루터기가 있었는데, 토끼가 달려와 그루터기에 부딪쳐서 목이 부러져 죽었다. 그리하여 그 쟁기를 내던지고 나무 그루터기를 지키며 토끼를 다시 잡기를 바랐지만, 토끼를 더 잡을 수는 없었다. 그래서 그 자신이 송나라의 웃음거리가 되었다. 오늘날 선왕의 정치를 가지고 지금 세상을 다스리려 하니, 모두 그루터기를 지키는 무리이다.(宋人有耕田者, 田中有株, 免走觸株, 折頸而死, 因釋其耒而守株, 冀復得兎, 兎不可復得, 而身爲宋國笑. 今欲以先王之政, 治當世之民, 皆守株之類也.)(『한비자』「오두(五蠹)」)

너무나도 잘 알려진 이 이야기는 오늘날 흔히 아무 노력도 하지 않으면서 횡재하려는 어리석은 사람이나 융통성이 없는 사람을 비유한다. 그런데 본래 한비자가 말하려던 것은 오늘날 왕들이 옛 성인들의 통치 법도에만 기대려고 하고 달라진 시대 상황을 고려하여 세상을 다스리려 하지 않으니, 마치 수주대토의 어리석은 농부와 마찬가지로 세상의 웃음거리가 되는 것은 당연하다는 것이다.

유가에서 성군으로 칭송하는 요임금, 순임금이나 우왕(禹王) 같은 이들이 옛날에 아무리 정치를 잘하여 이상사회를 실현하였다고 하지만 그것은 어디까지나 이미 지나버린 시대의 일인데도, 사람들은 오늘날까지도 그렇게 되고자 얽매어 있으니 역시 웃음거리가 될 만하다는 것이다.

마찬가지로 아주 먼 옛날 원시인들이 나무를 비벼 불을 만들어 맛나게 고기를 구워먹거나, 나무 위에 집을 짓고서는 짐승들을 막을 수 있어서 행복해 하던 때가 있었지만, 이미 시대가 발전하여 더 새롭고 좋은 방법이 나왔는데도 그 옛날처럼 나무를 비벼서 불을 지피려고 하거나 불편하게도 나무 위에 올라가 사는 방법을 고집한다면 역시 비웃음의 대상이 될 것이라는 말이다.

이 우언에는 한비자의 진보적인 역사관이 반영되어 있다고 할 수 있다. 이미 지나버린 과거에 집착하지 말고 달라진 오늘날에 맞는 새로운 이념이나 가치기준에 따라서 변화할 줄 알아야 한다는 교훈을 일깨우고 있다.

(2) 바지를 짓는 것은

> 정현 사람 복자(卜子)라는 이가 그의 처에게 바지를 지으라고 시켰다. 그 처가 묻기를, "이제 바지를 어찌 지어야 하나요?"라고 하자, 남편은 "내 예전 바지처럼 하시오."라고 했다. 그 처는 새 옷을 짓고는 훼손하여 예전 바지처럼 만들었다.(鄭縣人卜子使其妻爲褲, 其妻問曰, 今褲何如? 夫曰, 象吾故褲. 妻子因毁新, 令如故褲.)(『한비자』「외저설좌상(外儲說左上)」)

이 이야기의 내용은 수주대토와 크게 다르지 않다. 이미 헐어 버려서 입을 수 없는 바지처럼 새 바지도 그렇게 지으려고 하는 것이 변화한 새로운 시대의 가치 기준을 따르려 하지 않는 어리석음을 빗대고 있는 것이다. 옛날부터 내려오는 전통적인 유가의 문물이나 예법 등에 대해서는 절대적인 믿음을 가지고 있으면서 바뀐 새 시대의 가치관에 대해서는 알아보려 하지도 않는다는 말이다. 결국 시대가 같지 않으면 사회 현실에서 일어나는 현상 역시 같지 않으니 그 해결 방법 역시 달라져야 하며, 그 방법의 탐구는 가까운 주위 현실로부터 찾아야 할 것이지 멀리 있는 것이 아니라는 것이다.

(3) 정나라 사람이 신발 사듯이(鄭人買履)

> 정나라 사람 가운데 신발을 사려고 하는 이가 있었다. 먼저 그 발을 재고는 그것을 자리 옆에 두었다가 시장에 이르렀는데 그것을 가지고 가는 것을 잊었다. 이미 신발을 받아들고는 "나는 잰 것을 잊었네."라고 말하였다. 돌아와 그것을 가지고, 이르러 보니, 시장이 문을 닫아서 결국 신발을 사지 못했다. 어떤 사람이 말하기를, "어째서 발로 재보지 않는가?"라고 하자, "차라리 잰 것을 믿을지라도, 내 자신을 믿지 못하겠네."라고 하였다.(鄭人有欲買履者, 先自度其足而置之其坐, 至之市而忘操之. 已得履, 乃曰, 吾忘持度." 反歸取之. 及反, 市罷, 遂不得履. 人曰, 何不試之以足? 曰, 寧信度, 無自信也.)(『한비자』「외저설좌상」)

이 이야기는 마치 도끼를 가지고 도끼 자루를 깎아 만드는데 무엇을 표준으로 삼아야 하는가를 고민하는 것과 같은 상황이다. 그냥 손에 쥐고 있는 도끼 자루를 보면서 도끼 자루를 깎으면 되는 것처럼 가까이에서 법도와 기준을 취할 수 있는데도 말이다. 그런데 사람들은 먼데서 법도를 찾으려 하니 일을 번잡하고 수고롭게 하는 것이라고 빗대어 말하는 것이다.

법가는 춘추 전국시대의 여러 사상을 집대성했으면서도, 대체로 유가와는 대립하였다고 할 수 있다. 전국시대에는 군주권을 확고하게 하려고 하였던 진효공(秦孝公)에게 채택되어 진나라가 부국강병의 길로 나아가는 기틀을 마련했고, 이후 진나라가 중국 최초의 통일 제국을 세우는 데에도 사상적인 밑거름이 되었다. 한(漢)나라에 이르러서는 유교를 국교로 삼기는 하였지만, 한 제국을 통치하는 데에 법가사상은 중요한 역할을 담당하기도 하였다.

『한서』「예문지(藝文志)」에 의하면, 법가사상이 신상필벌(信賞必罰)의 질서 있는 정치를 주장한 장점이 있고, 오로지 형법(刑法)에 의거하여서 가족 간의 사랑까지도 저버린 것이 단점이라는 평도 있듯이, 법가는 나라의 공리적인 현실정치 방면에만 치우쳐서 인간의 정서적인 측면을 무시했다고 할 수 있다.

제자백가,
인문시대를 열다

초판 인쇄 2018년 9월 21일
초판 발행 2018년 9월 28일

지은이 문승용
발행인 김인철
총괄 · 기획 가정준 Director, University Knowledge Press
편집장 신선호 Executive Knowledge Contents Creator
도서편집 박현정 Contents Creator
전자책편집 이리나 e-Contents Creator
재무관리 문수진 Managing Creator
사전 · 출판 정준희 Contents Creator
마케팅 파트장 백승이 Chief Marketing Creator
마케팅 이현진 Marketing Creator
발행처 한국외국어대학교 지식출판콘텐츠원
02450 서울특별시 동대문구 이문로 107
전화 02)2173-2493~7
팩스 02)2173-3363
홈페이지 http://press.hufs.ac.kr
전자우편 press@hufs.ac.kr
출판등록 제6-6호(1969. 4. 30)
디자인 · 편집 (주)이환디앤비 02)2254-4301
인쇄 · 제본 네오프린텍 02)718-3111

ISBN 979-11-5901-390-4 03150 정가 16,500원

*잘못된 책은 교환하여 드립니다.

HUEBOOKs는 한국외국어대학교 지식출판콘텐츠원의 인문학도서 Sub Brand이다. 한국외대의 영문명인 HUFS, 사람을 위하는 Humanism, 교육의 Education, 색조의 Hue의 다의적인 뜻으로 해석할 수 있으며, 인문학도서 출판에 대한 의지가 담겨있다.

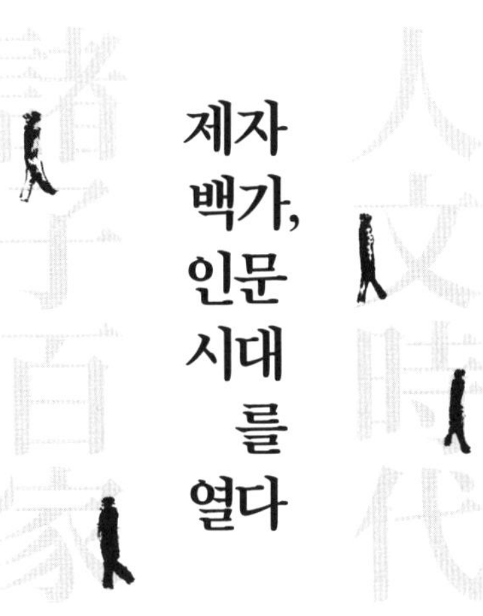
제자 백가, 인문 시대를 열다
諸子百家
人文時代